JN005411

消費者法［第2版］

CONSUMER LAW

著・宮下修一
寺川　永
松田貴文
牧佐智代
カライスコス アントニオス

有斐閣ストゥディア

第２版の刊行にあたって

2022年11月に本書の初版が刊行されてから，わずか２年しか経過していませんが，この間に消費者法をとりまく状況は大きく変化しました。

刊行直後の2022年12月には，霊感商法や高額寄附をめぐるトラブルに対応するため，消費者契約法の改正と不当寄附勧誘防止法（法人等による寄附の不当な勧誘の防止等に関する法律）の制定等が行われました。

また，2023年５月には，不当表示の疑いがある事業者が自主的にその是正に取り組むように促すこと等を目的として，景品表示法（不当景品類及び不当表示防止法）の改正が行われました。さらに法改正ではありませんが，それに先立つ2023年３月には，いわゆる「ステルスマーケティング」を規制するために，景品表示法の指定告示として「一般消費者が事業者の表示であることを判別することが困難である表示」が制定されました。

このような新たな法律等の制定・改正に加えて，消費者契約法等に関連して重要な最高裁判決も相次いで出されています。

そこで，これらの重要な法改正や最新の裁判例の動向を取り込み，本書を改訂して第２版を刊行することにしました。本書に含まれる情報は増えましたが，５名の執筆者が議論を重ねて，消費者法に関心をもつ方々に幅広く，かつ，わかりやすく消費者法の姿を伝えるという初版のコンセプトを維持するように努めました。この第２版が，読者のみなさんに進化を続ける消費者法の最新の姿を伝えるものになることを願っています。

第２版の刊行に際しては，初版に引き続き有斐閣の大原正樹さんのお力添えをいただくとともに，新たに小室穂乃佳さんのご助力を仰ぐことになりました。お二人の丁寧な校正作業と的確なアドバイスがなければ，このように装いを新たにした本書を読者のみなさんにお届けすることはできませんでした。この場を借りて，心から感謝申し上げます。

2024年10月10日

執筆者一同

本書の刊行にあたって

消費者を取り巻く環境は，時代の流れとともに日々揺れ動いてきています。2022年4月1日には，2018年に立法された改正民法が施行され，成年年齢が20歳から18歳に引き下げられました。これにより，それまでは未成年者取消権（民法5条）により手厚い保護を受けてきた，高校3年生も含む18歳・19歳の若年成年者の消費者被害が増加するのではないかと危惧されています。また，IT化の進展により，従来から通信販売という形で行われてきた直接対面したことがない人どうしの取引，あるいは国境を越えた取引がさらに容易となる一方，顔の見えない相手との消費者トラブルが誘発されやすくなるなど，取引やそれをめぐる消費者トラブルのあり方も，大きく変わってきました。

本書は，このような状況をふまえて，大学法学部に入学して，憲法・民法・刑法等の基本法律科目を一定程度学修し，初めて消費者法を学ぶ学生のみなさんが，消費者法の制度とその趣旨，さらに，消費者法の解釈と裁判所や消費生活相談の現場におけるその活用の基本を理解できるようになることを主な目的として執筆されたものです。

本書を執筆した5名は，いずれも民法学を研究のベースにしながら消費者法に関心をもつ研究者です。そこで，民法をひととおり学んだ方が，本書を読むことで，あらためて民法の学修へと促されるような工夫をすることを心がけました。例えば，消費者法では，契約の自由や過失責任主義といった民法の原則が修正されることもしばしばありますが，本書では，民法とのつながりを意識しながら，これらがどのように修正されているか，また，修正された理由は何かという点をわかりやすく示すようにしています。

このような目的や方針の下，本書は，読者のみなさんが次の4点を実現できるようになることを目標としています。

① トラブルが生じた事案が消費者法上で問題となるものか否かを判別し，その理由を説明することができる。

② 消費者問題に関する事案について，その事案に関わる法規制は何か，その根拠となる法令・条文は何かを判断し，提示することができる。

③　消費者問題に関する事案について，消費者が行使できる権利及び受けられる救済の内容とその実現手続を説明できる。

④　②③について直ちには答えが出せない場合でも，適切な法令や文献にアクセスして，解決の糸口を探り，それを提示することができる。

本書は18の章で構成されていますが，これらは，いずれも上記の目的・方針・目標を強く意識しながら執筆されています。具体的には，消費者法の全体像を概観する第1編を除き，第2編以降では，実際の裁判例や事件をベースにした事案を提示したうえで，その事案の解決の前提となる法制度を解説するとともに，解決に必要な解釈を丁寧に展開しています。また，各章の内容に関連する専門用語や，それをとりまく諸制度をわかりやすく解説する **Column** も，随所に挿入されています。各章の最後には，復習のポイントを簡潔に示した CHECK，さらに学修を深めるための**読書案内**も用意されています。

このような本書の特徴をふまえると，法学部生だけではなく，他学部で消費者法を学ぶ学生のみなさんや，消費生活相談員を目指している方々等の，消費者法に関心をもつ一般の消費者のみなさんの学修にも大いに役立つのではないかと考えています。

5名の執筆者は，2019年12月に初めて本書の執筆に向けた会合をもちましたが，その後すぐに襲いかかったコロナ禍は，われわれが一堂に会することができない状況を作り出し，作業の進捗にも大きな影響を与えました。しかし，そのような状況を逆手にとり，オンライン会議システムをフル活用し，足かけ2年半，12回に及ぶ会合を重ね，各自の執筆部分を相互に検討・検証しながら，地道に執筆を続け，このような形で本書を世に送り出すことができました。

最後になりましたが，本書が出版までたどり着いたのは，コロナ禍の困難に直面する執筆者一同を励まし，適切なアドバイスを送り続け，また丁寧な校正作業をして下さった有斐閣の大原正樹さんのお力があったればこそです。この場を借りて御礼申し上げます。

2022年9月30日

執筆者一同

著者紹介

宮《みや》下《した》修《しゅう》一《いち》　中央大学大学院法務研究科教授
［第**1**章・第**2**章・第**3**章・第**17**章］

寺《てら》川《かわ》永《よう》　関西大学法学部教授
［第**4**章・第**5**章・第**12**章・第**14**章］

松《まつ》田《だ》貴《たか》文《ふみ》　名古屋大学法政国際教育協力研究センター教授
［第**6**章・第**8**章・第**11**章］

牧《まき》佐《さ》智《ち》代《よ》　北海道大学大学院法学研究科教授
［第**7**章・第**15**章・第**16**章］

カライスコス アントニオス　龍谷大学法学部教授
［第**9**章・第**10**章・第**13**章・第**18**章］

目　次

第1編　消費者法の世界

CHAPTER 1　なぜ「消費者法」が必要か　2

1　消費者トラブルと消費者法 ……………………………… 2

2　消費者法の必要性 ……………………………………… 3

1　当事者間の情報の非対称性・交渉力の格差（3）　**2**　個別の消費者被害の救済と既存の法律による解決の困難性（4）　**3**　消費者被害の社会問題化とその対応（4）　**4**　消費者の「保護」と「自立」支援の必要性（5）　**5**　「特に保護を要する消費者」の保護（5）　**6**　自由で公正な市場の確保（6）

3　消費者事件と消費者立法を振り返る ……………………… 7

1　消費者事件の発生と消費者立法の進展（7）　**2**　消費者立法の萌芽・黎明期——戦後～1960年代（7）　**3**　消費者立法の成長期——1970年代～1980年代前半（10）　**4**　消費者立法の開花期——1980年代後半～1990年代前半（11）　**5**　消費者立法の繚乱期——1990年代後半～消費者庁創設前（～2009年）（11）　**6**　消費者立法の円熟・混迷期——消費者庁創設後（2009年～）（12）

4　具体的な消費者被害の解決へ向けて——本書の構成 ………… 14

CHAPTER 2　消費者を保護する仕組み　16

1　消費者保護の仕組みの全体像 ……………………………… 16

2　消費者政策の担い手 ……………………………………… 17

1 消費者政策を担う機関（17） 2 消費者庁（18） 3 消費者委員会（21） 4 消費者庁以外の各省庁（22） 5 国民生活センター（22） 6 地方公共団体と消費生活センター（24） 7 消費者団体（25） 8 機関・組織を超えた連携（26）

3 消費者教育の推進 …… 26

1 消費者運動と消費者教育（26） 2 消費者行政と消費者教育（27） 3 消費者教育推進法（27） 4 消費者教育推進における課題（27）

4 今後の消費者政策・消費者教育のあり方 …… 29

CHAPTER 3 「消費者法」とは何か

31

1 「消費者法」の意味 …… 31

2 消費者法の役割 …… 32

1 消費者法の役割を考えるための三つの視点（32） 2 三つの視点の相互作用と消費者立法・消費者政策（33）

3 消費者保護基本法から消費者基本法へ
——「保護」から「自立（支援）」へ …… 35

1 消費者保護基本法——消費者の「保護」（35） 2 規制緩和の動きと消費者立法の理念の転換（35） 3 消費者基本法——消費者の「自立」支援（36）

4 消費者基本法の内容 …… 37

1 消費者基本法の性格（37） 2 消費者基本法の基本理念（38） 3 国・地方公共団体の責務と消費者基本計画の策定（39） 4 事業者の責務（40） 5 消費者の努力義務（41）

5 消費者安全法の役割 …… 41

1 消費者安全法の意義（41） 2 消費者安全確保の基本方針（42） 3 消費生活相談の充実化（42） 4 消費者事故等の調査・分析とその対応（43）

6 消費者被害を救済するための法制度 …… 44

1 業　法（44） 2 特定商取引法・割賦販売法（45） 3 民　法（46） 4 包括的・横断的な消費者立法——消費者契約法など（48）

第2編 消費者契約

CHAPTER 4

消費者契約の概観 52

1 消費者契約をめぐるさまざまな規制 …… 52

1 消費者契約法に定める「消費者」(52) **2** 消費者契約の成立から履行まで (55)

2 特徴的な取引に対する規制 …… 59

1 特定商取引法に定める取引類型 (59) **2** その他の取引類型 (63)

3 商品やサービスそのものに対する規制 …… 64

CHAPTER 5

広告・表示規制 66

1 不当な広告や表示に対する規制 …… 66

2 一般的な規制(1) 景品表示法 …… 68

1 運用の主体・規制対象 (68) **2** 定義と規制内容 (68) **3** 不当表示規制(1) 優良誤認表示・有利誤認表示 (72) **4** 不当表示規制(2) 指定告示にかかる不当表示・不実証広告 (74)

3 一般的な規制(2) 景品表示法以外の法律 …… 76

1 不正競争防止法 (76) **2** 独占禁止法 (77) **3** 消費者基本法ほか (77)

4 個別的規制 …… 78

1 食品に対する表示規制 (78) **2** その他の個別的規制 (79) **3** アフィリエイト広告など (81)

CHAPTER 6 勧誘規制(1) 総論 86

1 勧誘規制の目的 …… 86

1 私的自治の実現手段としての勧誘規制（86） **2** 二つの方法（86）

2 「勧誘」の意義 …… 88

3 情報提供義務 …… 89

1 民法上の情報提供義務（89） **2** 消費者契約法上の情報提供義務等（91）

4 適合性原則 …… 92

1 沿　革（93） **2** 適合性原則の内容（94） **3** 効　力（95）

5 特定商取引法上の制度等 …… 97

1 氏名等の明示，再勧誘・不招請勧誘の禁止（97） **2** 書面交付または電磁的方法による提供義務・広告規制（100） **3** 特殊な取引類型の規制（100）

CHAPTER 7 勧誘規制(2) 意思表示に関する規律 104

1 意思の完全性から不当勧誘アプローチへ …… 104

2 誤認類型 …… 105

1 誤認類型とは（105） **2** 重要事項該当性（109）

3 困惑類型 …… 110

1 困惑類型とは（110） **2** 強迫行為の拡張型（111） **3** あおり・つけこみ型（113） **4** 心理的負担創出型（115）

4 過量契約類型 …… 116

1 過量契約類型とは（116） **2** 消費者契約法と特定商取引法の比較（117）

5 取消権の行使・効果 …… 119

6 契約締結の媒介・代理 …… 120

CHAPTER 8 契約内容規制 122

1 内容規制の意義 …… 122

2 民法による規制 …… 123

1 公序良俗違反（123） 2 強行規定違反（123） 3 定型約款（124）

3 消費者契約法による規制 …… 128

1 損害賠償責任を制限する条項（128） 2 解除権放棄条項（131） 3 制限行為能力を理由とする解除権付与条項（131） 4 損害賠償額の予定・違約金条項（132） 5 消費者の利益を一方的に害する条項（135）

CHAPTER 9 消費者による権利の行使 139

1 事業者による債務不履行の場合の消費者の権利 …… 139

2 契約履行の請求 …… 139

3 契約の拘束力の否定 …… 140

1 無　効（140） 2 取消し（142） 3 解　除（143）

4 損害賠償の請求 …… 151

1 契約責任（151） 2 不法行為責任（151）

CHAPTER 10 救　済 155

1 消費者問題の特徴 …… 155

2 消費者紛争の裁判上の解決 …… 156

1 個別型（156） 2 集団型（158）

3 消費者紛争の裁判外の解決 …… 164

1 ADR（164） 2 ODR（167）

4 消費者の債務の軽減――法的整理および私的整理 ············ 167

1 法的整理（168） 2 私的整理（169）

第3編 特徴的な取引

CHAPTER 11 電子商取引 172

1 電子商取引規制の意義 ·· 172

1 電子商取引において法律が果たす役割（172） 2 電子商取引に関する法律（173）

2 特定商取引法における通信販売としての規制 ················ 174

1 広告に関する規制（174） 2 返　品（176） 3 申込み画面の表示に関する規制等（179）

3 電磁的方法による問題に関する諸制度 ······················· 180

1 契約成立時期（180） 2 電子消費者契約法3条（182） 3 電磁的方法による契約に関するその他の法律（183）

4 デジタルプラットフォームに関する問題 ···················· 184

1 利用者の行為に関するプラットフォーム事業者の責任（185） 2 その他の問題（186） 3 デジタルプラットフォームに関する法律（187）

CHAPTER 12 継続的役務提供型の取引 189

1 継続的役務提供型の取引とは ································· 189

1 継続的役務とは（189） 2 継続的役務提供型の取引の特徴（190） 3 何が問題となるのか（190） 4 自主規制（191）

2 特定継続的役務提供に対する規制 ···························· 192

1 何が「特定継続的役務提供」に当たるのか（192） **2** 広告規制（193） **3** 不当な勧誘行為の禁止（194） **4** 書面交付義務・財務内容開示義務（195） **5** クーリング・オフ（197） **6** 中途解約権と損害賠償額の規制（198）

3 民法・消費者契約法による規制 …… 200

CHAPTER 13 連鎖販売取引（マルチ商法） 204

1 連鎖販売取引とは …… 204

1 連鎖販売取引の定義と仕組み（205） **2** 無限連鎖講（ねずみ講）との違い（207）

2 連鎖販売取引の規制 …… 210

1 規制の対象となる主体（210） **2** 規制の内容（211） **3** 契約の解消（214） **4** 行政処分，罰則，差止請求（217）

CHAPTER 14 消費者信用取引(1) 割賦販売法 220

1 消費者信用取引の仕組み …… 220

1 消費者信用取引とは（220） **2** クレジットカード決済を用いる販売信用取引の仕組み（222）

2 割賦販売法による規制(1) …… 225

1 割賦販売法が適用される取引（225） **2** 書面の電子化（227） **3** 行政規制（230）

3 割賦販売法による規制(2) …… 230

1 抗弁の対抗（230） **2** 既払金の返還（231） **3** 名義貸しの立替払い（233） **4** クーリング・オフ（234） **5** 過量販売解除（234） **6** 不実告知等に基づく取消し（235）

CHAPTER 15 消費者信用取引(2) 貸金業法 236

1 金銭消費貸借契約の基本 …… 236

2 グレーゾーン金利の問題 …… 237

1 グレーゾーン金利とは何か (237) 2 判例法理による解決策(1) (238) 3 みなし弁済規定 (239) 4 判例法理による解決策(2) (240)

3 貸金業三法改革 …… 241

1 金利体系の適正化 (241) 2 過剰貸付けの抑制 (242) 3 ヤミ金融対策の強化 (244)

4 保証人・保証契約 …… 245

1 保証人のリスク (245) 2 保証人保護の仕組み (246)

5 多重債務の解消 …… 247

1 債務整理の方法 (247) 2 相談窓口 (248)

6 新たなヤミ金の登場 …… 248

CHAPTER 16 金融商品・投資取引 252

1 貯蓄から投資へ …… 252

2 説明義務 …… 253

3 断定的判断の提供 …… 255

4 適合性原則 …… 256

1 狭義の適合性 (257) 2 広義の適合性 (258)

5 不招請勧誘 …… 260

6 投資トラブルをめぐる法規制の特徴 …… 263

1 金商法と金サ法の関係 (263) 2 金サ法における民法の特則性 (263) 3 金サ法と民法・消費者契約法との関係 (265)

CHAPTER 17 不動産取引 266

1 不動産取引をめぐるトラブルの全体像 …………………… 266

2 生活に密着した不動産取引をめぐるトラブル ……………… 267

1 賃貸借契約における賃借人の保護・敷金の取扱い（267） **2** 欠陥住宅問題（271）

3 投資を目的とした不動産取引をめぐるトラブル …………… 274

1 シェアハウス問題（274） **2** 原野商法被害と二次被害（277）

CHAPTER 18 製造物責任 281

1 製造物責任の概観 …………………………………………… 281

1 製造物責任とは（281） **2** 民法における責任との比較（282） **3** 外国法による影響（283） **4** 製造物の安全性に関する他の法令（284）

2 製造物責任法における責任の範囲 ………………………… 285

1 責任の主体および客体（285） **2** 責任の要件——欠陥（288） **3** 責任の効果——損害賠償（290） **4** 免責事由（290） **5** 期間の制限（291）

消費者法学修ガイド——ウェブサイトを活用する（295）

事項索引（298）

判例索引（304）

条文索引（307）

Column ● コラム一覧

❶ SDGs・エシカル消費 29
❷ 消費者の八つの権利と五つの責任 38
❸ 民法上の条文と消費者保護的発想 47
❹ 消費者的事業者？ 事業者的消費者？ 54
❺「打消し表示」とは 73
❻「No.1 表示」とは 76
❼ 業界団体による自主的な取組み――公正競争規約など 80
❽ ターゲティング広告とその規制 83
❾ ダークパターンとその規制 83
❿ 寄附の勧誘 96
⓫ 詐欺取消しの特則 109
⓬ 意思表示論からの接近と公序良俗論からの接近 118
⓭ 責任条項のシグナリング機能 130
⓮ 使用利益の返還，原状回復義務と消費者 150
⓯ 諸外国における集団訴訟 163
⓰ 情報獲得手段としての返品権の合理性 177
⓱ 特定商取引法に定める指定役務 192
⓲ 民法改正における役務提供契約をめぐる議論 201
⓳ サブスクリプション・サービス（サブスク）による契約 202
⓴ マルチ商法と言っても，色々 217
㉑ キャッシュレス決済による決済方法の多様化とその問題点 221
㉒ 認定包括信用購入あっせん業者・登録少額包括信用購入あっせん業者 229
㉓ 借金を我慢できない人への借入れ規制――総量規制の正当化根拠 243
㉔ 投資の意思決定と行動経済学 262
㉕ 広告出演者の責任 278
㉖ 製造物責任と AI 293

凡　　例

●法令の扱い

本書で取り上げる法令は，2024年10月1日現在で公布されているものである。未施行のものについては，その旨を注記した。

●法令名の略記

本文中で用いた法令名の略記は下記の通りである。その他の法令は有斐閣『六法全書』の略記によった。

消基（法）　消費者基本法
消契（法）　消費者契約法
特商（法），特定商取引法　特定商取引に関する法律
特商令　特定商取引に関する法律施行令
特商規　特定商取引に関する法律施行規則
景表（法），景品表示法　不当景品類及び不当表示防止法
独禁（法），独占禁止法　私的独占の禁止及び公正取引の確保に関する法律
無連（法）　無限連鎖講の防止に関する法律
貸金業　貸金業法
割販（法）　割賦販売法
金サ（法）　金融サービスの提供及び利用環境の整備等に関する法律
金商（法）　金融商品取引法
預託（法）　預託等取引に関する法律
製造物　製造物責任法
消安（法）　消費者安全法
民　民法

●裁判例の表記

裁判例は，下記の略語を用いて，裁判所名・言渡し日・掲載判例集を示した。例えば，「最判平成29年1月24日民集71巻1号1頁」は，「最高裁判所で平成29年1月24日に言い渡された判決」で「最高裁判所民事判例集71巻1号1頁」から掲載されているものを示す。

最大判（決）　最高裁判所大法廷判決（決定）
最判（決）　最高裁判所判決（決定）
高判（決）　高等裁判所判決（決定）

地判（決）　地方裁判所判決（決定）

簡判（決）　簡易裁判所判決（決定）

民　集　最高裁判所民事判例集

判　時　判例時報

判　タ　判例タイムズ

金　判　金融・商事判例

法ニュース　消費者法ニュース

裁判所 Web　裁判所ウェブサイトの「裁判例情報」〈https://www.courts.go.jp/app/hanrei_jp/search1〉

下記の『判例百選』（有斐閣刊）に掲載されている裁判例は，書名の略称と事件番号も併記した。例えば，［消費者法百選 14 事件］は『消費者法判例百選〔第 2 版〕』の「14 番の事件」として掲載されていることを示す。また，下記以外の版に掲載されている場合は，該当する版も示した。

消費者法百選　消費者法判例百選〔第 2 版〕（2020 年）

金商法百選　金融商品取引法判例百選（2013 年）

民法百選Ⅰ・Ⅱ　民法判例百選Ⅰ〔第 9 版〕／同Ⅱ〔第 9 版〕（いずれも 2023 年）

●参考文献について

①　読書案内

各章末の「**読書案内**」ではその章の内容についてより詳しく学べる文献を紹介した。発展的な内容を含む研究書・研究論文には「＊」を付した。

②　消費者庁の逐条解説

消費者庁消費者制度課編『逐条解説消費者契約法〔第 5 版〕』（商事法務，2024 年）および消費者庁のウェブサイトで公開されている「逐条解説（令和 5 年 9 月）」〈https://www.caa.go.jp/policies/policy/consumer_system/consumer_contract_act/annotations/〉は，「**逐条解説消契法**」として引用し，書籍版とウェブ版の両方のページを示した。

また，消費者庁取引対策課＝経済産業省商務・サービスグループ消費経済企画室編『令和 3 年版　特定商取引に関する法律の解説』（商事法務，2024 年）および消費者庁が公表している『特定商取引に関する法律・解説（令和 5 年 6 月 1 日時点版）』〈https://www.no-trouble.caa.go.jp/law/r4.html〉は，「特商法解説」として引用した。消費者庁によるその他の法令の解説については「消費者法学修ガイド——ウェブサイトを活用する」（本書 295 頁）を参照されたい。

PART 1

第1編

消費者法の世界

CHAPTER 1 なぜ「消費者法」が必要か
2 消費者を保護する仕組み
3 「消費者法」とは何か

CHAPTER

第1章

なぜ「消費者法」が必要か

1 消費者トラブルと消費者法

CASE 1-1

Aは，SNS上の「初回お試し価格500円」という広告を見て，化粧品の購入を申し込んだ。ところが，実際には毎月1回・半年間購入し続けなければならず，2回目以降は1回あたり3,000円の代金を支払うことになっていた。

CASE 1-2

Aは，B社製の液晶テレビを購入して自宅の居間に設置した。1か月後にそのテレビが突然発火して火災が起こり，自宅が半焼した。

私たち消費者の日常生活では，さまざまなトラブルが発生している。こうした消費者トラブルは，大きく，①消費者が事業者との間で行う取引（**消費者取引**）をめぐるトラブルと，②消費者の安全（**消費者安全**）をめぐるトラブルに分けられる。①には，消費者と事業者の間で締結された消費者契約の勧誘や契約内容をめぐるトラブル（⇒第**6**章～第**8**章・第**11**章～第**17**章），あるいは，取引の対象となる商品や役務《えきむ》（サービス）に関する表示をめぐるトラブル（⇒第**5**

章）が含まれる。CASE 1-1 は特商法上の通信販売における「定期購入」が問題となるケースであるが，①のうちの両方の側面を兼ね備えたものといえる（⇒第 **4** 章・第 **11** 章・第 **12** 章）。また，②には，商品や役務によって消費者の生命・身体等の健康被害が生じるトラブル等が含まれる。CASE 1-2 は製造物責任が問題となるケースであるが，まさにその典型例といえる（⇒第 **18** 章）。

もちろん，①と②はきれいに二分されるわけでなく，いずれにもかかわるトラブルも存在する。例えば，食品をめぐっては，本来の原材料と違う原材料を使っているという不当表示の問題（①）や，人体に危険な物質が混入した食品を摂取することによる生命・身体等の健康被害が生じるという，いわゆる「食の安全」の問題（②）が複合的に生じることが多い。

上記のような消費者トラブルを予防し，また，それが生じた場合の紛争解決や救済のために必要となるのが，本書で学修する「**消費者法**」である。

2 消費者法の必要性

1 当事者間の情報の非対称性・交渉力の格差

民法において契約の主体として予定されているのは，能力的に対等な自然人または法人であり，契約当事者の経済力，社会的な影響力，情報収集能力の有無・程度は，本来は問題とはならない。また，「**契約自由の原則**」（民 521 条・522 条）のもとで，契約当事者は自らの判断で契約を締結し，必要に応じて自らの責任で情報を収集することが求められる。

しかしながら，消費者契約の場面では，事業者と消費者との間で，**知識や情報収集力の面でかなり大きい格差**が存在することから，消費者が十分な理解のないまま契約を締結し，トラブルに巻き込まれることも少なくない。

そこで，このような当事者間の情報の非対称性や交渉力の格差を解消するための手段として，あるいは，そのような状況によって消費者が被害を受けた場合の救済を図るために，消費者契約を対象とする特別な法律を制定することが必要となる。

2　個別の消費者被害の救済と既存の法律による解決の困難性

CASE 1-3

Aは，印刷スピードが速く高性能であるという広告を信じてB社製の複合機を購入したが，実際にはそのような性能を有していなかった。

CASE 1-3のような場合には，消費者としては，事業者に対して，商品を購入する契約（売買契約）を解消してすでに支払った代金の返還を求める，あるいは，商品を購入したことにより被った損害の賠償を求めるといった対応をとりたいと考えることが多いであろう。

もちろん，民法等の既存の法律による解決も可能ではあるが，これらは本来，当事者間に格差があることを前提とした消費者契約への適用を想定していないため，適切な解決を図れないことも少なくない。そこで，消費者契約を直接の対象とした法整備が必要となる（消基1条，消契1条を参照）（⇒第**3**章）。

3　消費者被害の社会問題化とその対応

次の3で振り返るように，消費者事件の歴史を見ると，個別の被害が多発し，社会全体で深刻な問題をひき起こすことがしばしば見られる。

もちろん，このような被害をなくすためには，行政処分や罰則の強化等により行政法的・刑事法的な側面から，事業者による悪質な行為をやめさせ，さらに防止する取組みを強化していくことが必要である。しかしながら，このことは，個別の被害の民事法的な側面からの救済に，ただちにつながるわけではない。そのため，被害を受けた消費者は，個別に民事訴訟を提起して救済を求めることになるが，望み通りの成果が得られるとは限らない。特に被害額があまり多額ではない場合には，訴訟にかかる費用と時間を考えて，訴訟に踏み切れない消費者も少なくない。また，個別の民事訴訟による救済が実現したとしても，同種の被害がなくなるわけではない（場合によっては，個別の紛争を解決するための和解金や損害賠償金を工面するために，事業者が同種の被害を拡大させるという本末転倒な事態も起こりうる）。

これらの点を考慮すると，個別の消費者被害の予防・救済に加えて，集団的な消費者被害の予防・救済を図ることが必要となる。そのために用意されているのが「**消費者団体訴訟**」制度である。具体的には，消費者被害を防止し，あるいは拡大させないための適格消費者団体による「**差止請求**」制度と，多数発生している同種の消費者被害について集団的な被害の救済を図るための特定適格消費者団体による「**被害回復請求**」制度が用意されている（⇒第**10**章）。

4　消費者の「保護」と「自立」支援の必要性

1で述べたように，消費者と事業者の間には情報収集力や交渉力の面で「格差」が存在する。それゆえ，実際の消費者取引の場面では，事業者が消費者よりも優位に立つことが一般的である。

そこで，上記の**3**および次の3で述べるように，1960年代後半から弱い立場にある消費者を「**保護**」するための立法が相次いでなされた。もっとも近時は，規制緩和の動きを受けて，消費者が「**自立**」して自らの権利を守る必要性と，その支援のために必要な消費者法整備の必要性が強調されるようになってきている（⇒第**3**章）。

5　「特に保護を要する消費者」の保護

1および**4**で述べた事業者の消費者に対する優位性が顕著となるのは，消費者の年齢が若い，または高齢であることにより，あるいは消費者に障がいがあることによって十分な判断能力を有していない場合である。このような消費者を，EU（欧州連合）で用いられるようになった概念を用いて，「**特に保護を要する消費者**」という（vulnerable consumer／「脆《ぜい》弱《じゃく》な消費者」，「傷つきやすい消費者」または「より弱い消費者」とも呼ばれる）。

このような「特に保護を要する消費者」は，立法面での対応も手厚くすることが求められる。例えば，「特定商取引に関する法律」（特商法）では，「若年者，高齢者その他の者の判断力の不足に乗じ」て訪問販売による契約を締結させることは，行政処分としての主務大臣による「指示」（訪問販売業者に対する違反または行為の是正のため，または顧客の利益の保護を図るための措置をとるべきことを指示）の対象となる（特商7条1項5号，特商規18条2号）。

もっとも，近時の消費者契約法（消契法）の改正においては，事業者により消費者の「合理的な判断をすることができない事情を利用した契約の締結」がなされた場合に消費者に契約取消権を付与することが検討されてきた。一部については立法が実現したものの（消契4条3項7号等），そのカバーする範囲が狭く，かつ，要件が厳格で適用しにくい等の問題があり，十分な対応が用意されたとはいえない状況にある（⇒第**7**章）。

なお，消費者庁に設置された「消費者契約に関する検討会」が2021年9月に公表した報告書において，事業者の働きかけにより歪められた意思決定をした消費者や，判断力が著しく低下した消費者が締結した契約の取消しに関する規定の新設が提言された（検討会の議論状況および報告書については，消費者庁のウェブサイトを参照[1]）。しかしながら，2022年の消契法改正ではそのうちの前者がごく一部実現するにとどまり（消契4条3項4号），他の立法化は見送られた（⇒第**7**章）。

6　自由で公正な市場の確保

1で述べたように，個々の消費者トラブルについて，未然に防止したり，紛争を解決したりすることは，消費者法に課せられた第一の役割といえる。

もっとも，そもそもそうした消費者トラブルを防止するためには，個別具体的な取引への対応にとどまらず，より大きな視点から考える必要がある。すなわち，消費者が，事業者による商品・役務の提供を受けるか否かを自ら判断して決定できる環境を確保するために，市場における取引が自由で公正なものとなるようにする必要があるという視点である。独占禁止法や不正競争防止法は，このような視点から制定された法律である。

例えば，目で見てもすぐにはその内容や質がわからない商品や役務を消費者が購入する場合には，事業者がそれらの内容を記した**表示**が決め手となることが多い。ところが，市場に流通する商品や役務に，本来はそのような質を有していないにもかかわらず，実際のものや他の事業者のものよりも著しく優良であるという表示（**優良誤認表示**）や，それらの商品や役務の価格等の取引条件が実際のものや他の事業者のものよりも著しく有利であるという表示（**有利誤認表示**）等の不当な表示がなされていると，それらを信じて購入する消費者が増えることになる。その結果，正当な表示をする事業者が商品・役務を提供し，

notes

[1] https://www.caa.go.jp/policies/policy/consumer_system/meeting_materials/review_meeting_001/（2024年7月1日閲覧）

消費者が質の高い商品・役務を得る機会が失われることはもとより，場合によっては，健康被害等を受けることも少なくない。それゆえ，不当表示を規制し，自由な競争を阻害させないようにすることが必要となる。そのことによって，個別の消費者に質の低い商品・役務が提供されることを阻止し，結果的には個別の消費者取引被害の救済にもつながることになる（⇒第**5**章）。

3　消費者事件と消費者立法を振り返る

1　消費者事件の発生と消費者立法の進展

2で見てきたように，現代社会において消費者法の必要性はきわめて高くなってきているが，歴史を振り返ると，そのような認識が形成されたのは，それほど昔のことではない。現在，私たちが目にしている消費者法の姿は，具体的な消費者事件の発生を契機にして徐々に形成されていったものであり，今なお形成され続けているものである。それゆえ，消費者法の現状をしっかりと認識するためには，とりわけ消費者立法の生成の歴史とその時代的背景を振り返っておくことが重要である。

そこで以下では，消費者立法の動きを中心として，消費者法の歴史をたずねてみることにしたい。

2　消費者立法の萌芽・黎明期――戦後～1960年代

事業者との取引関係の中で，消費者が被害を受けることは，おそらくはるか昔から存在していたであろう。もっとも，移動手段や情報・通信手段がまだ十分に進展していなかった状況では，それが消費者問題として社会的に認識されることもなかったように思われる。明治維新・大正デモクラシー等を経て，日本は飛躍的な経済成長を遂げた。本来であれば，そのような状況の中で消費者問題が注目を浴びても不思議ではない。しかしながら，徐々に大きくなってきた戦争の足音の前に，国民は，次第に耐乏の生活を強いられることになり，消費者保護を求める声が社会的な注目を集めることは少なかった。また，戦争が終結した後も，日々の生活に追われる中で，そのような声はやはりただちには大きなものとはならなかった。

図表 1.1　消費者立法・事件年表

年代	消費者立法の動向	主な事件・トラブル
戦後～1960年代	【萌芽・黎明期】 ・消費者保護基本法（現・消費者基本法）制定 ・景品表示法制定	［欠陥商品］ ・森永ヒ素ミルク事件 ・サリドマイド事件 ・カネミ油症事件 ・スモン事件 ［不当表示］ ・ニセ牛缶事件
1970年代 ～1980年代前半	【成長期】 ・割賦販売法改正 ・訪問販売法（現・特定商取引法）制定 ・無限連鎖講防止法制定	・ねずみ講 ・マルチ商法・マルチまがい商法 ・SF商法（催眠商法） ・多重債務（サラ金・クレジット） ・国内・海外商品先物取引被害
1980年代後半 ～1990年代前半	【開花期】 ・特定商品預託法（現・預託法）制定 ・訪問販売法改正 ・製造物責任法制定	・預託商法（豊田商事事件等） ・国内・海外商品先物取引被害 ・高額保険・証券取引被害 ・宗教トラブル（霊感商法・開運商法・高額寄附等）
1990年代後半 ～消費者庁創設前 （～2009年）	【繚乱期】 ・消費者契約法制定 ・消費者基本法（消費者保護基本法から法律名変更）改正 ・特定商取引法（訪問販売法から法律名変更）改正 ・割賦販売法改正 ・金融商品販売法（現・金融サービス提供法）制定 ・金融商品取引法（証券取引法から法律名変更）改正 ・電子消費者契約法制定 ・貸金業法・出資法・利息制限法改正	・金融派生商品（デリバティブ商品）をめぐるトラブル ・インターネット・通信販売をめぐるトラブル ・多重債務（サラ金・商工ローン・クレジット） ・投資被害（証券・商品先物取引等） ・食品の偽装表示
消費者庁創設後 （2009年～）	【円熟・混迷期】 ・消費者安全法制定・改正 ・消費者契約法改正 ・特定商取引法改正 ・割賦販売法改正 ・食品表示法制定 ・預託法（特定商品預託法から法律名変更）改正 ・消費者裁判手続特例法制定 ・取引デジタルプラットフォーム（DPF）消費者保護法制定 ・不当寄附勧誘防止法制定 ・特定不法行為等被害者特例法制定	・インターネット・通信販売をめぐるトラブルの拡大 ・SNSやマッチングアプリ等を利用した詐欺被害やトラブル ・定期購入 ・ステルスマーケティング ・アフィリエイト広告 ・フリーマーケット（フリマ） ・宗教トラブル（霊感商法・開運商法・高額寄附等）再表面化

しかしながら，戦後，点火しない不良マッチの流通を受けて，「不良マッチ退治主婦大会」が開催されたことをきっかけに1948年に結成された主婦連合会の活動などを通して，消費者問題が社会の中で意識される土壌が少しずつ形成されていった。そして，1950年の「朝鮮戦争」の発生に伴う「朝鮮特需」は，皮肉なことに日本の経済成長を加速させ，その結果，消費者問題が発生する環境が醸成されていくことになった。

この間，粉ミルクに強い毒性のあるヒ素が混入したことによってそれを飲んだ幼児に神経障害や臓器障害が生じた「**森永ヒ素ミルク事件**」（1955年）が発生したが，高度経済成長期を迎え経済成長が優先される中で，わずかな見舞金の給付と引き換えに被害救済を求める声は封じられることになった。

ところが，1960年代になると，いわゆる公害問題と歩調を合わせるように，消費者被害をもたらした事件が次々と明らかとなり，社会の関心を集めることになった。

まず注目すべきなのは，食品や薬品などを中心とする「欠陥商品」にかかわるトラブルである。例えば，妊娠中の女性のつわりに効くと称する薬に細胞の発達を抑制する効果のあるサリドマイド剤が使用されていたことによって，手足に障がいのある子が生まれてくることになった「**サリドマイド事件**」（1958～1962年），食用油に毒性の強いPCB（ポリ塩化ビフェニル）が混入したことによって，摂取した人に顔面などへの色素沈着や肝機能障害等が生じた「**カネミ油症事件**」（1968年），キノホルム剤と呼ばれる整腸剤を服用することにより運動障害や知覚異常，視力障害の神経症状等の重い副作用が生じた「**スモン事件**」（1953～1970年）が挙げられる。そのような中で，いったんは闇に葬られたかに思われた「森永ヒ素ミルク事件」にも，再び脚光が当たり，被害回復が図られることになった。もっとも，どの事件においても今なお被害に苦しむ人たちがいることを忘れてはならない。

また，不当表示の問題がクローズアップされたのが，「**ニセ牛缶事件**」（1960年）である。牛の絵が描かれ牛肉大和煮と表示された缶詰にハエが混入していたとの届け出を受けた保健所が調べたところ，牛肉を使用しておらず，鯨肉を使用していたことが明らかとなった。さらに，市販されている牛肉大和煮やコンビーフのほとんどが，牛肉ではなく馬肉や鯨肉を使っていることが明らかとなり，社会問題化した。このニセ牛缶事件が，1962年の「不当景品類及び不当表示防止法」（景表法）制定の一因となった（景表法については⇒第**5**章2）。

このような状況を受けて，行政も本格的な消費者被害対策に乗り出した。具体的には，1964年から1965年にかけて関係省庁に消費者問題担当部局が設置されるとともに，1965年には国民生活審議会，1970年には国民生活センターが設置されることになった。

さらに，1968年には，消費者保護のために国・地方公共団体が行う基本的な施策を定めた「消費者保護基本法」（現・消費者基本法）が制定された（⇒第**3**章3）。

3　消費者立法の成長期——1970年代～1980年代前半

「もはや戦後ではない」と言われた高度経済成長期を経て，日本経済は，ますます発展を遂げた。ところが，そのことは，残念ながら消費者被害の拡大にもつながっていくことになった。

いわゆる「**ねずみ講**」や「**マルチ商法**」「**マルチまがい商法**」による被害が社会問題化し始めたのもこの時期である（⇒第**13**章）。

また，消費者心理を悪用した攻撃的・詐欺的な販売方法である「**SF商法**」も横行するようになった。SF商法とは，最初に始めた「新製品普及会」の略称を冠したものである。具体的には，無料での景品配布等をうたい文句として消費者を狭い会場に集めて，会場内にサクラと呼ばれる従業員等を配置し，そのサクラを使って会場内に集団催眠状態を発生させて商品を購入させるという手法をとる（それゆえ「催眠商法」とも呼ばれる）。

いわゆるサラ金（サラリーマン金融）と呼ばれる消費者金融，急速に普及し始めたクレジットと呼ばれる販売信用等の消費者信用をめぐるトラブルが急増したのもこのころである（⇒第**14**章・第**15**章）。

このような状況を受けて，1972年の割賦《かっぷ》販売法（割販法）改正（すでに1961年に制定されていたが，消費者保護の視点をふまえた大改正がなされた），マルチ商法も規制対象とする1976年の「訪問販売等に関する法律」（訪問販売法。現・特商法），ねずみ講を規制する1978年の「無限連鎖講の防止に関する法律」（無限連鎖講防止法），抗弁の対抗（抗弁の接続）を導入する1984年の割賦販売法改正（⇒第**13**章3**1**〔231頁〕）等，各種の消費者立法がなされた。

4　消費者立法の開花期――1980 年代後半～1990 年代前半――●

1980 年代になると，各種サービスをめぐるトラブルが急増するとともに，大規模な消費者取引被害も目立つようになった。

とりわけ注目されるのは，1985 年に大きな社会問題となった「**豊田商事事件**」である。これは，豊田商事という会社が，老後に備える等の触れ込みで消費者との間で金地金《きんじがね》（金の延べ棒）の購入契約を締結し，それを預かるという名目で預かり証を発行したが，実際には金地金を購入せず，集めた金銭を高額の給与や役員の遊興費に充てた結果，自転車操業となり最終的に破綻したというものである。実物がなく預かり証を発行していただけであるため，「金のペーパー商法」と呼ばれた。被害総額は実に約 2000 億円にのぼったが，主導権を握っていた豊田商事の会長がマスコミ取材陣の目の前で刺殺されるという事件もあり，破産管財人が尽力したものの，被害回復できたのは 1 割に満たない金額にとどまった。

これを受けて 1986 年に制定されたのが，「特定商品等の預託等取引契約に関する法律」（特定商品預託法）である。

このほか，各種の「業法」（業種別行政的規制立法）の整備が進むとともに，訪問販売法の改正も行われることになった。

また，1980 年から 1990 年代にかけて，除霊や開運を理由とする宗教名目で高額な壺等を購入させる「霊感商法」や「開運商法」，さらに宗教法人・団体に多額の寄附をさせる行為等が社会的な問題としてクローズアップされた。

5　消費者立法の繚乱期――1990 年代後半～消費者庁創設前（～2009 年）-●

1990 年代後半になると，例えば，金融派生商品（デリバティブ商品）のように商品や役務が多様化・複雑化したことに伴うトラブルが多発した。また，インターネットの普及が進む中で，通信販売等のトラブルも多発するようになった（⇒第 **11** 章）。

さらに，いわゆる「バブル経済」の崩壊など，経済状況がめまぐるしく変動する中で，サラ金やクレジットによって借金がかさむ「多重債務」も社会問題化した（⇒第 **14** 章・第 **15** 章）。

このような状況を受けて，クーリング・オフ制度の充実等を含む特商法や割販法等の改正による個別取引における消費者保護の強化（⇒第**9**章），また，2001年の「電子消費者契約及び電子承諾通知に関する民法の特例に関する法律」（現・電子消費者契約に関する民法の特例に関する法律）の制定やインターネット取引を念頭に返品権の創設等の対応をした2008年の特商法の改正（⇒第**11**章），多重債務問題の根本的な解決を目指した2006年の貸金業法・出資法・利息制限法の改正などが行われた（⇒第**15**章）。

注目すべきは，1980年代からいわゆる「規制緩和」の流れが強まる中で，**消費者「保護」にとどまらず「自立（支援）」という観点が強調される**ようになったことである（⇒ 2**4**）。その中で，従来の個別立法による対応には限界があるとして，分野横断的で包括的な立法が試みられることとなった。そこで誕生したのが，2000年の消契法と「金融商品の販売等に関する法律」（現・金融サービスの提供及び利用環境の整備等に関する法律），2006年に証券取引法を改正する形で立法された横断的な投資サービス規制立法である金融商品取引法である。また，上記の「消費者の自立（支援）」をベースにする観点から，2004年に消費者保護基本法が現在の消費者基本法に衣替えすることになった。

そして，行政についても一元化を求める声が強まり，2009年に消費者庁と消費者委員会が創設されることになり，消費者安全法も制定されることになった（⇒第**2**章）。

さらに，個別被害の救済にとどまらず，集団的な消費者被害への対応が強く求められるようになり，2006年の消契法改正によって消費者団体訴訟のうち差止請求制度が創設された（⇒第**10**章。2008年には，特商法と景表法が適用される場面でも差止請求制度が導入された）。

6　消費者立法の円熟・混迷期――消費者庁創設後（2009年〜）――●

進展し続けるインターネットの普及は，通信販売を中心に消費者被害を拡大させ続けるとともに，消費者被害のさらなる多様化・複雑化をもたらすことになった。例えば，仮想通貨取引，SNSを利用して勧誘する投資商材商法や販売預託商法など，インターネットを介した消費者被害が急増している。

近時大きな問題となっているのが，CASE 1-1のような「**定期購入**」をめぐるトラブルである。さらに，実際には商品等の広告であるにもかかわらず，そのことを隠してSNSの投稿やレビューサイトの口コミにおいて第三者による評価であると装う「**ステルスマーケティング**」，また，インターネットのユーザーが興味をもちそうな広告を掲載し，それをクリックすると掲載者が報酬を得られる「**アフィリエイト広告**」をめぐるトラブルも発生している（⇒第**5**章）。

このほかにも，モデルやタレント等になるためのオーディション募集の広告をみて応募した者に，高額のレッスン契約を締結させるという「オーディション商法」，また，マッチングアプリ等で知り合った者に好意を抱かせてアクセサリー等を購入させる「デート商法」をめぐるトラブルも多発している。

このような状況をふまえて，2021年には定期購入等の通信販売規制の強化を含む特商法の改正がなされるとともに，販売預託商法を規制する特定商品預託法改正が行われた（名称も「預託等取引に関する法律」〔預託法〕に変更）。もっとも，インターネット上では，例えば，フリーマーケット（フリマ）のように，事業者と消費者のBtoC（B2B）取引だけではなく，消費者どうしのCtoC（C2C）取引も行われており，従来の事業者と消費者との間の取引にとどまらないルール作りも検討していく必要がある。

近時は，電子商取引が行われるデジタルプラットフォーム（DPF）における消費者保護の必要性が高まり，2021年には「取引デジタルプラットフォームを利用する消費者の利益の保護に関する法律」（取引DPF法）が制定された（⇒第**11**章4**3**〔187頁〕）

また，消費者被害の多様化・複雑化を受けて，分野横断的で包括的な立法である消契法を見直す動きも強まり，2016年・2018年・2022年に相次いで改正が行われた（⇒第**7**章）。もっとも，内容的にはきわめて不十分な改正にとどまっており，すでに改正された部分の見直しも含め，今後の更なる改正が期待される。

さらに，特商法についても相次いで改正が行われている。2016年には電話勧誘販売における過量販売解除権の導入や行政処分の強化等を図る改正，2021年にはすでに述べた通信販売規制の強化に加え，送りつけ商法（⇒第**6**章5**3**(**1**)〔100頁〕）に関する保護範囲の拡大，消費者のクーリング・オフ通知や事業者が交付する法定書面の電子化等を図る改正がそれぞれなされた。

このほか，消費者団体訴訟制度についても，さらに拡充が図られている。差止請求制度については，2013年に制定された食品表示法の違反行為にも拡大されるとともに，2021年には特商法の改正によって，いわゆる定期購入契約における定期購入ではないと誤解させる表示や契約解除の妨害等をする行為にも対象が拡大された。また，2013 年の「消費者の財産的被害の集団的な回復のための民事の裁判手続の特例に関する法律」（消費者裁判手続特例法）制定により，特定適格消費者団体による集団的被害回復制度が創設された（⇒第 **10** 章）。同法は，2022 年に，集団的被害回復制度の対象範囲を拡大すること等を目的として改正されている。

加えて，2022 年 7 月に安倍晋三元首相が狙撃され死亡した事件を受け，宗教法人等による霊感商法や高額の寄附の勧誘をめぐる問題が再度クローズアップされたことから，同年 12 月に消契法が改正され霊感商法に関する取消権の範囲が拡大されるとともに（⇒第 **7** 章），「法人等による寄附の不当な加入の防止等に関する法律」（不当寄附勧誘防止法）が制定された（⇒第 **6** 章 **Column ❿**）。また，2023 年 12 月には，被害が多数にのぼる可能性があり解散命令請求を受けている宗教法人につき，元信者等の損害賠償請求に対応するための原資となる財産の散逸を防ぐことを目的として，「特定不法行為等に係る被害者の迅速かつ円滑な救済に資するための日本司法支援センターの業務の特例並びに宗教法人による財産の処分及び管理の特例に関する法律」（特定不法行為等被害者特例法）が制定された。

4 具体的な消費者被害の解決へ向けて――本書の構成

本書は，以上に述べた問題意識をもとに，次のような形で構成されている。

まず，「第 **1** 編　消費者法の世界」では，本書の全体に共通する事項を概観する。具体的には，第 **2** 章で消費者保護のための法制度とそれを支える仕組みを概観し，第 **3** 章で消費者法の基本理念を確認する。

次に，「第 **2** 編　消費者契約」では，第 **4** 章で消費者・事業者・消費者契約の意味を確認し，消費者契約に関する論点を概観したうえで，第 **5** 章・第 **6** 章・第 **7** 章で契約の締結までに至る過程で生じるトラブルへの対応，第 **8** 章で契約の内容に関するトラブルの対応について検討し，第 **9** 章・第 **10** 章でこれらのトラブルを解決するための具体的な手段について考える。

さらに，「第 **3** 編　特徴的な取引」では，第 **2** 編の総論的な分析をふまえて，個別具体的な問題について検討する。まず，第 **11** 章・第 **12** 章・第 **13** 章では，若者が被害に遭いやすい商品・役務の提供をめぐる取引，第 **14** 章・第 **15** 章では，「多重債務」等の社会的な問題が生じている消費者信用取引を取り上げる。また，第 **16** 章では金融商品・投資取引，第 **17** 章では日常生活における問題である不動産取引について取り上げる。最後の第 **18** 章では，私たちの生命・身体の安全にかかわる問題として製造物責任について検討する。

CHECK

① 消費者法がなぜ必要なのか，それぞれ具体例をもとに説明できるようにしよう。

② 消費者被害と消費者立法の歴史について，具体的な事件の内容を含めて説明できるようにしよう。

読書案内　Bookguide

大村敦志『消費者法〔第 4 版〕』（有斐閣，2011 年）1 ～ 49 頁

谷本圭子ほか『これからの消費者法〔第 2 版〕』（法律文化社，2023 年）1 ～ 12 頁

CHAPTER

第2章

消費者を保護する仕組み

1 消費者保護の仕組みの全体像

CASE2-1

Aは，事業者Bが「国産牛肉100%使用」とパッケージに表示して製造・販売していたハンバーグを購入したが，後日，実際には外国産の牛肉を使用していたことが判明した。このような不適切な表示に基づく取引による被害を受けた場合，どこに相談すればよいのだろうか。

消費者保護を支えるのは，立法の存在だけにはとどまらない。実際にそれを運用するための制度が整い，その担い手となる組織があって，はじめて具体的な対策が可能となる。また，消費者保護の実効性を高めるという観点からは，本書が中心に取り扱う民事ルールに加えて，刑事罰や行政処分が果たす役割が非常に大きい（⇒第**3**章6〔44頁〕）。

もっとも，事業者に対する法規制が充実すれば，それだけで消費者被害が食い止められるわけではない。ひとりひとりの消費者が高い意識をもって，消費者問題の本質や消費者保護の仕組みなどをしっかり理解して，自らの身を守ることが必要である。そのような消費者を育てていくためには，これらを学ぶ消費者教育を充実・強化する必要がある。

図表 2.1　消費者政策の担い手の関係図

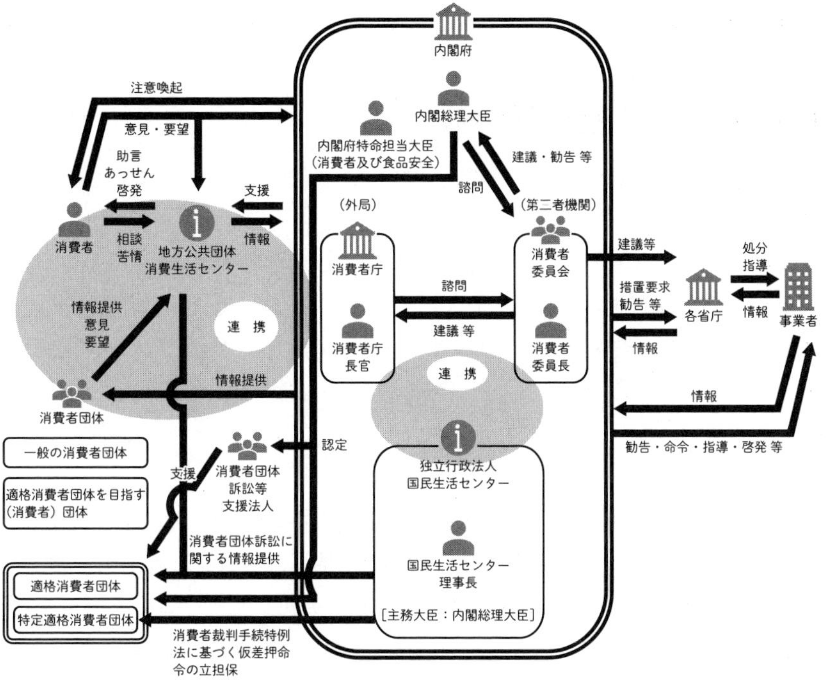

（注）本図の作成にあたっては，消費者委員会作成の関係図（https://www.cao.go.jp/consumer/about/）を参照した。

そこで本章では，わが国における消費者保護の仕組みを，立法を含む消費者政策という観点から概観することにしたい。

2　消費者政策の担い手

1　消費者政策を担う機関

1 で述べたような形で消費者立法・消費者政策を実現するためには，その担い手の役割が重要となる。主な担い手となるのは，消費者庁，消費者委員会，他の省庁，国民生活センター，地方公共団体とそこに設置された消費生活センターである（それぞれの関係をわかりやすく示したのが，**図表 2.1** である）。

以下では，これらの組織の具体的な内容と役割を順次確認していくこととしよう。

2 消費者庁

(1) 消費者庁・消費者委員会の設立

消費者庁は，消費者行政を総合的・統一的に推し進めるために，2009年に創設された。

1960年代から本格的に行われるようになった消費者行政は，各省庁の消費者問題担当部局がそれぞれ担ってきたが（⇒第**1**章**32**〔10頁〕），消費者被害の拡大に伴い，異なる業種で同種の被害が生じても省庁によって対応が異なったり，いずれの省庁の管轄でもない「**すき間事案**」にすぐに対応することができなかったりするなど，それぞれが縦割りで対応していることによる弊害がみられるようになっていた。

このような状況を受けて，「生活者や消費者が主役となる社会」「国民目線の総点検」を掲げ2007年に誕生した福田康夫内閣は，消費者行政を統一的・一元的に推進するための強い権限をもつ新組織を発足させることを表明し，「消費者行政推進会議」を設置して，具体的な組織設置へ向けた議論を進めた。2008年に閣議決定された「消費者行政推進基本計画～消費者・生活者の視点に立つ行政への転換～」は，この組織を「行政の『パラダイム（価値規範）転換』の拠点であり，真の意味での『行政の改革』のための拠点」と位置づけたうえで，「新組織は何よりもまずこれまでの縦割り的体制に対して消費者行政の『一元化』を実現することを任務とし，そのために強力な権限と必要な人員を備えたものでなければならない」と強調している。

これを受けて，2008年秋に消費者庁設置に関連する法案が国会に提出された。その後，消費者庁内に設置することが予定されていた監視機関を消費者庁から独立させて「消費者委員会」として内閣府内に設置する等の修正を経て，2009年5月に消費者庁関連三法として，「消費者庁及び消費者委員会設置法」（設置法），同法関連法整備法，消費者安全法が可決・成立し，6月に公布，9月に施行された。そして9月の施行に合わせて，消費者庁および消費者委員会が設置されることになった。

(2) 消費者庁の役割

(a) 「消費者行政の司令塔」・「消費者行政のエンジン役」

消費者庁は，消費者行政を一元化するための組織であり，「消費者が安心して安全で豊かな消費生活を営むことができる社会の実現に向けて，消費者の利益の擁護及び増進，商品及び役務の消費者による自主的かつ合理的な選択の確保並びに消費生活に密接に関連する物資の品質に関する表示に関する事務を行うこと」を任務とする（設置法3条1項)。

具体的には，①消費者関連の情報を一元的に集約し調査・分析すること，②調査・分析した情報を迅速に発信して注意喚起すること，③緊急時対応が必要な生命・身体事案に政府一体となって対応すること，④各省庁に措置要求をすること，⑤消費者安全法に基づいて「すき間事案」に対応すること，⑥消費者に身近な諸法律を所管・執行すること，⑦消費者に関する横断的な制度を企画・立案すること等を行うものとされている。このような状況から，消費者庁は，「**消費者行政の司令塔**」または「**消費者行政のエンジン役**」と称されている。

(b) 消費者行政の一元化

実際に，消費者庁の創設によって，消費者行政の一元化が進んでいる。まず，創設前は，消費者相談は，国民生活センターや各地の消費生活センター等に個別に連絡する必要があったが，創設に伴い「**消費者ホットライン**」が開設され，全国共通の電話番号「**188**《いやや》」に電話をすると，近くの市区町村や都道府県の消費生活センター等の消費生活相談窓口につながるようになった。

また，創設前は各省庁が所管していた消費者利益の擁護や増進に関わる法律に関する権限が消費者庁に移管されたことにより，一体的・機動的な法運用が可能となった。例えば，CASE 2-1 で問題となっている食品表示については，創設前は農林水産省が所管していたJAS法（「農林物資の規格化及び品質表示の適正化に関する法律」〔現・日本農林規格等に関する法律〕）と厚生労働省が所管していた食品衛生法・健康増進法における食品表示等に関する業務が消費者庁に移管されて一体的な運用が行われるようになり，2013年の食品表示法制定により，これらが名実ともに一元化された（⇒第**5**章**41**〔78頁〕)。

(c) 「すき間事案」への対応と消費者安全の確保

消費者庁創設と同時に立法された消費者安全法により，他の法律では生命・

身体および財産の被害（ただし，財産の被害は，2012年の同法改正で追加）の発生・拡大防止を図るための措置をとることができない「**すき間事案**」について，消費者庁が事業者に対して勧告・命令ができるようになった（⇒第**3**章5〔41頁〕）。

また，事故から教訓を得て，事故の予防・再発防止のために知見を得ることを目的として，2012年10月に消費者庁のもとに消費者安全調査委員会が設立された。同委員会は，幼稚園で発生したプール事故やガス湯沸器による一酸化炭素中毒事故，エレベーターにおける挟まれ事故等の生命・身体に関わる消費者事故について原因を調査し，関係省庁に対して意見具申を行っている。特に重大な製品事故については，消費生活用製品安全法に基づき，製造業者・輸入事業者に消費者庁への報告義務を課し，消費者庁が事故情報を迅速に公表する等の措置を行っている。

さらに事故情報の集約を図るその他の取組みとして，2009年9月以降の生命・身体に関する消費者事故を検索・閲覧できる「**事故情報データバンクシステム**」の運用（2024年9月現在で約38万5800件が登録されている）や消費生活上の事故に関する情報を消費者が受診した参画医療機関（2024年4月時点で32機関）から収集する「医療機関ネットワーク事業」がある（2010年12月から国民生活センターと共同で実施されている）。

⑶ 消費者庁の組織

消費者庁は，内閣府の外局であるため，形式上は内閣府の長である内閣総理大臣が事務を統括する。もっとも実際には，内閣府設置法（4条・11条の2参照）により必ず置かれることになっている**消費者及び食品安全に関する特命担当大臣**が消費者関係の事務を掌理する（担当してとりまとめる）ことになる（なおその下には，担当の副大臣と大臣政務官が置かれる）。

消費者庁自体の長は，**消費者庁長官**である。その下に次長や審議官等が置かれ，さらに消費者契約法等を所管する消費者制度課，消費者教育を所管する消費者教育推進課，消費者安全法等を所管する消費者安全課，特定商取引法等を所管する取引対策課，景品表示法等を所管する表示対策課等の10課と，公益通報等の業務を担当する2つの参事官室が設けられている。このほか，新未来創造戦略本部（⇒⑷），消費者安全調査委員会（⇒⑵(c)），消費者教育推進会議

(⇒ 33) が置かれている。

もっとも，消費者庁は，「強力な権限と必要な人員を備えた」組織となることを目指すとされているが，そこに配置されている人員は2024年4月時点で465名にすぎず，広範な消費者行政をまかなうためには十分な数が確保されているとはいいがたい。例えば，「不当景品類及び不当表示防止法」（景表法）については，消費者庁創設とともに公正取引委員会から移管されたが，同法違反に関する調査権限は消費者庁から公正取引委員会に委任されている（⇒第**5**章 2**1**〔68頁〕）。

⑷ 新未来創造戦略本部

消費者庁の本庁は東京都千代田区にあるが，これに加えて，徳島県徳島市に恒常的拠点として「**新未来創造戦略本部**」が設置されている。2016年に，当時の行政改革・消費者担当特命大臣が，徳島県知事の意向を受けて消費者庁と国民生活センターを徳島市に移転することを積極的に検討するという方針を表明した。これを契機として種々検討が行われた結果，2017年7月に分析・研究，実証実験等のプロジェクトを集中的に実施することを目的とした「消費者行政新未来創造オフィス」が徳島市に開設された。その後，2020年7月に上記のオフィスを発展させる形で，現在の新未来創造戦略本部が徳島市に開設された。

この新未来創造戦略本部では，消費者問題に対応するための先駆的な取組みの試行や施策の効果の検証等を実施するモデルプロジェクトを行い，また，デジタル化や高齢化等の社会情勢の変化による新しい課題等に関する消費者政策研究を実施する「国際消費者政策研究センター」を設置している。このほか，新未来創造戦略本部には，非常時の消費者庁のバックアップや消費者庁の働き方改革の拠点としての役割も期待されている。

3 消費者委員会

消費者委員会は，**2**⑴で述べたように2009年に消費者庁とともに設立され，消費者庁から独立した第三者機関として，消費者利益の擁護および増進に関する基本的な政策等の重要事項に関し，自ら調査審議し，内閣総理大臣，関係各大臣または消費者庁長官に建議（設置法6条2項1号）等の意見表明を行う組織である。このほか，内閣総理大臣等の諮問に応じて上記の重要事項につき調査審議し（同項2号），消費者事故等による消費者被害の発生または拡大の防止に関して必要な勧告を行うこともできる（同項3号，消安43条）。

消費者委員会は，消費者庁が所管する法律の改正等を検討する**専門調査会**等を設置し，具体的な立法提言も行っている。とりわけ，第2次～第4次委員会（2011～2017年）は，消費者契約法専門調査会，特定商取引法専門調査会等を設置し，実際の法改正を主導する役割を担った。第8次委員会（2023年～）では，消費者取引の環境変化を踏まえた消費者法制の見直しを検討する「消費者法制度のパラダイムシフトに関する専門調査会」が設置されている。

4 消費者庁以外の各省庁

消費者庁誕生前は各省庁に設置された消費者問題担当部局が業法の制定などを通して積極的に消費者行政を担ってきたが，消費者庁誕生後も，なお消費者行政に携わっている。

例えば，割賦《かっぷ》販売法等を所管する経済産業省，宅地建物取引業法・住宅瑕疵担保履行法・旅行業法等を所管する国土交通省等には消費者問題を担当する部局が設置されている。また，すでに**2**(**3**)で述べたように，公正取引委員会は，景表法違反の調査権限について消費者庁から委任されている。

5 国民生活センター

(1) 国民生活センターの役割

国民生活センターは，1970年に制定された国民生活センター法に基づき特殊法人として設立され，2002年に制定された独立行政法人国民生活センター法に基づきいったん解散された後，同センターを引き継ぐ形で2003年10月に新たに設立された独立行政法人である。東京都港区と神奈川県相模原市に事務所を設置し，150名弱の職員が活動している。消費者庁設置後，行政改革の動きの中で消費者庁と国民生活センターの機能一元化へ向けた検討が進められたが，国民生活センターの役割をすべて国が担うのは困難であるとして根強い反対論も展開され，最終的に一元化は見送られた。

国民生活センターの目的は，国民生活の安定および向上に寄与するため，①総合的見地から国民生活に関する情報の提供および調査研究を行うこと，②消費者紛争を予防するための活動を支援すること，③重要消費者紛争について法による解決のための手続を適正かつ迅速に実施し，その利用を容易にすることである（独立行政法人国民生活センター法3条）。また，その使命は，消費者問題・暮らしの問題に取り組む中核的な実施機関として，消費者・生活者，事業者，行政を「たしかな情報」でつなぎ，公正・健全な社会と安全・安心な生活を実現することであるとされている。

⑵ 国民生活センターの業務

国民生活センターの具体的な業務としてまず挙げられるのは，消費者の日々の生活に必要な情報の積極的な発信である。例えば，「**全国消費生活情報ネットワークシステム（PIO-NET〔パイオネット〕）**」[1]で収集される全国各地の消費生活センターで受け付けた消費者からの苦情相談情報（消費生活相談情報）を分析し，これらの情報について調査研究を行うとともに，「消費生活年報」等の形で情報提供を行っている。また，商品の安全性を確認するための商品テストを行い，各地の消費生活センター等で行われた同様の商品テストの結果等も含めて情報を公表している。高齢者・障がい者・子どものトラブルを防止するための「見守り情報」の発信にも力を入れている[2]。

また，国民生活センターは，各地の消費生活センターの支援も行っている。各地の消費生活センターの相談窓口が昼休み中の時間を中心に「お昼の消費生活相談窓口」において国内の消費者相談を受け付けており，相模原事務所の研修施設では実際に相談業務に従事する消費生活相談員向けの研修等も積極的に展開している。2014年6月の**消費者安全法改正**（2016年4月施行）により国家資格化された消費生活相談員資格試験も，国の登録試験機関として実施されている（⇒第**3**章§**3**〔43頁〕）。

2013年に消費者庁が設置し，2017年に国民生活センターに移管された越境消費者センター（CCJ）[3]では，海外の事業者との間の取引でトラブルに遭った消費者のための相談を受け付け，アドバイスを提供している。

notes

[1] Practical Living Information Online Network System の略称。

[2] 見守り制度については，国民生活センターのウェブサイトを参照〈https://www.kokusen.go.jp/mimamori/index.html〉（2024年9月1日閲覧）。

[3] Cross-border Consumer center Japan の略称。

また，国民生活センターは，消費者紛争の発生を防止するため，消費生活に関する情報を有する地方公共団体等に，情報の提供を依頼することができ（国民生活センター法42条1項），提供された情報の整理・分析を経て，必要と認める場合には，その結果の公表または関係行政機関への通知をするものとされている（同条2項前段）。さらに，消費者紛争の再発防止等の取組みを働きかけることを目的として，消費者の生命，身体，財産その他の重要な利益を保護するため特に必要があると認めるときは，紛争当事者である事業者名等も公表できる（同項後段）。

これらに加えて，2008年の独立行政法人国民生活センター法の改正に伴って2009年に設置された国民生活センター紛争解決委員会では，いわゆる裁判外紛争解決手続（代替的紛争解決手続／ADR）[4]として消費者と事業者との間でおきる紛争のうち，その解決が全国的に重要なもの（重要消費者紛争）を取り扱い，和解の仲介や仲裁を実施している（⇒第**10**章 **3** **1**(**1**)〔165頁〕）。

このほか，適格消費者団体が行う差止関連業務の円滑な実施のために必要な援助（例えば，国民生活センター紛争解決委員会におけるADR情報の提供）を行うことも業務とされている（同10条6号）。

6 地方公共団体と消費生活センター

(1) 地方公共団体による消費者行政の推進

国だけではなく地方公共団体も，消費者行政の重要な担い手である。地方公共団体では，1970年代から「**消費者保護条例**」や「**消費生活条例**」を制定する動きが広がり，その後，改正を経て内容の充実化が進んでいる。また，2004年に消費者保護基本法の改正という形で行われた消費者基本法の立法を受けて，国には**消費者基本計画**の策定が義務づけられたが，都道府県や政令指定都市をはじめとする地方公共団体でも，これにならって消費者基本計画を策定し，それに沿って消費者行政を展開するところが増えてきている。

地方公共団体には，都道府県が処理する事務（自治事務）として行政処分を行う権限が与えられている場合がある。例えば，「特定商取引に関する法律」

notes

[4] Alternative Dispute Resolutionの略称。

では，都道府県知事が指示，業務停止命令，報告要求・立入検査をすることが認められており，実際に処分が行われている。

さらに，多くの地方公共団体には，**消費生活センター**や消費者相談窓口が設置され，相談・あっせん業務を行っている（⇒第**3**章5**3**〔42頁〕）。

(2) 地方消費者行政に対する財政支援の必要性

もっとも，財源が十分ではない地方公共団体が消費者行政を積極的に展開するためには，財政的基盤が必要である。国は，消費者庁設立と同時に地方消費者行政活性化基金（2009～2011年度の予定であったが，2014年度まで延長）を用意し，総額230億円（当初150億円であったが増額）を交付したものの，消費生活相談員の人件費には充てられないなど使い勝手がよくないとの批判も強かった。

その後，2014年度の補正予算からは「地方消費者行政推進交付金」に移行し，2018年度からは「地方消費者行政強化交付金」に変更された。この「地方消費者行政強化交付金」は，2018年度当初予算は24億円であったが2024年度当初予算は16.5億円となっており（ただし，毎年，補正予算で追加されている〔2023年度補正予算は15億円追加〕），かつ，地方消費者行政強化事業の補助率は原則として2分の1（ただし，自主財源化への取組が不十分な場合は3分の1）で地方公共団体が残りを負担するシステムとなっている。地方における消費者行政を充実するためには，国のより手厚い財政支援が必要であろう。

7 消費者団体

消費者政策は，行政の限られた資源で実施するにはやはり限界がある。そこで，全国各地に存在する一般市民によって運営されている数多くの消費者団体との連携が必要不可欠である。

その中でも，消費者団体訴訟を担う**適格消費者団体・特定適格消費者団体**の存在は重要である（⇒第**10**章2**2**〔159頁〕）。これらの団体には，行政機関や国民生活センターから消費者相談に関する情報等が提供されるなど，連携が強化されている。

もっとも，消費者団体には，財政基盤や人的資源が十分ではない団体が多いため，国や地方公共団体による財政支援の強化等も図る必要がある。2022年に改正された消費者裁判手続特例法（消費者の財産的被害等の集団的な回復のための民事の裁判手続の特例に関する法律）では，内閣総理大臣が認定した消費者団体訴訟等支援法人が適格消費者団体または特定適格消費者団体の支援業務を行うことが可能となった（同法98条以下）。なお，2024年度から，消費者団体訴訟制度に関する情報を集約した「COCoLis《ココリス》」[5]ポータルサイトの運用が開始された。

8　機関・組織を超えた連携

消費者被害は，特定の地域を越え，いわば地域をまたぐ形で発生することも少なくない。そこで，地方公共団体間または国と地方公共団体間で連携して，消費者被害を発生させた業者に業務停止命令等の行政処分を課すケースも増えてきている[6]。

また，適格消費者団体および特定適格消費者団体は，差止請求権を適切に行使したり，被害回復関係業務を適切に遂行したりするために必要な限度において国民生活センターや地方公共団体に対して情報提供を求めることができる（消契40条1項，消費者裁判手続特例法97条1項）。消費者庁は，これらの団体と地方公共団体の連携を促進するため，地方公共団体に情報提供に関する通知を発出している。

3　消費者教育の推進

1　消費者運動と消費者教育

第**1**章で述べたように，消費者法制定のきっかけは，「ニセ牛缶事件」に代表されるような，消費者の告発による消費者被害の顕在化であり，それを受けた消費者自身の手によって始まった消費者運動の広がりであった。

そして，時代を経て，消費者被害が多様化・複雑化した現在では，消費者としての自覚をもつ必要性がより強く求められている。その中で消費者教育にも大きな注目が集まっている。

notes

[5] Consumer Organization Collective Litigation System（消費者団体訴訟制度）の略称。

[6] 例えば，消費者庁と埼玉県・千葉県が連携して同時に処分した事例がある。〈https://www.pref.chiba.lg.jp/seikouan/press/2023/r0602jigyousya-syobun.html〉（2024年9月1日閲覧）

2　消費者行政と消費者教育

2004年に立法された**消費者基本法**では，消費者教育の機会の提供が消費者政策の基本理念として位置づけられており（消基2条1項），国にはそのために必要な施策を講ずることが義務づけられている（同17条1項。2項では，地方公共団体については努力義務とされている）。

3　消費者教育推進法

このような消費者教育を体系的に実施するために立法されたのが，2012年8月に制定された「**消費者教育推進法（消費者教育の推進に関する法律）**」である。

消費者教育推進法では，その基本理念として，消費者教育は，消費者が消費者市民社会を構成する一員として主体的に消費者市民社会の形成に参画し，その発展に寄与できるよう，その育成を積極的に支援することを旨として行われなければならないとされている（消費者教育推進法3条2項）。「**消費者市民社会**」とは，「消費者が，個々の消費者の特性及び消費生活の多様性を相互に尊重しつつ，自らの消費生活に関する行動が現在及び将来の世代にわたって内外の社会経済情勢及び地球環境に影響を及ぼし得るものであることを自覚して，公正かつ持続可能な社会の形成に積極的に参画する社会」をいう（同2条2項）。基本理念には，このほかに，年齢に応じた段階的・体系的教育および年齢・障がい等の消費者の特性への配慮（同3条3項）等も掲げられている。

また，国と都道府県は，同法に基づき「**消費者教育推進計画**」の策定が義務づけられる（同10条1項。2項で，市町村には努力義務が課されている）。

さらに基本的施策のひとつとして，消費者教育推進に関して情報交換や調整等を行うために，消費者庁に「**消費者教育推進会議**」が置かれるとともに（同19条），都道府県および市町村には「**消費者教育推進地域協議会**」を組織する努力義務が課されている（同20条）。

4　消費者教育推進における課題

(1)　段階的な消費者教育の必要性と教育の場・担い手の確保

もっとも，一口に消費者教育といっても，誰を対象に，どのような場で消費者教育を実践すべきかが問題となる。具体的には，幼児期・児童期・少年期・成人期・成人期（高齢期）別に教育の場を用意する必要がある。例えば，幼児期・児童期・少年期は，学年ごとに成長の度合いに大きな違いがあるうえ，学校教育現場との連携をとって実施していく必要がある。小学校・中学校・高校では，文部科学省が策定する学習指導要領に沿って教育が行われることになっているが，消費者教育については，家庭科・社会科・道徳等の授業で取り扱われることになっている。しかしながら，教員がすべての消費者法や消費者問題を熟知しているわけではない。実際の教育に際しては，研修の強化や消費生活相談員等の豊富な知識を有する外部の有資格者等の支援の強化が必要となろう。また，2022年4月に成年年齢が20歳から18歳に引き下げられた結果，18歳・19歳の若年成年者の消費者被害の増加が懸念されることから，早い段階から消費者教育を実践していく必要がある。

成人期については，大学生であってもすべての学生に消費者教育を提供する機会を設けられるわけではなく，まして社会人となるとさらに難しくなることから，そもそも教育の「場」をどのように用意するかが課題となる。その意味では，誰でもアクセスできるようにインターネット上で消費者教育を提供することも必要である。近時，消費者庁は，消費者被害の未然防止を目的として実践的な体験型教材「鍛えよう，消費者力」を作成・公表している[7]が，このような取組がさらに拡大することが期待される。

また，成人期でも高齢期については，単に消費者教育の場を用意するだけではなく，高齢者のみの世帯の増加や判断能力の低下等も考慮して，地域社会における見守りネットワーク等の構築がむしろ重要となろう。

さらに，各年代層を問わず，「特に保護を要する消費者（vulnerable consumer）」については，実際に被害に遭う可能性が高いことをふまえ，消費者教育のみならず，見守りの強化を含む支援態勢を整えていく必要がある（⇒第**1**章**25**〔5頁〕）。

⑵ 体系的・系統的な消費者教育の必要性

消費者教育は，消費者法という狭い法学の世界だけで実施できるものではな

notes

[7] https://www.kportal.caa.go.jp/shohisha-ryoku/（2024年9月1日閲覧）

い。実際の消費生活では，法学のみならず，経済学・商品学（商業学）・家政学等の幅広い知見が必要であるし，かつ「教育」である以上，教育学等との連携も不可欠である。したがって，学問の枠組みを超えたネットワークを構築し，協働作業で行っていくことが求められる。

4 今後の消費者政策・消費者教育のあり方

以上では，消費者を保護する仕組みについて，消費者政策・消費者教育を中心に概観してきた。

消費者庁の創設を経て，近年，消費者政策および消費者教育の充実化が図られてきているように思われるが，その一方で財政的・人的な裏付けが十分ではなく，消費者立法も必ずしも消費者保護につながらないものが散見される。消費者・生活者目線という理念を再確認したうえで，消費者政策・消費者教育を進めていく必要がある。また，今後は，**持続可能な開発目標**（**SDGs**）や**エシカル消費**という視点を重視する必要があろう。

Column ❶ SDGs・エシカル消費

SDGsとは，「持続可能な開発目標（Sustainable Development Goals）」の略称で，2030年までに持続可能でよりよい世界を目指す国際目標である。これは，2015年9月の国連サミットで採択された「持続可能な開発のための2030アジェンダ」に記載されている。具体的には，17のゴールと169のターゲットから構成されている。17のゴールとは，①貧困をなくそう，②飢餓をゼロに，③すべての人に健康と福祉を，④質の高い教育をみんなに，⑤ジェンダー平等を実現しよう，⑥安全な水とトイレを世界中に，⑦エネルギーをみんなに，そしてクリーンに，⑧働きがいも経済成長も，⑨産業と技術革新の基盤をつくろう，⑩人や国の不平等をなくそう，⑪住み続けられるまちづくりを，⑫つくる責任，つかう責任，⑬気候変動に具体的な対策を，⑭海の豊かさを守ろう，⑮陸の豊かさも守ろう，⑯平和と公正をすべての人に，⑰パートナーシップで目標を達成しよう，である。

消費者庁は，SDGsの達成に寄与することを目的として，消費者基本計画に基づき，基本的施策を実施している。上記の17のゴールのうち，特に⑫に関連するものとして推進されているのが「エシカル消費」である。エシカル消費とは（「倫理的消費」とも呼ばれる），消費者それぞれが各自にとっての社会的問題を解決したり，そのような課題に取り組む事業者を応援しながら消費活動を行ったりすることをいう。例えば，障がい者支援につながる商品を購入する，フェアトレード商品（開発途上国の経済的社会的に弱い立場にある生産者の生活改善と自立を図ることを目的として適正な価格で購入した商品），エコ商品やリサイクル商品を購入する，地元産品を購入して地産地消に努めることなどが挙げられる。

CHECK

① 消費者法と消費者政策を支える視点について，それぞれ具体例をもとに説明できるようにしよう。
② 消費者政策を担う組織について，具体的な役割を説明できるようにしよう。
③ 消費者教育の推進の具体的な内容について説明できるようにしよう。

読書案内 Bookguide

河上正二『消費者委員会の挑戦』（信山社，2017 年）
原早苗＝木村茂樹編著『消費者庁・消費者委員会創設に込めた想い』（商事法務，2017 年）

CHAPTER

第3章

「消費者法」とは何か

1　「消費者法」の意味

「『消費者法』とは何か？」と聞かれたら，読者のみなさんはどう答えるだろうか。なかなか答えが思い浮かばず，困る人も多いかもしれない。

六法をひっくり返してみても，「消費者法」という名の法律は存在しない。消費者法とは，あくまで消費者に関わる法律を総称する表現である（同様に，総称と同じ名称をもつ法律が存在しない法分野としては，「行政法」や「労働法」がある）。しかし，消費者基本法（消基法）や消費者契約法（消契法）など，「消費者」という言葉を含む法律は複数存在するし，「消費者」という言葉はなくても，「特定商取引に関する法律」（特商法）や割賦《かっぷ》販売法（割販法）など，消費者にとって非常に重要な役割を演じる法律は，多数存在する。

そこで本章では，「消費者法」という言葉が示す意味はどのようなものか，また，そこに含まれる法律にはどのようなものがあるかについて，考えてみることにしたい。

2 消費者法の役割

1 消費者法の役割を考えるための三つの視点

消費者法と一口に言っても，そのカバーする領域は多岐にわたっている。その中に数多く存在する消費者保護に関する法律を，社会における具体的な役割という観点から見ると，大きく三つの視点から分類することができるように思われる。具体的には，(1)個別被害への対応，(2)集団的な消費者被害の予防・救済，(3)市場の公正の確保の三つである。

(1) 個別被害への対応

第1に，「個別被害への対応」を念頭に置いた立法という視点である。

例えば，消契法は，個別の消費者契約において，不当勧誘が行われた場合に消費者が契約取消権を行使し，また，不当条項が用いられた場合に消費者がその無効を主張することを認めるものである（⇒第**4**章・第**6**章・第**7**章・第**8**章）。いうまでもなく，このように個別の消費者被害の救済を図ることは，消費者法のきわめて重要な役割である。

(2) 集団的な消費者被害の予防・救済

第2に，「集団的な消費者被害の予防・救済」を念頭に置いた立法という視点である。

同種の被害が多数発生している，または，そのおそれがある場合には，被害発生の原因を根本的に絶つ必要があるが，個別の消費者がそれを行うことはできない。そこで社会全体において消費者被害の発生を予防するために用意されているのが，消契法や特商法等で導入された**適格消費者団体による「差止請求」制度**である。

また，個別の消費者が自らの被害の救済を図るためには，場合によっては相当の時間と労力，さらに費用を要することがある。しかしながら，被害額がそれほど大きくない場合には，費用倒れに終わる可能性も高く，泣き寝入りすることもしばしばである。このような状況を克服するために用意されているのが，消費者裁判手続特例法（消費者の財産的被害の集団的な回復のための民事の裁判手続の特例に関する法律）で導入された**特定適格消費者団体による「被害回復請求」制度**である（⇒第**10**章22(3)(b)〔161頁〕）。

(3) 市場の公正の確保

第3に，「市場の公正の確保」を念頭に置いた立法という視点である。

例えば，経済法分野に属する独占禁止法は，「**不公正な取引方法**」（2条9項）を規制し，所管する公正取引委員会によりどのような行為がそれに当たるか指定されており（「不公正な取引方法」の一般指定），その中には実際の商品・役務（サービス）や競争相手である他の事業者の商品・役務よりも著しく優良または有利であると顧客に誤認させることによって自らと取引をするように誘引する「ぎまん的顧客誘引」等が含まれている。

ただし，これは個別の被害者救済を直接に念頭に置いたものではない。上記のような勧誘がなされると，自由な競争が阻害され，公正な市場が形成されず，消費者にとって望ましい取引が行われないという結果を生じることになる。そこで，特定の消費者ではなく，一般の消費者すなわち世の中の消費者の利益に資する形で事業者の行為を規制する必要がある。そのために，独占禁止法をはじめとする経済法分野に属する法律が用意されている（⇒第**5**章）。

2 三つの視点の相互作用と消費者立法・消費者政策

CASE 3-1

Aは，事業者Bの広告を見て商品甲の売買契約を締結したが，広告における甲に関する説明が事実に基づかないものであることが判明した。この場合，法的には，どのような対応をとることができるだろうか。

1で述べたように，消費者法が三つのカテゴリーに大別されるといっても，それらが無関係であったり対立したりするわけではない。CASE 3-1 をもとに考えてみよう。

消契法では，事業者が，消費者契約の勧誘をする際に，契約締結の判断に関わるような重要事項について事実と異なることを告げた場合には，「不実告知」があったことを理由として契約を取り消すことができるとしている（消契4条

1項1号）（⇒第7章②1(1)〔105頁〕)。ここでいう「勧誘」とは，一般には特定の消費者に対する働きかけを指すが，不特定多数を対象とする広告であっても，個別の消費者の意思形成に直接影響を与える内容である場合には勧誘に含まれうるとされている（⇒第6章②〔88頁〕)。そうすると，事実とは異なる広告の内容をみて契約を締結した消費者については，**契約取消権**を行使することにより個別の救済を図ることができる。

また，「不当景品類及び不当表示防止法」（景表法）では，商品等の内容について実際のものや他の事業者の商品等よりも著しく優良であるとの表示（**優良誤認表示**）や顧客にとって有利であると誤認される表示（**有利誤認表示**）をすることが禁じられ，仮にそのような表示をした場合には措置命令（景表7条）や課徴金納付命令（同8条）の対象となる（⇒第5章②〔68頁〕)。もちろん，これによって個別の消費者が直接救済されるわけではないが，消費者の誤解を与えるような表示がされなくなることで，表示を誤解して取引関係に入る消費者が減ることになり，市場における自由で公正な競争が確保されることはもとより，結果的に個別の消費者被害の抑止につながることになる。

なお，消契法上の「不実告知」と景表法上の「優良誤認表示」「有利誤認表示」は，いずれも，適格消費者団体による消費者団体訴訟における差止請求の対象となる（消契12条以下，景表30条）（⇒第10章②2(3)(a)〔160頁〕)。すなわち，事業者が，個別の消費者に被害を及ぼす可能性がある行為をしている，あるいはそのおそれがある場合には，適格消費者団体がそのような行為をやめさせることも可能となる。これも，結果的には個別の消費者被害の抑止につながるものであるといえよう。

このように，上記の三つのカテゴリーに属する立法は，それぞれ目的や対象とするものは異なるものの，それぞれ相互に作用しながら，最終的には個別の消費者被害の救済や抑止の役割を担っているといえる。

そして，このような立法を実現する原動力となるのが，消費者政策である。すなわち，これらの立法を支える三つの視点は，消費者政策の企画・立案・展開にも大きな影響を与えることになる。

3　消費者保護基本法から消費者基本法へ――「保護」から「自立（支援）」へ

1　消費者保護基本法――消費者の「保護」

第**1**章で述べたように，高度経済成長期を迎えたわが国では消費者問題の深刻さが増大し，消費者を保護するための立法の必要性が高まっていた。これを受けて1968年に制定されたのが「**消費者保護基本法**」である。その第1条では，立法の目的が次のように定められていた。

> 第1条　この法律は，消費者の利益の擁護及び増進に関し，国，地方公共団体及び事業者の果たすべき責務並びに消費者の果たすべき役割を明らかにするとともにその施策の基本となる事項を定めることにより，消費者の利益の擁護及び増進に関する対策の総合的推進を図り，もって国民の消費生活の安定及び向上を確保することを目的とする。

下線を引いた部分を見るとわかるように，この法律では，消費者保護（擁護）を図るために，まず明らかにすべきものとして「国，地方公共団体及び事業者の果たすべき責務」を掲げており，「消費者の果たすべき役割を明らかにする」ことは，条文上は，いわば二の次とされていた。

これは，消費者立法の制定にあたっては，社会的に弱い立場に置かれている消費者の「**保護**」に主眼を置き，この保護を図るために事業者の行為を規制するという姿勢を前面に押し出してきたためであると考えられる。

2　規制緩和の動きと消費者立法の理念の転換

消費者立法は，上記のような消費者「保護」という視点から一貫して行われてきた。このような発想を大きく転換したのが，「**規制緩和**」である。

1990年代に入り，監督官庁による各種の規制によって日本市場への参入が阻害されているとする国際的な圧力が強まった結果，政府は1995年に「規制緩和推進計画」を策定して，規制緩和へ向けた動きを加速させることになった。この動きは，消費者立法にも大きな影響を及ぼした。それまでの消費者立法の視点は，事業者が消費者被害につながる行為をしないように行政が事前にそのような行為を規制するというものであった。しかし，「規制緩和」の動きは，その視点を，上記のような規制をできるだけ排除したうえで，事業者と消費者がともに市場に自立して自由に参加できるように，公正な取引が行われるような基盤を形成するというものに変えることになった。

このような規制緩和の動きが強まったことによって，市場の自由な競争を確保し，消費者も「**自立**」して市場に参加できる枠組み作りが必要とされるようになってきた。もっとも，「自立」して行動するということには，当然ながら「自己責任」を負うことが求められる。しかしながら，従来，消費者「保護」が図られてきたのは，事業者と消費者の間には大きな情報量や交渉力の格差があり，消費者の利益を守る必要があったからである。「保護」のために必要とされていた「規制」を緩和して消費者が「自立」して行動するためには，その格差を埋めて消費者の利益を守るための手段を整備しなければならないことを忘れてはならない。

3　消費者基本法――消費者の「自立」支援

上記のような動きを受けて2000年に立法された消契法では，その第1条にもあるように「消費者と事業者との間の情報の質及び量並びに交渉力の格差」を考慮することが前面に押し出され，消費者に一定の場合における契約取消権を付与するなど，消費者が自らの力で身を守るための制度が整備されていくことになった（なお，厳密にいうと，消契法では「交渉力」の格差を考慮する一方，後述する消基法では「交渉力等」の格差が考慮されている）。

そして，その後の2004年に「消費者保護基本法」が改正され，名称を変更する形で「**消費者基本法**」が立法された。その第1条では，立法の目的が次のように改められた。

> 第1条　この法律は，消費者と事業者との間の情報の質及び量並びに交渉力等の格差にかんがみ，消費者の利益の擁護及び増進に関し，消費者の権利の尊重及びその自立の支援その他の基本理念を定め，国，地方公共団体及び事業者の責務等を明らかにするとともに，その施策の基本となる事項を定めることにより，消費者の利益の擁護及び増進に関する総合的な施策の推進を図り，もって国民

の消費生活の安定及び向上を確保することを目的とする。

まず，消費者保護基本法でも規定されていた「消費者の利益の擁護及び増進に関し」という文言自体は維持されているが，その前に「消費者と事業者との間の情報の質及び量並びに交渉力等の格差にかんがみ」という文言が付け加えられており，さらに，「消費者の権利の尊重及びその自立の支援その他の基本理念」が，「国，地方公共団体及び事業者の責務」よりも先に規定されている。このことから，**消費者基本法が，まずは消費者の「自立」支援を制度的に保障し，国，地方公共団体及び事業者がそれを支えていくという，いわば「消費者の自立支援」の姿勢**を強く打ち出していることがわかる。従来の消費者保護一辺倒の姿勢から，その考え方は大きくシフトしたといえよう。

もっとも，上述のように「消費者の利益の擁護及び増進」という文言が維持されていることからもわかるように，消費者の「権利の尊重」や「自立の支援」という視点を強調したからといって消費者の「利益の擁護」（保護）やその「増進」という視点が失われたわけではない。

このことからすれば，「権利の尊重」と「自立の支援」が「前輪」，「利益の擁護」（保護）やその「増進」が「後輪」として，これらが「車の両輪」となり，さらにいえば「四輪駆動」で，消契法を含む消費者法全体を新たな方向に動かす推進力（＝理念）となっているといえよう。

4 消費者基本法の内容

1 消費者基本法の性格

消基法は，消費者政策（「消費者の利益の擁護及び増進に関する総合的な施策」。消基2条1項）の基本理念と基本的な施策を定めるとともに，国，地方公共団体および事業者の責務を定めている。この基本的な施策は，消費者が有する権利の存在を前提としたものである（消費者の権利については⇒ **Column ❷**）。

もっとも，消基法は，あくまで消費者政策の進め方を定めるものであり，個別具体的な消費者被害の救済を可能とするものではない。このように，それ自体は個別紛争の解決のために直接の法的な効力をもたないという，いわゆる

「**プログラム規定**」的な性格を有するのは，消基法に限らず，さまざまな「基本法」に共通する法的性格である。

ただ，消契法や特商法等の消費者特別法，あるいは，民法によって個別具体的な消費者被害の解決を図るために，具体的な条文の解釈にあたって消基法の基本理念や基本的施策の前提にある消費者の権利の存在を考慮することは当然許される。その意味では，消費者被害の救済にも，間接的な影響を及ぼすことがありうるといえよう。

Column ❷ 消費者の八つの権利と五つの責任

アメリカ合衆国第35代大統領であるジョン・F・ケネディは，1962年に発表した「消費者の利益の保護に関する特別教書」の中で，消費者には，①「安全である権利」，②「知らされる権利」，③「選ぶ権利」，④「意見を聞いてもらう権利」の四つの権利があると指摘した。その後，第38代大統領のジェラルド・R・フォードにより⑤「消費者教育を受ける権利」が追加された。

また，1982年に，当時の国際消費者機構（International Organization of Consumers Union：IOCU／1995年にConsumers International：CIに改称）は，上記の五つに，⑥「救済を受ける権利」，⑦「生活に基本的な必要性を満たす権利」，⑧「健全な環境を享受する権利」の三つを加えた八つを消費者の権利として位置づけた。

この消費者の八つの権利は，わが国においても，本文で述べる消基法の基本理念の中に組み込まれている。

もっともCIは，消費者は上記の権利を有するだけではなく，①「批判的意識をもつ責任」（商品や価格などの情報に疑問や関心をもつ責任），②「社会的弱者に配慮する責任」，③（公正な取引が実現されるように）「主張し行動する責任」，④「環境に配慮する責任」，⑤（消費者として団結し）「連帯する責任」の五つの責任を負うとしていることも忘れてはならない。

2 消費者基本法の基本理念

消基法は，2条で基本理念を定める。1項は，まず，国民の消費生活における基本的な需要が満たされ（**Column ❷**の⑦に対応。以下同様），その健全な生活環境が確保される（⑧に対応）中で，消費者の安全の確保（①に対応），商品・役務に関する消費者の自主的かつ合理的な選択の機会の確保（③に対応），消費者に対する必要な情報・教育の機会の提供（②および⑤に対応），消費者の意見の消費者政策への反映（④に対応），消費者被害の適切かつ迅速な救済（⑥に対応）が**消費者の権利**であることを尊重すると定める。そのうえで，消費者政策の推進は，上記の権利の尊重とともに，消費者が自らの利益の擁護（保護）・増進のため，自主的かつ合理的に行動することができるよう消費者の自立を支援するものでなければならないとする。

続いて同条２項では，**消費者の自立支援**にあたっては，消費者の安全確保に関して事業者による適正な事業活動の確保を図るとともに，消費者の年齢その他の特性に配慮されなければならないとする。後者は，いわゆる「適合性（の）原則」に関わるものである（⇒第**6**章4〔92頁〕・第**16**章4〔256頁〕）。

また，基本理念では，技術の進歩が著しい現代社会に対応しながら消費者政策を推進することも重視されている。具体的には，３項で「高度情報通信社会の進展」への的確な対応，４項で「消費生活における国際化の進展」に伴う国際的な連携の確保，５項で「環境の保全」への配慮の必要性が謳われている。これらは，**持続可能な開発目標**（SDGs）にも関わるものといえよう（⇒**Column ❶**〔29頁〕）。

3　国・地方公共団体の責務と消費者基本計画の策定

消基法により，国は，経済社会の発展に即応して，上記の基本理念に基づき，消費者政策を推進する責務を負う（消基３条）。また，地方公共団体も同様に，基本理念に基づき，国の施策に準じて施策を講ずるとともに，当該地域の社会的，経済的状況に応じた消費者政策を推進する責務を負う（同４条）。

さらに，消基法では，消費者政策の計画的な推進を図ることを目的として，国（政府）に**消費者基本計画**の策定を義務づけている（同９条）。この計画は，５年ごとに策定されることになっており，第１期計画（2005～2009年度）から第４期計画（2020～2024年度）まで，立法を含む消費者政策の計画が策定・実施されてきた[1]。現在，第５期計画（2025～2029年度）の策定に向けた準備が進

notes

[1]　第４期消費者基本計画については，消費者庁ウェブサイトを参照（https://www.caa.go.jp/policies/policy/consumer_policy/basic_plan/〔2024年９月１日閲覧〕）。

められている。

同法では，国が行うべき13種類の基本的施策が明示されており，それに沿って消費者基本計画が策定されている。具体的には，①（消費生活の）安全の確保（同11条），②消費者契約の適正化等（同12条），③計量の適正化（同13条），④規格の適正化（同14条），⑤広告その他の表示の適正化等（同15条），⑥公正自由な競争の促進等（同16条），⑦啓発活動および教育の推進（同17条），⑧意見の反映および透明性の確保（同18条），⑨苦情処理および紛争解決の促進（同19条），⑩高度情報通信社会の進展への的確な対応（同20条），⑪国際的な連携の確保（同21条），⑫環境の保全への配慮（同22条），⑬試験，検査等の施設の整備等（同23条）である。

消費者基本計画の案は，内閣総理大臣を会長とし，消費者担当大臣や内閣官房長官等を委員とする消費者政策会議で作成される（同27条2項1号・28条）。同会議は，この案を作成しようとするときは，内閣府に置かれた消費者委員会の意見を聞かなければならない（同27条3項）。

4　事業者の責務

消基法では，事業者の責務として，以下の5点を定める（消基5条1項）。すなわち，①消費者の安全および消費者取引における公正の確保，②消費者に対する必要な情報の明確かつ平易な提供，③消費者取引における消費者の知識，経験および財産の状況等への配慮，④消費者との間に生じた苦情の適切かつ迅速な処理に必要な体制の整備等とその苦情の適切な処理，⑤国・地方公共団体が実施する消費者政策への協力である。上記のうち，①は消費者安全法や景表法，消契法等につながるものである。②は消契法3条1項，③は「金融サービスの提供及び利用環境の整備等に関する法律」（金サ法）4条2項にその理念が体現されている（⇒第**6**章③〔89頁〕・第**16**章②〔253頁〕）。④・⑤は，具体的な消費者政策実現の場面で考慮されている（⇒第**2**章）。

このほか，事業者は，自らが供給する商品・役務の環境の保全に配慮するとともに，その品質を向上させ，事業活動に関して自らが遵守すべき基準等の作成等により消費者の信頼を確保することが求められる（消基5条2項）。また，事業者団体にも苦情処理の体制整備や上記の基準の作成等が求められる（同6条）。これらは，商品等の安全性の確保や自主規制ルールの整備につながるものといえる（⇒第 **16** 章・第 **18** 章）。

5　消費者の努力義務

消基法では，消費者には，①自ら進んで，消費生活について必要な知識を修得し，必要な情報を収集する等自主的かつ合理的に行動する努力義務，さらに，②環境の保全および知的財産権等の適正な保護に配慮する努力義務が課されている（消基 7 条）。もっとも，これはどちらかというと啓発的な意味をもつものであり，消費者に具体的な法的義務を課すことにつながるものではないことに注意すべきである。

また，消費者団体には，消費生活に関する情報の収集・提供ならびに意見の表明，消費者に対する啓発および教育，消費者の被害の防止および救済のための活動その他の消費者の消費生活の安定および向上を図るための健全かつ自主的な活動に努めることが求められている（同 8 条）。これも消費者団体の活動を拘束する趣旨ではなく，むしろ自主的な活動を促進する意味があることに留意する必要がある。

5　消費者安全法の役割

1　消費者安全法の意義

CASE 3-2

Aは，B社から新しい投資商品購入の勧誘を受けて購入したが，安全な商品だという当初の説明と異なりきわめてリスクが高かったため，大きな損失を被った。ところが，直接この商品の販売を規制する法律は存在しない。同様の被害を食い止めるための手段はないだろうか。

消費者安全法（消安法）は，消費者の消費生活における被害を防止し，その安全を確保することを目的として，2009 年に消費者庁関連三法のひとつとして制定された（⇒第 **2** 章 **22**〔18 頁〕）。**4** で紹介した消基法では，消費者の「安全の確保」が基本理念として掲げられるとともに基本的施策の最初に掲げられているが，消費者安全法はいわばこれを具体化したものともいえる。ここでいう「安全」とは生命・身体被害からの保護にとどまらず,「安全」な取引の実現,すなわち財産被害からの保護も含むものである。

その後,2012年に,狭い意味での「安全」に限定せず,各省庁で対応が予定されていない新たな消費者被害の事案,いわゆる「**すきま事案**」への対応を図ることを目的として改正がなされた。この改正では,消費者庁に「**消費者安全調査委員会**」を設置するとともに,「多数消費者財産被害事態」(多数の消費者に重大な財産被害を生じさせる事態またはそのおそれがある事態)が生じている場合には,内閣総理大臣が事業者に原因となる行為をやめるよう勧告・命令できるようにし,従わないときは罰則を科すことが定められた(消安40条4項・5項,52条)。

さらに,2014年に,食品表示等の不正事案の多発と高齢者等の消費者被害の深刻化を受けて,消費者行政の体制整備および事業者のコンプライアンス体制の確立を図るために,景表法とともに改正がなされた。ここでは,消費生活相談等の事務の実施および消費生活センターの設置等に関する規定の整備が図られている。

2 消費者安全確保の基本方針

消安法は,消基法と同様に消費者安全を確保するための基本法としての性格を有するため,国には,「**消費者安全の確保に関する基本方針**」を策定することが求められる(消安6条)。具体的には,①消費者安全の確保の意義に関する事項(同条2項1号),②消費者安全の確保の意義に関する施策に関する基本的事項(同項2号),③他の法律の規定に基づく消費者安全の確保に関する措置の実施についての関係行政機関との連携に関する基本的事項(同項3号),④消費者安全の確保に関する施策の施策効果の把握およびこれを基礎とする評価に関する基本的事項(同項4号),⑤①~④のほか消費者安全の確保に関する重要事項(同項5号)に関する基本方針の作成が必要となる。これらについては,消基法により定められる消費者基本計画との調和保持に留意することが求められている(消安6条3項)。

3 消費生活相談の充実化

消安法では,消費生活相談の充実化が図られている。具体的には,消費生活相談等の事務の実施に関する規定を設けるとともに（消安8条～9条），消費生活センターの設置につき，都道府県には義務づけ（同10条1項），市町村には努力義務を課している（同条2項）。また，内閣総理大臣（消費者庁）・国民生活センター・地方公共団体が，他の地方公共団体に対して情報提供することを可能とするとともに（同11条の2），国・地方公共団体の関係機関は消費者安全確保地域協議会を設置できるとし（同11条の3第1項），消費生活協力団体・消費生活協力員等を協議会の構成員として加えることが可能である（同条2項）。

また，センターに置く消費生活相談員の国家資格化（登録試験機関[2]による資格試験実施）が図られるとともに（同10条の3），都道府県に指定消費生活相談員を置く努力義務が課されている（同10条の4）。

4　消費者事故等の調査・分析とその対応

消安法では，「消費者事故等」について情報集約等を図ることが予定されている（消安12条以下）。ここでいう「消費者事故等」とは，まず，①生命・身体被害が現実に発生している事故を指すが（同2条5項1号），②生命・身体被害が現実には発生していない事案であっても，消費安全性を欠く商品等または役務の消費者による使用等が行われた事態であって，①に掲げる事故が発生するおそれがあるものとして政令（消安法施行令）で定めるものも対象となる（消安2条5項2号）。

また，③生命・身体被害以外の事案であっても，虚偽または誇大な広告その他の消費者の利益を不当に害し，または消費者の自主的かつ合理的な選択を阻害するおそれがある行為として政令で定めるものも対象となる（同項3号）。この③は，法律に例示されている虚偽・誇大広告に起因する不利益にとどまらず，取引に起因する不利益を中心として財産に関する不利益全般を包含する。

これらの消費者事故等が発生した場合には，行政機関（長）・都道府県（知事）・市町村（長）・国民生活センター（長）が内閣総理大臣（消費者庁）に重大事故等の発生情報を通知しなければならない（同12条）。内閣総理大臣（消費者庁）は，消費者事故等に関する情報の集約・分析等を行い，その結果を行政機

notes

[2] 現在は，独立行政法人国民生活センターと一般財団法人日本産業協会の二つが，内閣総理大臣の登録を受けている。

関・地方公共団体・国民生活センターに提供するとともに，消費者委員会に報告したうえで公表し，国会に報告しなければならない（同 13 条）。また，内閣総理大臣（消費者庁）は，関係行政機関の長等に資料の提供を求めることができる（同 14 条）。

消費者庁に設置された消費者安全調査委員会は，（同 15 条・17 条～ 22 条），「生命身体事故等」を調査し（同 16 条），事故等原因調査・他の行政機関等による調査結果の評価を受けたうえで（同 23 条～ 31 条），内閣総理大臣に対する勧告・意見具申，関係行政機関の長に対する意見具申を行う（同 32 条・33 条）。

さらに，内閣総理大臣は，消費者被害発生・拡大を防止するために，消費者への注意喚起（同 38 条），他の法律の規定に基づく措置の実施に関する事務を所掌する大臣に対するその実施の要求（同 39 条），重大事故発生の際の事業者に対する勧告・命令（同 40 条）等を行う。

6 消費者被害を救済するための法制度

1 業 法

以上では，消費者保護の大きな枠組みを作るための法制度を概観してきた。そこで次に，具体的な消費者被害を救済するための法制度を概観することにしよう。

まず挙げられるのは，各種の「**業法《ぎょうほう》**」（**業種別行政的規制立法**）である。業法とは，本来は，業種ごとの営業要件等を定めることにより公共の福祉の観点から営業の自由（憲 22 条 1 項参照）を制限する役割を担うものである。

業法は，業者の業務を規制することを直接の目的とするものではあるが（違反した場合には，刑事罰が科されたり行政処分が課されたりすることもある[3]），各業種の実情に応じて，クーリング・オフ，契約取消し，契約や契約条項の無効，中途解約権，損害賠償等の民事的救済のためのルールを用意していることも少なくない。例えば，宅地建物取引業法（宅建業法）（⇒第 **17** 章）は，宅地建物取

notes

[3] なお，直接民事ルールが定められていない場合でも，上記の規制に違反した場合には，民法上，公序良俗違反に当たるとして契約が無効となったり（民 90 条），違法性があるとして不法行為に基づく損害賠償（同 709 条）が認められたりすることもある（行政的取締法規〔規定〕の私法上の効力として論じられる）。

引業を営む場合に国土交通大臣や都道府県知事の免許を受けることを義務づけ（宅建業3条），その業務に関してさまざまな規制を行うが，その中には，誇大広告等の禁止（同32条）や宅地建物取引士による顧客に対する説明義務（同35条）等，消費者保護を念頭に置いた規定を設けている。また，契約を締結する際には，民法上の原則によれば書面の作成は必要ないはずであるが（民522条2項），トラブル防止の観点から，宅地建物取引業者には契約内容等を記した書面の交付が義務づけられている（宅建業37条）。さらに，事務所等以外の場所で行われた買受けの申込みや売買契約のクーリング・オフ（同37条の2）等の民事ルールも存在する。その意味で業法は，個別の取引類型における紛争解決のための特別法と位置づけることができる。

このように，業法は，その対象となる業種における消費者被害の救済に大きな役割を果たしている。また，業法は数多く存在するが，それらをまとめて一見すると「モザイク模様」のように全体の形が整っているように見えるかもしれない。もっとも，ある業法が適用されるのはあくまで特定の業種であり，その他の業種で同じような問題が生じていてもそれを適用することはできず，規制の内容も，それぞれの業種の特性により異なっているため，数多くの業法が存在するものの，すべての消費者被害を救済できるわけではない。

さらに，営業の自由を規制しつつもそれを極力確保するという観点から，規制の範囲を限定しがちであり，現在の業法では規制されていない行為が相次いでなされてからようやく規制が設けられることもしばしばである（「**後追い立法**」「**火消し立法**」と称される）。その意味では，業法による消費者保護は，一種の「パッチワーク」ということもできよう。

なお，消費者被害をもたらしそうな行為の防止を，業者や業界団体の**自主規制**に委ねることも少なくない。このような自主規制も，消費者被害の防止に一定の機能を果たしている[4]。

2　特定商取引法・割賦販売法

特商法は，業法の一種ではあるが，特定の業種というよりも特定の取引手法

notes

[4] 自主規制違反も，公序良俗違反や不法行為責任における違法性判断の考慮要素とされることがある。さらに，政府による法規制と業界団体による自主規制の中間的な役割を担う「共同規制」が行われる場合もある。

（訪問販売・通信販売・電話勧誘販売・連鎖販売取引・特定継続的役務提供・業務提供誘引販売取引・訪問購入）を規制対象とするものである。消費者相談のうち特商法に関わる相談は約半数を占めており，その適用範囲は一般の業法よりもかなり広い（⇒第**6**章・第**7**章・第**9**章・第**11**章〜第**13**章）。

また，割販法は，いわゆるクレジット契約を対象としたものでやはり一種の業法であるが，クレジットの利用拡大に伴い，さまざまな取引で用いられることから，その適用対象はやはりかなり広い（⇒第**14**章）。

3 民　法

消費者契約をめぐるトラブルについては，私人間の取引の基本ルールを定め「私法の一般法」と呼ばれる民法を適用して解決することも考えられる。実際，不当勧誘などが行われた場合には，錯誤（民95条）や詐欺・強迫（同96条）を理由とする契約取消し，公序良俗違反を理由とした契約無効（同90条），債務不履行に基づく解除（同541条・542条）または損害賠償請求（同415条），契約不適合責任に基づく追完請求（同562条）・代金減額請求（同563条）・解除（同564条→541条・542条）・損害賠償請求（同564条→415条），不法行為に基づく損害賠償請求（同709条等）を行うことが可能である（⇒第**9**章）。

もっとも，民法は，基本的に取引の当事者が対等な立場にあることを前提としたルールであり，「事業者と消費者との間の情報の質及び量並びに交渉力の格差」（消契1条）があることを前提とする消費者法の世界とは，その基本的なあり方が異なる（⇒**Column ❸**）。そのためか，民法上の規定を適用するための要件は厳格に解されがちである。例えば，上述した詐欺を適用するための要件としては，相手方が表意者（契約の申込み・承諾等の意思表示をした者〔ここでは消費者〕）をだます行為をすること（欺《ぎ》罔《もう》行為）に加えて，相手方に，その欺罔行為によって表意者に錯誤を生じさせる故意と，さらにその錯誤によって契約の申込み・承諾等の意思表示を行わせる故意という，いわゆる「二段の故意」があることが必要とされる。しかも，これらは表意者が主張・立証しなければならないが，一般の消費者にとってそれは困難であることが少なくない。

そこで，上述した当事者間の格差があることをふまえ，民法上の法理の適用にくらべて要件を緩和することによって消費者被害の救済を図るために，特別法の制定が必然的に求められるようになってきている。いわば，消費者法は，民法を補完する役割を果たすものであるといえよう。

Column ❸ 民法上の条文と消費者保護的発想

本文で述べたように，民法は，基本的に対等な当事者を想定したルールであるが，民法改正によって，民法にも消費者保護的発想をもった条文が取り込まれたことには注意が必要である。

例えば，2004 年の民法改正では，保証人になろうとする者が契約の内容を十分に理解してから保証契約を締結できるようにするなど，保証人保護の観点から，保証契約が効力を生じるためには書面ですることが必要であると定めて，要式行為性を明確にした（民 446 条 2 項）。また，同年の改正では，債務者が負う貸金債務のすべてを保証する根《ね》保《ほ》証《しょう》契約について極度額（＝上限額）を定めること等を義務づける「貸金等根保証契約」の規定が新設された。なお，この規定は，2017 年の民法改正により，その対象を貸金のみならず，賃貸借契約における保証等にも拡大するための見直しが行われ，表題も「個人根保証契約」に変更された（同 465 条の 2 ～ 465 条の 5）。このほか，2017 年の改正では，個人が事業にかかる債務を保証する契約（個人保証契約）を締結する場合には，公正証書の作成を義務づける等の制限を課す規定も設けられた（同 465 条の 6 ～ 465 条の 10）。

なお，賃貸借契約については，通常損耗を除く賃借人の原状回復義務（同 621 条）や敷金の返還義務（同 622 条の 2 第 1 項）が消費者保護のための規定であると紹介されることがあるが，いずれも従来の判例法理を明文化したにとどまるものであるし，内容的にも消費者のみをターゲットにしたものではない。

また，定型約款（同 548 条の 2 ～ 548 条の 4）についても，消費者保護のための規定として紹介されることがある。しかしながら，一定の条件付きではあるが事業者側に一方的な内容変更権を認める等，実際には消費者保護の観点からすると大きな疑問が残るものであり，条文の具体的な運用次第では逆に消費者にとって不利に働く場合があることに留意する必要がある。なお，消契法では，消費者が定型約款の内容の表示を請求する場合（民 548 条の 3 第 1 項）には，事業者がそのために必要な情報を提供する努力義務を負う（消契 3 条 1 項 3 号）旨の規定が設けられている（⇒定型約款については，第 **8** 章 **23**）。

4 包括的・横断的な消費者立法――消費者契約法など

(1) 消費者契約法

上述したような消費者法に対する期待と3で述べたような「保護」から「自立（支援）」へという消費者立法の理念の変化をふまえて，1990年代の後半から消費者被害を救済するための包括的かつ横断的な民事ルールの立法を求める声が高まってきた。

これを受けて「消費者契約の一般法」として制定されたのが，消契法である。制定から20年以上を経て，判例も蓄積されて，広く消費者保護の現場で活用が進んでいる（⇒第**6**章〜第**8**章）。

もっとも，消契法は，適用範囲が限定的な条文や特定の類型の取引・条項のみを対象とする条文が多く，当初の立法目的が十分に実現されているとはいえない状況にある（消契法の「特商法化」と称されることもある）。今後の消契法の改正に際しては，「消費者契約の一般法」としての役割を再認識したうえで行われることが強く望まれる。

(2) 金融商品取引法・金融サービス提供法

また，消費者被害が数多く見られる金融商品の分野でも，包括的・横断的ルールの形成を目指して，2000年の「金融商品の販売等に関する法律」（現・金サ法）の制定，また，2006年の金融商品取引法（金商法）の制定（体裁としては，証券取引法の改正）が行われた（金サ法，金商法については⇒第**16**章）。

もっとも，金商法は，金融商品の包括的な規制をめざしたものにもかかわらず，一般の預金や保険等は規制の対象から除外されており，「金融商品」の範囲は，金融商品販売の横断的ルールを定めることを目的とした金サ法が対象とする「金融商品」の範囲と異なっていることに注意が必要である。

CHECK

① 1968 年の「消費者保護基本法」制定と 2004 年の同法の改正による「消費者基本法」制定の背後にある消費者立法をめぐる考え方の変化を説明できるようにしよう。

② 「消費者基本法」の内容と「消費者安全法」の役割を説明できるようにしよう。

③ 消費者被害を救済するための法制度とそれぞれの具体的な内容について説明できるようにしよう。

読書案内 Bookguide

正田彬『消費者の権利〔新版〕』（岩波新書，2010 年）

中田邦博＝鹿野菜穂子編『基本講義消費者法〔第 5 版〕』（日本評論社，2022 年）2 ～ 76 頁

「〈特集〉民法と消費者法」消費者法研究 9 号（2021 年）1 頁以下

第2編
消費者契約

PART 2

CHAPTER
4 消費者契約の概観
5 広告・表示規制
6 勧誘規制(1) 総論
7 勧誘規制(2) 意思表示に関する規律
8 契約内容規制
9 消費者による権利の行使
10 救　済

CHAPTER

第4章

消費者契約の概観

1 消費者契約をめぐるさまざまな規制

1 消費者契約法に定める「消費者」

第1編では，消費者法の世界について消費者法の意義やしくみを紹介しながら，その全体像が描かれてきた。第2編からは，より具体的に，消費者契約に関わる法制度やこれに関連するさまざまな法制度をみていくことにしよう。この章では，まずはどのような者が消費者契約法（消契法）に定める「消費者」に当たるのかについて説明する。そして，消費者Aが日々の生活の中で遭遇するさまざまな消費者トラブルを紹介しながら，消費者契約の成立から履行に至る一連の流れにおいて問題となる点や，これを解決するための法制度を概観し，次章以降でさらに深く学ぶための橋渡しをすることにしたい。

消契法によれば，**消費者契約**とは「消費者と事業者との間で締結される契約」（消契2条3項）をいい，**消費者**は「個人（事業として又は事業のために契約の当事者となる場合におけるものを除く。）」（同条1項）と定義されている。消契法が適用される「消費者」となるためには，①「個人」であり，②「事業として又は事業のために契約の当事者とな」らないという二つの要件を充足していなければならない。他方，**事業者**は「法人その他の団体及び事業として又は事業のために契約の当事者となる場合における個人」と定義されている（同条2項)。「法人」とは，自然人以外で，法律上の権利義務の主体となることを認められているものであり，「その他の団体」には，民法上の組合（民667条以下）や，法人格を有しない社団または財団が含まれる。各種の親善等を目的とする団体や同窓会のように，法人となることが可能であるが，その手続を経ない各種の団体も「その他の団体」に含まれる。同様に，法人格を有しない場合のマンション管理組合も「その他の団体」に含まれる（逐条解説消契法12頁以下〔ウェブ版9頁以下〕)。

消契法2条1項および同条2項の文言をみる限り，個人は「消費者」または「事業者」のいずれかであり，個人事業者であっても，その者が事業としてでもなく，かつ事業のためでもなく契約の当事者となる場合には，その者は消契法に定める「消費者」に当たる。他方，法人その他の団体は「事業者」として扱われることになる。消費者と事業者との間には情報の質や量，交渉力において格差がみられることを前提として（消契1条参照)，消契法では以上の定義がなされているが，両者の境界線はさほど明らかなものとはなっていない。

CASE 4-1

Aは大学のテニスサークルBに所属していた。Bは十数人の学生で構成されていた。Aは，Bに所属する学生とともに合宿を計画し，Bの名前でホテルCに宿泊予約を済ませていた。しかし，出発の数日前にメンバーの大半がインフルエンザにかかり，予定していた合宿を中止せざるを得なくなった。AがCにキャンセルの連絡をしたところ，CはAに対して宿泊料金の8割を超えるキャンセル料の支払いを要求してきた。Cの主張は，Aが団体Bの名前で宿泊予約をしておりBC間の契約は消費者契約ではないので消契法の適用はなく，Bを特別に保護する必要性はないというものであった。

（参考事例）東京地判平成23年11月17日判時2150号49頁［消費者法百選1事件］

（参照条文）消契法2条・9条

下級審裁判例では，消契法2条の定めに従い，「消費者」と「事業者」の両者を切り分けることで，プロトタイプとしての消費者の範囲を確定し，その上で中小事業者や権利能力なき社団のような団体については類推適用等の手法をとることで柔軟な解釈がなされてきた。CASE 4-1参考事例の事案では，裁判所は，大学のラグビークラブチームを権利能力なき社団であると性格づけた上で，これが旅館との間で締結した宿泊予約について，旅館との関係では情報の質および量ならびに交渉力において優位に立っているとは評価できず，消契法２条１項に定める「消費者」に当たるとした。**CASE 4-1** のＢは，Ａらがサークル活動を行うための団体であり，ホテル営業を行うＣとの間には情報の質や量，交渉力において格差がみられ，消契法２条１項に定める「消費者」に当たると考えることができるだろう。また，Ｃが要求するキャンセル料が，Ｃに生ずべき平均的な損害を超える取消料を定めるものと考えられるならば，消契法９条１項１号に基づいて，消費者が支払う損害賠償の額を定める契約条項のうち，平均的な損害の額を超える部分のみが無効になる（⇒第**8**章③**4**(**2**)〔133頁〕）と考えられる。

なお，**事業**とは「一定の目的をもってなされる同種の行為の反復継続的遂行」と解されているが，個人が「消費者」か「事業者」かについて判断がつかない場合には，究極的には，裁判官があらゆる客観的事実を勘案して判断することになる。また，当該個人が「消費者」として当該契約を締結したことについても，その立証責任は，民事訴訟法に従い，その争いにおいて消契法の適用を主張する個人が負うものと解されている。

Column ❹ 消費者的事業者？　事業者的消費者？

本文の説明にあるように，厳密には消契法に定める「消費者」に該当しなくても消費者と捉えられることがある。しかし，そのようなケース以外にも，一方の契約当事者に対して何らかの保護を与える方が良いのではないかと思われる場面がある。

例えば，大企業と中小企業との事業者間（「BtoB」または「B2B」）取引の場合，そこで締結される契約は事業者間契約である以上，消契法の適用を考えることはできない。同様のことは，フランチャイズ契約における本部（フランチャイザー）と加盟店（フランチャイジー）との関係についても当てはまる。フランチャイズ契約に基づいて，本部は，店舗運営に伴って必要となる商標使用権や経営ノウハウなどを加盟店に提供し，その対価として加盟店は本部にロイヤリティーを支払うことになる。こうした契約は加盟店にとって「事業のため」の契約であるといえるため，加盟店は消契法上の「事業者」に該当すると解されているが，本部と加盟店との間に格差がみられることは明らかであり，加盟店である事業者を「消費者的事業者」と捉えることができるかもしれない。他方，近年はインターネット・オークションやフリマ（フリーマーケット）アプリを通じて個人間取引が行われることもある。このとき，両者の取引は消費者間（「CtoC」または「C2C」）取引であるから原則として消契法の適用は考えられない。しかし，特に商品やサービスを提供する側が頻繁にこれらを出品し，取引経験を重ね，さらには，相手方と比べてより多くの情報を得ている可能性がある。こうした消費者を「事業者的消費者」と捉えるのであれば，上述の「消費者的事業者」とともに，消契法の適用はないと捉えて民法の規律で対応するのか，それとも消契法による非対等当事者間の格差是正という考え方を浸透させるべきか，今後の重要な課題となっている。

2　消費者契約の成立から履行まで

(1)　成立過程における規制

CASE 4-2

Aは，通学途中にバスの車内で見かけた紳士服衣料品店Bの「セール期間内，店舗内の商品オール半額！」の広告が気になり，ジャケットを購入するために，自宅近所にあるBの店舗を訪ねた。しかし，店舗内の一部の商品についてはセール対象外とされていた上に，購入を考えていたジャケットもセール対象外の商品であった。Bの従業員によれば，バスの車内広告には「一部の商品はセール対象外です。」と表示もされているとのことであったが，後日その広告を確認したところ，とても小さな文字で記載されていることがわかった。

（参考事例）消費者庁平成23年7月26日措置命令

（参照条文）景表法5条

広告は，消費者の購買意欲を高める貴重な情報源である。したがって，広告や宣伝に示される表示が正しく商品を示すものではなかったり，過度に誇張したものであったり，一定の条件の下でしか有効なものでなかったりした場合に，それらは商品を購入する消費者の決定を大きく阻害するものとなる。そこで，広告等に対する規制として「不当景品類及び不当表示防止法」（景表法）による規制がある。こうした規制によって消費者個人が相手方である事業者に対して損害賠償等の民事的な救済を求めることができるわけではない。しかし，このような規制は公正な取引市場の形成に寄与することになり，結果として消費者も安心して商品やサービスを購入することができるのである。CASE **4-2** の場合，景表法に定める「有利誤認表示」（景表５条２号）に当たる可能性があり，Bに対して措置命令や課徴金納付命令が命じられることがある（⇒第**5**章）。

CASE 4-3

Aの叔父《おじ》Bは，不動産会社Cの従業員Dから，温泉付リゾートマンションの一室の購入を勧められ，Cとの間で売買契約を締結した。その際，Bは，そのリゾートマンションが「風光明媚《ふうこうめいび》な場所にあり，空気も良く，自然に囲まれた閑静な環境にあります。」との説明を受け，そうした内容を宣伝文句とする冊子等も受け取っていた。Cと売買契約を締結してから１か月後，Bは，リゾートマンションの近隣にごみ処理施設を建設する計画があることを知った。Bとしては，Dの説明を聞き，リゾートマンション周辺の環境が大変優れていると感じて購入したのであって，そうした計画があれば購入することはなかった。

（参照条文）消契法４条２項

CASE 4-4

Aは街へ買い物に出かけたところ，絵画の展示販売を扱う店舗Bの前で従業員Cに声をかけられた。Aに購入する意思はなかったものの，絵画鑑賞はさほど苦手ではなかったので，眺めるだけならと思い，店内に入った。しかし，店内に入った途端，Cに何度も購入を迫られ，さらに店内にいた従業員DやEがAを囲みつつ購入を執拗に勧めてきた。何かを購入しないと店外に出られない雰囲気を感じたため，やむを得ずAは絵画１点を５万円で購入することにした。

（参照条文）消契法４条３項

消費者が，商品やサービスを購入する前に，事業者から**勧誘**を受け，説明を聞いてから購入するか否かの判断をすることもあるだろう。もっとも，事業者の従業員によって，消費者にとって不利益な事実が伝えられなかったり，あるいは，執拗に購入を迫られ，脅迫まがいなことを言われてやむを得ず購入する決断を迫られたりすることも，場合によってはありうる。もちろん，こうした取引に対しては，信義則や詐欺，強迫などといった民法上の規定を通じて救済されることもあるだろう。しかし，債務不履行や損害賠償に関する規定など民法上の規定の多くは任意規定であり，また，消費者による立証負担の観点からも必ずしも十分な救済になるとは限らない。そこで，消契法の規定による救済が実効的な手段のひとつとして登場することになる。

CASE **4-3** の場合，消契法4条2項の「不利益事実の不告知」に該当する可能性があり，Bはリゾートマンションの購入契約を取り消し，代金の返還を求めることができる可能性がある。また，CASE **4-4** の場合，消契法4条3項の困惑類型に該当し，Aは絵画の購入契約を取り消すことができる可能性がある（勧誘規制や消契法に定める意思表示の規律について⇒第**6**章・第**7**章）。

CASE 4-5

Aは日頃の運動不足を解消するために近所のスポーツクラブBに通うことにした。Bの従業員からクラブ会員契約の説明を受け，その契約を締結する際に，Bから渡された利用規約の内容を読むと「当社は，お客様が当社スポーツクラブを利用中に生じた盗難等の事故についていかなる理由があっても一切損害賠償責任を負いません。」や「いかなる場合でも，当社とお客様との契約のキャンセルはできません。」といった記載がされていたので，このまま契約を締結しても良いのかどうか不安になった。

（参照条文）消契法8条・8条の2

消費者が事業者との間で契約を締結する際には，契約書や「利用規約」なるものにさまざまな条項が記されていることが多い。このとき，CASE **4-5** のように，一方的に消費者に対して不利益を与える条項は消契法による**不当条項規制**の対象となる可能性が高く，そのような条項は無効になると考えられる（消契8条・8条の2参照）。このように，契約内容の適正化をはかるために，不当条項規制を含む規制として「内容規制」がある（⇒第**8**章）。

(2) 履行過程における規制

消費者が事業者との間で消費者契約を締結した後に，購入した商品が契約内容に適合しないものであった場合に，例えば，民法上の規定（民415条・541条・542条など）に基づいて，契約を解除したり，損害賠償を請求したりすることができるのは明らかである。しかし，上述のように，これらの規定は任意規定であり，また，誰がその不適合を証明するかといった立証負担の点から，必ずしも消費者に有利な規制とはいえない。そこで，消費者に著しく不利な状況を考慮し，一定の期間内であれば，その契約について撤回権（「**クーリング・オフ**」）を行使することで，契約を取り消すことができる権利が認められている。また，そうした被害が生じた場合に，どのような方法で救済を求めることができるのかといった点についても細かな規制が用意されている。

CASE 4-6

Aの祖母Bは，Aの実家から遠く離れた地域に一人で暮らしている。最近，訪問販売業者と名乗るCがB宅を訪問し，必要のない寝具類の購入を勧めてきた。Bとしてはまったく必要のないものではあるが，最近ほとんど人と話す機会のなかったBは，親身になって家族の話や世間話を聞いてくれたCの勧めを断るのも悪いと思い，購入することになった。そして，後日，別の訪問販売業者DやEがともにB宅を訪れ，介護用ベッドや大型ウォーターサーバーの購入を勧めてきた。断ろうと思ったが，DやEが執拗にBに購入を勧めてきたので，断りづらくて購入してしまった。

（参照条文）消契法4条4項，特商法9条・9条の2

CASE 4-6 は，**訪問販売**にみられる典型的な事例である。訪問販売業者Cは，Bに対して親切に振る舞い，訪問販売業者DやEはBに対して脅すような態度をとるなどして，Bの購入の意思決定に強い影響を及ぼしている。この場合，契約にかかる書面に関して一定の要件を充足し，かつ，一定期間内であれば，それぞれの契約を撤回することができる。さらに，Bは，訪問販売業者の勧めで不要なものを次々と買わされることとなっている。こうした状況は一般に「過量な販売」に当たると考えられ，その法規制として，過量契約の取消しについては消契法4条4項があり，過量販売の解除については「特定商取引に関する法律」（特商法）9条の2がある（過量な販売について⇒第7章，消費者による権利の行使について⇒第9章）。

CASE 4-7

Aは，大学の友人Bから「バイトよりも楽に稼げる方法があるよ。」と言われ，その方法を伝えるCのデータを購入することを勧められ，その方法の内容を記したデータをスマートフォンでダウンロードして閲覧するために，Cとの間で2万円の売買契約の締結に応じた。しかし，Aがダウンロードした内容はその方法を伝えるものではなく，ただCの成功体験が延々と紹介され，その方法がきわめて優れていることを誇張するだけのものであり，Aにとって役に立ちそうな情報は皆無であった。後に，Aの友人DやEも含む数十人がBの勧誘を受け，同様のトラブルに遭っていたことがわかった。

（参照条文）消契法12条

図表 4.1　消費者契約の成立から履行までの法規制

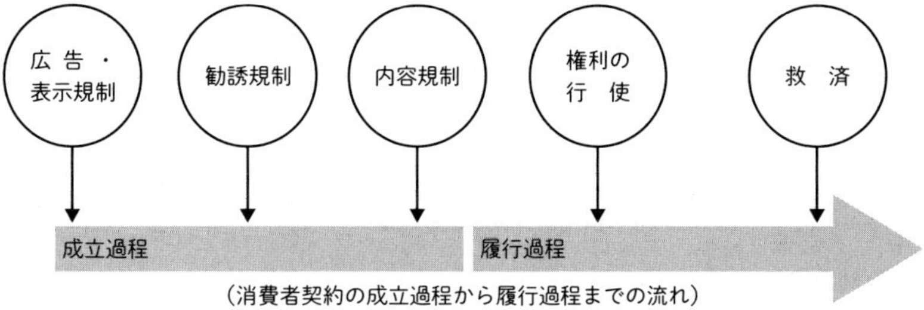

消費者トラブルは，不特定多数で同時多発的に発生しやすく，個々の被害額は少額であることが多い。そして，裁判所での訴訟を通じて相手方と争う場合にかかる時間やコストを考えて，被害に遭った者が支払った代金の返還請求などを諦めることも少なくない。その結果，事業者が悪質な商法を続けて被害をさらに拡大させる可能性がある。そこで，2006 年に，適格消費者団体が，消費者個人に代わって事業者に不当な勧誘や不当な契約条項の使用，不当な表示などをやめるように求めることができる制度（**差止請求制度**）が消契法 12 条に規定された。このほかに，当事者間の円満な解決をはかる手段として，裁判所での訴訟以外にも，裁判外での紛争解決手続（**ADR**）を考えることができる（集団的被害の救済について⇒第 **10** 章）。

⑶　消費者契約をめぐる法規制の周辺環境

消費者契約の成立から履行に至るまでの各過程におけるそれぞれの法規制について，時間軸を加えて**図表 4. 1** に示すことにしよう。これにより，消費者契約がそれぞれの段階においてさまざまな形で法規制を受けていることをイメージできるだろう。

2　特徴的な取引に対する規制

1　特定商取引法に定める取引類型

消契法は，消費者契約に関わる一般的な規制を定めたものではあるが，そのような規制の枠組みを超えて，商品・サービスの性質や取引方法などの面で特

図表 4.2　消費者契約をめぐるさまざまな法規制

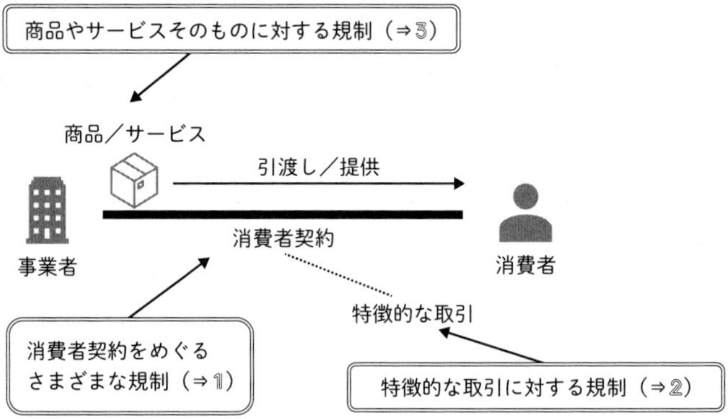

徴的な一定の取引類型に対しては，特商法や割賦《かっぷ》販売法（割販《かっぱん》法）などによる規制がなされている。こうした個別具体的な類型にあわせて，消費者の保護や支援に寄与する政策もなされている。ただし，これらの法律には事業者に対する行政規制も含まれており，その規定の構造は非常に複雑である。それぞれの詳細については第 **11** 章以降の各章に委ねるとして，以下では引き続き消費者Ａに登場してもらい，CASE を参考にしながら，特徴的な取引に対する規制の概要を示すことにしよう。

CASE 4-8

Ａは，スマートフォンのフリマアプリを使ってＢが出品する商品を見つけた。その商品はすでに市場に出回っていない貴重なものであったし，それほど高額なものではなかったが，Ｂの出品者プロフィール欄やその商品の説明に「『ノークレーム・ノーリターン』でお願いします。」との記載があり，購入を決めかねている。

インターネットの急速な進展に伴って，消費者トラブルもより複雑な形で生じている。近時大きな問題となっているのが，インターネットの画面上は「初回無料」「初回 500 円」等と表示しているが，実際には，複数回の定期的な購入をする契約となっていたという「定期購入商法」をめぐるトラブルである（第 **1** 章 CASE **1-1**）。これは，特商法における「**通信販売**」の規制を強化することなどによって対応が図られている（⇒第 **12** 章 **Column ⑲**〔202 頁〕）。あるいは，スマートフォンやパソコンを通じて，フリマアプリやインターネット・

オークションサイトで商品を出品し，または購入する場合，当事者がいずれも消費者であることもありうる。このような場面において，CASE 4-8 にあるように，商品に問題があっても一切クレームを受け付けず，返品にも応じない「ノークレーム・ノーリターン」特約の効力をめぐって争いがある（電子商取引について⇒第 **11** 章）。

CASE 4-9

Aは，近所のスポーツジムBに通うことにし，Bとの間で，6か月の間，Bにある器具等を自由に利用することができるチケット30回分を10万円で購入した。しかし，数回通ってみたものの，Aが利用したい時間は混雑していてBにある器具等を十分に利用することができなかった。

Bは，Aに対し，スポーツジムでの器具等の利用という一定の役務（サービス）を提供している。このような契約を「**役務提供契約**」または「サービス契約」という。単なる物の提供とは異なる役務の提供の特徴として，役務の効果が役務の提供を受ける消費者の能力や適性によって異なるので，役務の品質を客観的に評価することが難しい点を挙げることができる。役務提供契約について，民法には請負契約など典型的な契約類型のみが規定されているにすぎない。特商法に「特定継続的役務提供」として一定の取引類型に適用される規定があるものの（特商41条以下），役務提供契約全般を網羅的に規定する法律はみられない。また，事業者が「利用規約」なるものを定めていることも多いが，その条項の内容をめぐってトラブルが生じることもある（⇒第 **12** 章）。

CASE 4-10

Aは，バイト先の同僚Bと将来の進路について話し合っていたときに，Bから「頼りになる先輩がいる。」と言われてCを紹介された。Cから，Cの自宅でホームパーティーをやるのでそのときに相談に乗ると言われ，約束の日にCの自宅に出向いた。そこには，何人かのAと同年齢くらいの若者がいて，Cはネットワークビジネスを行うDの一員であるとして，そのビジネスの内容を説明していた。その内容は，個人が商品などの販売員となり，新たな販売員を勧誘すれば大きな収入が得られるというもので，まずは個人が，勧誘に使うための商品を毎月10万円分購入しなければならないというものであった。

（参照条文）特商法33条以下

特商法は，訪問販売（特商3条以下）をはじめとして，通信販売（同11条以下），電話勧誘販売（同16条以下）などの主要な取引類型をその規制対象としている。CASE **4-10** のように，個人を商品などの販売員として勧誘し，さらに次の販売員を勧誘すれば収入が得られるとして商品の購入等をさせ，販売組織を連鎖的に拡大し，商品や役務の提供を行う商法を「**連鎖販売取引**」といい，これも特商法の規定が適用される主要な取引類型のひとつである（同33条以下。連鎖販売取引については⇒第**13**章）。

CASE 4-11

Aの叔母《おば》Bの自宅に，着物などの買取りをしているというCから，不要な着物を買い取るとの電話があったので，Bは日時を指定して来訪するように伝えた。Cの従業員Dが訪問し，Dは，出張費用を差し引いて着物数点あわせて3,000円で買い取ると言った。Bは安すぎると思ったものの，もともと着ることもなかったものだったので買取りに応じた。さらに，Dが貴金属の鑑定もすると執拗に言うので，Bの自宅にあったネックレスや指輪など数点を見せたところ，これらを1,000円で買い取ると言って代金と領収書を渡した。Bは断りたかったが，Dの威圧的な言動に恐怖を感じ，その代金と領収書を受け取ってしまった。

（参照条文）特商法58条の4以下

訪問購入も，特商法が適用される主要な取引類型のひとつである。訪問販売については特商法の前身が「訪問販売法（訪問販売等に関する法律）」であったことからもわかるように（⇒第**1**章3**3**〔10頁〕），消費者トラブルの中でも大きな問題となっていた。これに対して，訪問購入は近年とみにトラブルが増えてきており，本来であれば価値のある商品を訪問してきた業者が安価で買いたたくというものである。こうした状況を受けて，特商法の規制対象とされることになった（特商58条の4以下。訪問購入について⇒第**6**章5〔97頁〕）。

本書では，特商法に定める取引類型のうち，いくつかの取引類型に重点を置いて説明することになるが，これらの取引類型のほかにも，事業者が消費者に対し，「仕事をあっせんするから自宅で簡単に収入が得られる」と勧誘し，その仕事に必要があるとして材料費やレッスン料といった名目で商品やサービスを購入させる商法（「内職商法」とも呼ばれる）も「業務提供誘引販売取引」（特商51条以下）として特商法の規制対象となっている。

2　その他の取引類型

CASE 4-12

Aは，就職活動を始めるためにBのビジネスセミナーに参加することにした。そのセミナーは定期的に開催されるというもので，講習料は全10回で合計50万円であった。初回時こそ就活に役立ちそうな情報も得られて有益なセミナーだと思ったが，その後のセミナーは業界人の自慢話をただ聞かされるだけだった上に，Bの都合でセミナーの開催が4回で打ちきられることになってしまった。講習料は前払い制だったために，クレジットカードで支払ってしまっていた。

（参照条文）特商法41条以下，割販法30条の4

消費者が商品やサービスを購入するときに現金を手元に持ち合わせていない場合があるだろう。それが現金で支払う額にしては高額である場合であればなおさらである。こうした場合において，近年は「キャッシュレス決済」と呼ばれる，現金での支払いに代わる決済方法がみられるが，特に利用頻度の高い方法として**クレジットカード**を用いた決済による方法がある。こうした決済方法に関する法規制として割販法を挙げることができる。CASE **4-12**のようなクレジットカードを用いた決済方法は「包括信用購入あっせん」といい，決済の対象となった契約において何らかの不都合が生じ，その契約が解除される場合に，その契約に生じた事由をクレジットカードを扱う会社に対して主張し，代金の返還を求めることができるかが問題となる（割販30条の4⇒第**14**章）。

CASE 4-13

Aは，2年間，賃貸マンションの一室を借りるためにBとの間で賃貸借契約を締結した。契約期間を終えて退去することになった際に，Bが，Aに会うために賃貸マンションを訪ね，「部屋の壁紙が汚れているので壁紙の張り替えをしなければならない。張り替えにかかる費用は敷金から引かせてもらう。」と言って帰っていった。Aとしては壁紙を過度に汚したわけではなかったので，この程度で敷金から差し引かれることに納得がいかなかった。

（参照条文）民法621条かっこ書

建物賃貸借契約において入居時に賃借人が支払う**敷金**や礼金，権利金といった金銭の問題は，契約終了時，または契約更新時において争われるトピックとなる。CASE **4-13**の壁紙の汚れのように，通常使用する範囲で生じた汚れや単純な経年劣化について，賃借人がその修復費用を負担しなければならないかどうかが問題となるが，民法上の規定では，賃借人は原状回復義務を負わないと解されている（民621条かっこ書参照）。不動産取引については，賃貸借をめぐる問題以外にも，住宅を購入した後にその住宅に欠陥がみつかった場合のように，消費者が関わる場面は多い（不動産取引について⇒第**17**章）。

3 商品やサービスそのものに対する規制

CASE 4-14

Aは，幼児である甥っ子のBに何かプレゼントしようと考えて，偶然通りがかった店舗Cの店頭にあるカプセル入り玩具の販売機で商品を探した。D社製造のカプセル入り玩具が良いと思ったが，Bが誤飲してしまうのではないかと思うほどカプセルのサイズが小さいように感じた。

（参考事例）鹿児島地判平成20年5月20日判時2015号116頁〔消費者百選89事件〕

（参照条文）製造物責任法2条2項・3項

商品やサービスは適切な基準で消費者に提供されなければならない。万が一，商品やサービスの欠陥により消費者に大きな被害が生じた場合に，どのような救済方法があるのだろうか。**CASE 4-14**参考事例の事案は，当時2歳10か月であった幼児の口腔内に玩具の包装容器であるカプセルが入り，喉を詰まらせ窒息状態となり，後遺障害が残ったため，その幼児および両親がカプセル製造業者に対して**製造物責任法**（「PL法」ともいう）3条に基づいて損害賠償を求めたというものであった。裁判所は，物を飲み込むしくみから出発して窒息が生じるリスクを根拠にして球体の玩具が備えるべき安全性について論じた後に，本件のカプセルに設計上の欠陥（設計段階で十分な安全性を欠いていたために，製造物全体の安全性を欠くことになったこと）を認定した（製造物責任について⇒第**18**章）。このように，商品やサービスそのものに対する規制もみられる。

以上のほかにも，**貸金**に関する法規制（⇒第**15**章）や**金融商品・投資**に関する取引に対する法規制（⇒第**16**章）のように，さまざまな取引や商品・サービスに関する法律が消費者と深く関わっている。詳細は各章に委ねることとして，さまざまな消費者トラブルに対し，法律や裁判例を通じて，消費者個人の救済にとどまらず，事業者の不当な行動も抑制することで，より公正かつ適切な市場の形成が目指されている点が重要である。以下では，この点を意識しながら各章を読み進めてほしい。

CHECK

① 消費者契約をめぐるさまざまな法規制の全体像を把握しよう。
② 契約の成立過程から履行過程に至るまでのさまざまな規制について，各過程において問題となる具体例を挙げながら，整理してみよう。
③ 特徴的な取引に対する規制内容について，具体例を挙げながら説明してみよう。

読書案内 Bookguide

河上正二「『人』の分節化と『消費者』」現代消費者法 17 号（2012 年）1 頁
谷本圭子「『消費者』という概念」消費者法百選 19 頁
後藤巻則「人と消費者」NBL1199 号（2021 年）6 ～ 15 頁
後藤巻則ほか『条解消費者三法〔第 2 版〕』（弘文堂，2021 年）314 ～ 332 頁［齋藤雅弘執筆］
大澤彩『消費者法』（商事法務，2023 年）15 ～ 28 頁

CHAPTER

第5章

広告・表示規制

1 不当な広告や表示に対する規制

例えば，交通機関の車内広告には商品やサービスの宣伝など，様々な情報があふれている。このとき，雑誌や美容医療，専門学校等の広告が目にとまり，商品やサービスの内容について興味が湧いたことはないだろうか。あるいは，スーパーの店頭や店内にある看板やPOP広告の表示をみて，商品の購入を決めたことはないだろうか。他方で，パソコンのウェブサイトやスマートフォンのアプリに何度も表示される広告が煩わしいと思ったことがあるかもしれない。

消費者は，商品やサービスを購入する前に，その商品やサービスに関する情報を入手した上で購入を決めることが多い。特に，消費者が同種の商品やサービスの中から特定の商品やサービスを選択するときには，価格や品質に関する広告や表示が，商品やサービスの内容を知るための貴重な情報源になる。つまり，価格や品質といった，事業者の広告や表示に含まれる様々な情報が，消費者が契約を締結するための意思決定に大きな影響を及ぼしているのである。

広告や表示は，大きさや色づかいで文字を際立たせ，効果的な図やマークを添えるといった工夫を施すことで，商品やサービスに対する消費者の購買意欲を大いに高めることになる。しかし，広告や表示が，虚偽や誇大なものであったために商品やサービスの情報が消費者に正しく伝わらず，消費者の想像と大きくかけ離れていたときには，消費者に予期せぬ結果をもたらすことがある。

CASE5-1

Aは，ブランド牛Bの産地として有名なC県内にある観光土産店等で，B牛を使っているという商品Dを販売していた。Aは自社が運営する飲食店EでもDを用いた料理を提供していた。Eの店舗内にあるメニューには「Eおすすめ！B牛本格ステーキ」と表示され，Eの店舗内に「本日の使用銘柄牛：C県産B牛」の表示と個体識別番号を示したPOP広告が掲示され，Eで提供される料理にB牛を使用しているかのような表示がされていた。しかし，Dで実際に使用していたのはB牛ではなく，C県とは別の地域を産地とする牛肉であった。POP広告で表示された個体識別番号の個体もB牛ではなかった。

（参考事例）岐阜県令和2年8月12日措置命令

（参照条文）景表法5条

観光土産店等で商品Dを購入した消費者やEで料理を注文した消費者は，B牛とは別の牛肉が使用されているとは思っていなかったであろう。これは不当表示（優良誤認）による消費者トラブルの一例である（詳細は⇒2**3**）。わが国では，法令により事業者による広告や表示に対して一定の規制が設けられているが，法令相互間の関係は必ずしも明確ではなく，これを体系的に整理することは難しい。しかし，特定の取引形態（業種）・商品・サービスの広告や表示に特定の表示を義務づける「**景品表示法**」（景表法。正式名称は「不当景品類及び不当表示防止法」という）は重要である。2023年に，事業者による自主的な取組の促進や違反行為に対する抑止力の強化などを目的とした景表法改正（令和5年法律第29号）が行われた。この改正の内容は，一部の規定を除いて2024年10月1日から施行されている。

この章では，景表法による不当な広告や表示に対する規制（以下，「不当表示規制」）を説明した上で（⇒2），その他の法令による一般的な規制として，不正競争防止法（不競法）等について触れることにしたい（⇒3）。また，個々の商品やサービスについては，「業法」（⇒第**3**章6**1**〔44頁以下〕）と呼ばれる個々具体的な事業を規制する法律によって規制が行われているものと，インターネットを通じて表示される広告（デジタル広告）のように，新たな法規制が必要とされているものがみられる。この章では，これらのすべてを取り上げることはせずに，特に重要と思われるものに絞って説明することにしたい（⇒4）。

2　一般的な規制(1) 景品表示法

1　運用の主体・規制対象

景表法は独占禁止法（独禁法）の特例法として1962年に成立し，同年に施行された。2009年に消費者庁が発足し（⇒第**2**章 2**2**〔18頁〕），景表法の運用権限が，公正取引委員会（以下，「公取委」）から内閣総理大臣とその権限委任を受けた消費者庁長官に移管された（景表法の違反に関する調査権限については消費者庁から委任された公取委が調査し，情報を受け付ける等の業務を行っている）。景表法の規制対象には①**不当表示規制**と②不当景品類規制（不当な景品類に対するもの）があり，この章では①について説明する。なお，不当表示規制のすべてが景表法に規定されているわけではない。技術的内容等については「政令」（施行令）や「内閣府令」（施行規則）で規定され，「表示」の具体的内容は景表法の規定を受けた「告示」によって定義されている。

2　定義と規制内容

(1)　表　示

景表法の基本的な適用対象は「事業者が一般消費者に対して何かを供給する行為」であるが，不当表示規制の対象となるのは，一般消費者を最終的な供給先とした事業者による「表示」（景表5条参照）である。**表示**とは，顧客を誘引するための手段として「事業者が自己の供給する商品又は役務の内容又は取引条件その他これらの取引に関する事項について行う広告その他の表示」であって，内閣総理大臣が指定するものをいう（同2条4項。図表5.1）。

事業者が不当な表示を行うことは禁止される。景表法5条は不当な表示として，優良誤認表示，有利誤認表示および指定告示にかかる不当表示を定めている（⇒詳細は**3**・**4**）。

(2)　事業者／一般消費者

事業者とは「商業，工業，金融業その他の事業を行う者」をいう（景表2条

図表 5.1　内閣総理大臣が指定する表示の具体例[1]

①　商品，容器または包装による広告その他の表示およびこれらに添付した物による広告その他の表示
②　見本，チラシ，パンフレット，説明書面その他これらに類似する物による広告その他の表示（ダイレクトメール，ファクシミリ等によるものを含む）および口頭による広告その他の表示（電話によるものを含む）
③　ポスター，看板（プラカードおよび建物または電車，自動車等に記載されたものを含む），ネオン・サイン，アドバルーン，その他これらに類似する物による広告および陳列物または実演による広告
④　新聞紙，雑誌その他の出版物，放送（有線電気通信設備または拡声機による放送を含む），映写，演劇または電光による広告
⑤　情報処理の用に供する機器による広告その他の表示（インターネット，パソコン通信等によるものを含む）

1項)。なお，「一般消費者」の定義規定は景表法にはない（「一般」を付さない「消費者」という文言も景表法にはない)。しかし，不当表示規制は，商品またはサービスの内容や取引条件等について，消費者と事業者の間に情報や知識に大きな格差があることをふまえて，消費者が適正な商品選択ができるように適正な表示を確保することを目的としている。そこで，当該商品またはサービスについて，さほど詳しい情報・知識を有していない「通常レベルの消費者，一般レベルの常識のみを有している消費者」が**一般消費者**の基準と解されている。

(3)　不当表示規制に違反した場合①：措置命令

景表法は，事業者が景表法に定める不当表示規制に違反する場合に，その事業者に対して，対象となる商品やサービスの代金返還義務を負わせるといった民事的な効果を定めているわけではない。消費者庁長官または都道府県知事は，事業者が優良誤認表示などの景表法違反の表示行為を行った場合には，必要があると認めるときに**措置命令**を行うことができる（景表7条1項)。措置命令の多くは，一般消費者に対する誤認を排除し，そのことを周知させ，再発防止策を策定し，今後，同様の違法行為を行わないといった措置を内容とする。措置命令は，事業者が既に違反行為（不当表示行為）をやめている場合や，消費者

notes

[1]　消費者庁「不当景品類及び不当表示防止法第２条の規定により景品類及び表示を指定する件」（昭和37年公取委告示３号）参照〈https://www.caa.go.jp/policies/policy/representation/fair_labeling/public_notice/pdf/100121premiums_6.pdf〉（2024年９月１日閲覧）。

庁の調査を受けた後に不当表示をやめた場合にも行うことができる（同項柱書2文）。消費者庁または都道府県は，措置命令日にウェブサイト上で，措置命令の内容を事業者名とともに公表している。不当表示規制に違反した者に対して直ちに刑罰が科されることはないが，措置命令に違反した者に2年以下の懲役または300万円以下の罰金が科されることや（併科あり，同36条），法人等の事業者に3億円以下の罰金刑が科されるほか（同38条1項1号・2項1号），法人の代表者に300万円以下の罰金が科されることもある（同39条）。また，海外に拠点を置く事業者が日本で行った表示行為について不当表示規制に対する違反が認定されたとしても，当該事業者が日本から撤退する場合がある。そこで，2023年の景表法改正により，措置命令における公示送達や外国における送達等に関する規定が整備・拡充されることになり，所在不明の相手方に自らの意思表示を到達させることができない事態を回避することが可能となった（同7条3項など）。

⑷ 不当表示規制に違反した場合②：課徴金納付命令

消費者庁長官は，事業者が優良誤認表示や有利誤認表示（詳細は⇒**3**）をする行為をした場合，その事業者に対して，「所定の除外事由を満たす場合を除いて」対象となる商品または役務の売上額に3%を乗じたものを「課徴金」として，これを国庫に納付すること（納付期間は3年を上限とする）を内容とする**課徴金納付命令**を行わなければならない（景表8条1項本文。ただし，課徴金額が150万円未満である場合には，課徴金は賦課されない）。措置命令とは異なり，消費者庁長官のみがこの命令を行うことができる。「所定の除外事由」とは，例えば「課徴金対象行為をした期間を通じて」著しく優良・有利であると示す表示であることを「知らず，かつ，知らないことにつき相当の注意を怠った者でない」と認められる場合をいう（同項ただし書・12条7項）。また，この事由に該当し，課徴金納付命令が行われない場合でも措置命令が行われる可能性は残されている。

ところで，課徴金は，違反行為をする事業者に対して金銭的な不利益処分を課すことで，違反行為の抑止力となることが期待されたものである。しかし，課徴金納付命令を受けてもなお違法行為から得た利得が十分にある事業者であれば，同様の違法行為を繰り返す可能性がある。そこで，2023年の景表法改正により，景表法8条6項各号に定める行為が行われた日のうち，最も早い日から遡って10年以内に課徴金納付命令を受けたことがある者には割増算定率（4.5%）が適用されることになった（景表8条5項）。

(5) 事業者による確約手続

事業者の中には，不当表示規制に違反する行為が行われている疑いがあり，その行為について調査を受けた場合であっても，そうした行為の早期是正や再発防止に向けた社内体制の整備等の措置を自主的に講ずることで迅速に問題を改善しようとする者もいる。2023年の景表法改正により，そうした事業者是正措置計画を申請し，内閣総理大臣から認定を受けたときには，当該行為について措置命令や課徴金納付命令の適用を受けないとする制度が設けられた（確約手続。景表26条～33条）。事業者による自主的な取組を促すものとして期待されるが，その実効性については今後の運用に委ねられることになるだろう。

(6) 適格消費者団体による差止請求

適格消費者団体（消契2条4項）は，事業者が不特定かつ多数の一般消費者に対して景表法34条1項各号に定める行為（優良誤認表示または有利誤認表示）を現に行い，または行うおそれがあるときには，その事業者に対して，①その行為の停止，②その行為の予防または③その行為の停止もしくは予防に必要な措置をとることを請求することができる（差止請求）。同様に，「特定商取引に関する法律」（特商法）に定める通信販売などの取引類型の広告において，適格消費者団体による差止請求が認められている（例えば，通信販売の場合，特商58条の19）（⇒第**10**章**2**2〔159頁以下〕）。

また，2023年の景表法改正により，適格消費者団体は，一定の場合において，事業者による表示の裏付けとなる合理的な根拠を示す資料の開示を当該事業者に要請することができるようになり，あわせて，当該事業者はそうした要請に応ずる努力義務を負うものとされることとなった（景表35条）。

3 不当表示規制(1) 優良誤認表示・有利誤認表示

(1) 優良誤認表示

CASE 5-2

通信販売されているAの商品に，「お腹まわり改善読本」と題する冊子が同梱されていた。冊子には，体型の異なる2名の人物イラストとともに「あの日のスリムな体型を再び」「毎日1杯！ みるみる痩せる！」といった表示がされ，「お腹スッキリ黄金茶」と称する商品Bを摂取することで，Bに含まれる成分の作用で著しい痩身効果が得られるかのような表示がされていた。しかし，実際にそのような効果が得られることはなかった。

（参考事例）消費者庁令和3年3月23日措置命令

（参照条文）景表法5条

景表法5条1号によれば，「商品又は役務の品質，規格その他の内容」について，①一般消費者に対して「実際のものよりも著しく優良であると示」す表示や，②「事実に相違して当該事業者と同種若《も》しくは類似の商品若しくは役務を供給している他の事業者に係るものよりも著しく優良であると示す」表示であって不当に顧客を誘引し，一般消費者による自主的かつ合理的な選択を阻害するおそれがあると認められるものが**優良誤認表示**に該当する。「商品又は役務の品質」とは，商品または役務（サービス）に関する成分や属性を指す。成分には主に物理的特性としての原材料や濃度，添加物などが含まれ，属性には主に測定・評価の対象である性能や効果，安全性などが含まれる。また，「規格」とは，国や公的機関等が定めた一定の要件を充足することで自動的にまたは認証等を経て，特定のマーク等によってその旨を表示することができるものをいい，国や公的機関等が定めた基準を充足している旨の表示も含まれる。さらに，「商品又は役務」の「内容」は，品質や規格に間接的に影響を及ぼすもの，例えば，原産地や製造方法，有効期限，他者からの評価なども「内容」に含まれるとされている。表示内容と実際のものが科学的に等価であるとか，いずれが優良であるとも判断できない場合であっても，一般消費者にとって実際のものよりも「著しく優良」であると認識される表示が行われれば不当表示に当たる。CASE 5-2では，Aの冊子にある一連の表示が一般消費者にとって実際のものよりも「著しく優良」であると認識されれば，不当表示に当たるといえる。

(2) 有利誤認表示

CASE 5-3

① パソコン専門店Ａは，店舗内の商品の価格表示において，実際の販売価格にそれを上回る価格（比較対象価格）を取消線付きで併記することで，実際の販売価格が通常販売している価格と比べて安いかのように表示していた。

② 組合Ｂは，Ｂが作成した「害虫駆除承ります」と称するチラシに「どこでも一律料金１回だけのお試し価格 2,980 円（税込）」と表示し，害虫駆除サービスの提供を 2,980 円で受けられるかのように示す表示をしていたが，実際はＢの組合員にならなければ害虫駆除サービスを受けることができず，害虫駆除剤噴霧料金 2,980 円のほかにＢに対する出資金 7,000 円を支払わなければならなかった。

（参考事例）①東京都令和３年３月 30 日措置命令／②埼玉県令和２年５月８日措置命令

（参照条文）景表法５条

有利誤認表示とは，事業者が供給する「商品又は役務の価格その他の取引条件について，実際のもの又は当該事業者と同種若しくは類似の商品若しくは役務を供給している他の事業者に係るものよりも取引の相手方に著しく有利であると一般消費者に誤認される表示」をいう（景表５条２号)。「著しく有利」とは，例えば，「この商品は他の同種の商品よりお得である」旨の表示をしているにもかかわらず，実際には，表示されているほどお得ではなかった場合を挙げることができる。CASE 5-3 ①のような「価格」のほかにも，CASE 5-3 ②のように，数量，支払条件，取引に付随して提供される景品類，アフターサービスや，商品・役務本体に付属する各種の経済上の利益等について実際と異なる表示は有利誤認表示に当たることがある。

Column ❺「打消し表示」とは

広告には「今なら月額利用料 980 円」や「潤い肌☆満足度 100％」のように，事業者が自己の提供する商品やサービスを一般消費者に訴求する方法として，断定的表現や目立つ表現をすることで品質等の内容や価格などの取引条件を強調する表示（強調表示）がみられる。商品やサービスの強調表示を目にする一般消費者は，その商品やサービスのすべてについて無条件かつ無制約に当てはまるものと感じることだろう。ところが，強調表示とともに，「別途初期費用がかかります。」や「効果には個人差があります。」といった表示がされることがある。これは「打消し表示」と呼ばれるもので，一般消費者が強調表示から通常であれば予期できない事項であって，商品やサービスを選択する際に重要な考慮要素となるものに関する表示をいう。打消し表示の文字が小さく判読しにくいものであれば，強調表示が誤認され，景表法上の不当表示に当たる可能性がある。近年，画面が縦に長いウェブページでは，一番下までスクロールしないと打消し表示にたどり着かないために，こうした表示を見落としてしまうといったトラブルもみられる。消費者庁が公表した「打消し表示に関する表示方法及び表示内容に関する留意点（実態調査報告書のまとめ）」[2]によれば，打消し表示の内容について一般消費者が正しく認識できるような適切な表示方法で表示されているか否かは，「打消し表示の文字の大きさ」や「強調表示の文字と打消し表示の文字の大きさのバランス」，「打消し表示の配置箇所」などの要素等から総合的に判断されることになる。

4　不当表示規制(2) 指定告示にかかる不当表示・不実証広告

(1)　指定告示にかかる不当表示

「商品又は役務の取引に関する事項」について一般消費者に誤認されるおそれがある表示であって，不当に顧客を誘引し，一般消費者による自主的かつ合理的な選択を阻害するおそれがあると認めて（消費者庁長官ではなく）内閣総理大臣が指定するものは「**指定告示にかかる不当表示**」という（景表5条3号。図表5.2）。

notes

[2] https://www.caa.go.jp/policies/policy/representation/fair_labeling/pdf/fair_labeling_180607_0004.pdf（2024年9月1日閲覧）

図表 5.2 指定告示にかかる不当表示

① 「無果汁の清涼飲料水等についての表示」（昭和 48 年公取委告示 4 号）
② 「商品の原産国に関する不当な表示」（昭和 48 年公取委告示 34 号）
③ 「消費者信用の融資費用に関する不当な表示」（昭和 55 年公取委告示 13 号）
④ 「不動産のおとり広告に関する表示」（昭和 55 年公取委告示 14 号）
⑤ 「おとり広告に関する表示」（平成 5 年公取委告示 17 号）
⑥ 「有料老人ホームに関する不当な表示」（平成 16 年公取委告示 3 号）
⑦ 「一般消費者が事業者の表示であることを判別することが困難である表示」（令和 5 年内閣府告示 19 号）

(2) 不実証広告

CASE5-4

A が販売する商品 B のチラシやテレビ CM では，利用者の体験談やアンケートを用いて，B を服用すれば食事制限をすることなく痩せられるかのように表示されていたが，実際にはこれらはねつ造されたものであった上に，効果等の実証データも根拠のないものであった。

（参照条文）景表法 7 条

優良誤認表示を効果的に規制するため，消費者庁長官が優良誤認表示に該当するか否かを判断する必要がある場合，期間を定めて，事業者に表示の裏付けとなる合理的な根拠を示す資料の提出を求めることができ，事業者が求められた資料を期間内に提出しない場合や，提出された資料が表示の裏付けとなる合理的な根拠を示すものと認められない場合には，当該表示は措置命令との関係では不当表示とみなされ（景表7条2項），課徴金納付命令との関係では不当表示と推定される（同8条3項）。これを「**不実証広告**」という。提出資料が表示の裏付けとなる合理的な根拠を示すものと認められるためには，①提出資料が客観的に実証された内容のものであり，②表示された効果，性能と提出資料によって実証された内容が適切に対応しているといった要件を充足していなければならない。

Column ❻「No.1 表示」とは

商品やサービスを提供する事業者が，一般消費者に対し，自らが提供する商品やサービスの内容の優良性や販売価格等の取引条件の有利性について訴求するために，広告等に「No.1」「業界第1位」などと強調する表示を用いることがある。これを「No.1 表示」という。No.1 表示は，同種の商品やサービスの内容や取引条件について比較し，または差別化するために役立つ数値指標として，一般消費者にとって有益な情報と位置づけることができる。しかし，商品やサービスの内容の優良性を示す No.1 表示が事実と異なる場合には，実際のものまたは競争事業者のものより著しく優良または有利であると一般消費者に誤認され，景表法上，不当表示に当たることがある。

3 一般的な規制(2) 景品表示法以外の法律

1 不正競争防止法

不当表示に関連するいくつかの行為は「不正競争」に当たる（不競2条1項）。例えば，「商品若しくは役務若しくはその広告若しくは取引に用いる書類若しくは通信」に，その商品の「原産地，品質，内容，製造方法，用途若しくは数量」やその役務の「質，内容，用途若しくは数量」について誤認させるような表示をする行為が「不正競争」に当たる（品質等誤認惹起行為。同項20号）。近年，食品の原産地や品質を偽るような表示が不競法違反とされた事例が増加している（食品に対する表示規制については⇒41）。

不競法による規制は，景表法や独禁法に定める内容と重なる部分もあるが，不正競争行為が行われた場合には差止め（不競3条）と損害賠償（同4条）の請求が認められる。これらを請求できるのは，その不正競争によって営業上の利益を侵害される「競争事業者」に限られるので，消費者個人の保護は直接的な目的とされていない。しかし，「不正の目的をもって」した場合（同21条3項1号）や「虚偽」の表示をした場合（同項5号），これらの行為をした者に対し，刑事罰（5年以下の懲役または500万円以下の罰金。併科あり）が科されることから，不競法による規制も公正な取引市場の形成に資するものであり，結果的に市場に参加する消費者の保護につながることになる。

2　独占禁止法

独禁法によれば，事業者による「不公正な取引方法」が禁止されるとともに（独禁19条），これに違反する行為に対して公取委が排除措置命令を行うことができる（同20条）。不公正な取引方法に当たるのは，独禁法2条9項1号から5号に定める行為の他に，独禁法2条9項6号に定められた類型のいずれかに該当する行為であって，「公正な競争を阻害するおそれがあるもののうち，公正取引委員会が指定するもの」である。公取委が指定するもののうち，「一般指定」はすべての業種に適用されるところ，不当な表示が，一般指定（不公正な取引方法〔昭和57年6月18日公取委告示15号〕[3]）8項に定める**「ぎまん的顧客誘引」**に当たることがある。一般消費者に提供される商品やサービスに関する不当表示を規制対象とする景表法とは異なり，例えば，フランチャイズの本部が加盟店の募集にあたって過大な予想売上などを示す場合のように，（基本的には一般消費者に当たるとはされていない）加盟店に提供される商品やサービスに関する不当表示について，一般指定8項が適用される可能性がある。

3　消費者基本法ほか

消費者基本法にも，広告の適正化が消費者政策のひとつとして位置づけられている。国は，消費者が商品の購入や使用，役務の利用に際し，その選択等を誤ることがないように，「商品及び役務について，品質等に関する広告その他の表示に関する制度を整備し，虚偽又は誇大な広告その他の表示を規制する等必要な施策を講ずるものと」している（消基15条参照）。このほかに，特商法や貸金業法，割賦《かっぷ》販売法等の各法令にも広告・表示規制がみられる。

notes

[3] https://www.jftc.go.jp/dk/guideline/fukousei.html（公取委ウェブサイト。2024年9月1日閲覧）

4 個別的規制

1 食品に対する表示規制

(1) 食品表示法による規制

食品についての不適正な表示を規制するための法律として，食品表示法（食品法），健康増進法などがある。食品法は，「農林物資の規格化及び品質表示の適正化に関する法律」（旧 JAS 法），食品衛生法，健康増進法に定められていた食品表示に関する規定を整理し，食品表示の義務づけについて一つの法律に統合したものである（2015 年施行）。食品に関する表示は，一般消費者が食品という身体の安全にかかわる商品を自らの意思によって選択するために重要な役割を果たしている。

内閣総理大臣は「食品表示基準」を定めている（食品 4 条 1 項）。例えば，加工食品については，名称，保存の方法，消費期限または賞味期限，原材料名，内容量・固形量および内容総量，栄養成分の量および熱量と添加物を明確に区分した表示が義務づけられ，特定の範疇に属する加工食品ではアレルゲンや遺伝子組換え食品に関する事項などの表示が義務づけられている。また，生鮮食品については，名称と原産地の表示が義務づけられている。2017 年の食品表示基準改正により，現在では，国内で作られたすべての加工食品に原料原産地表示を行うことが義務づけられている（2022 年完全施行）。表示事項が表示されていない食品の販売をし，または遵守事項を遵守しない事業者に対して，消費者庁長官が，表示事項を表示し，または遵守事項を遵守すべき旨の指示（食品 6 条 1 項）などをすることができるほか，適格消費者団体による事業者に対する差止請求権が認められている（食品 11 条。差止請求制度については⇒第 **10** 章 **2**2〔160 頁以下〕）。

(2) 食品衛生法・健康増進法による規制

食品表示法や景表法，不正競争防止法の他にも，食品表示を規制する制度として，食品衛生法や健康増進法には，食品衛生や健康増進効果に関する虚偽または誇大な広告を禁止する規定がみられる（食品衛生 20 条，健康増進法 65 条 1 項）。

(3) 機能性表示食品・特定保健用食品

事業者は，自社の食品を販売する前に，その食品の安全性と機能性について科学的根拠などの必要事項を消費者庁長官に届け出ることで，機能性を表示することが認められている（機能性表示食品制度）。もっとも，特定保健用食品（いわゆる「トクホ」）とは異なり，このような機能性の表示について国が審査を行うことはなく，事業者が自らの責任において科学的根拠に基づいた適正な表示を行わなければならない。近時，機能性表示食品として販売されていたサプリメントが消費者の生命や身体に対する被害を生じさせることがあり，適正な表示に基づく食品の安全性の確保がより強く求められている。

2 その他の個別的規制

(1) 薬機法などによる規制

医薬品，医薬部外品および化粧品の表示は，「医薬品，医療機器等の品質，有効性及び安全性の確保等に関する法律」（薬機法）によって規制されている。例えば，容器や袋への成分等についての直接の記載および添付文書への記載が義務づけられている（薬機法 44 条など）。医業もしくは歯科医業または病院もしくは診療所に関する広告（以下，「医療広告」）については，2017 年に成立した「医療法等の一部を改正する法律」（平成 29 年法律 57 号）により，医療機関のウェブサイト等についても規制の対象とし，虚偽または誇大な表示などを禁止し（医療法 6 条の 5），是正命令（同 6 条の 8）や罰則（同 87 条）等の対象とされた。また，2018 年 6 月に適用された「医療広告ガイドライン」（厚生労働省）[4] を遵守することが医療機関に求められ，これを遵守しない医療機関には上記の命令等が適用される。

(2) 製品安全 4 法などによる規制

製品安全 4 法とは①消費生活用製品安全法，②液化石油ガスの保安の確保及

notes

[4] https://www.mhlw.go.jp/content/10800000/000927804.pdf（2024 年 9 月 1 日閲覧）

図表 5.3 PS マーク

①特別特定製品（乳幼児ベッド，ライターなど）4 品目

②左記以外の特定製品（乗車用ヘルメット，石油ストーブなど）6 品目

消費生活用製品安全法の PS C（Product Safety of Consumer Products）マーク。
その他の PS マークについては，経済産業省ウェブサイト〈https://www.meti.go.jp/product_safety/producer/system/07.html〉（2024 年 9 月 1 日閲覧）を参照されたい。

び取引の適正化に関する法律，③ガス事業法，④電気用品安全法の総称であり，これらの法律で規制されている製品については，国が定める安全基準に適合していることの表示として PS（Product Safety）マーク（**図表 5.3**）が付されているものでなければ，販売し，または販売の目的で陳列してはならないとされている（例えば，消費生活用製品安全法 4 条・13 条）。また，家庭用品についても，家庭用品品質表示法は，品質に関して表示すべき事項やその表示方法等を定めることで品質表示の適正化を図り，一般消費者の利益を保護することを目的としている（家庭用品品質表示法 1 条参照）。

Column ❼ 業界団体による自主的な取組み ――公正競争規約など

事業者または事業者団体が表示または景品類に関する事項について自主的に設定するルールが，「公正競争規約」（以下，「規約」）として公取委および消費者庁長官の認定を受けることがある（景表 31 条）。各種業界ごとに設置された公正取引協議会や既存の事業者団体は，規約に従って虚偽または誇大な表示を調査し，違反を防止するなどして自主的な規制を行っている。消費者がこのような規約を遵守する事業者を信頼することで，結果的に業界団体に対する消費者の信頼も高まることになる。規約は公正取引協議会の会員に適用され，この規約を遵守していれば景表法違反とはならない。2024 年 9 月現在，景品に関する規約は 37 件，表示に関する規約は 66 件が認められている。公正取引協議会の会員である事業者が

飲用乳の公正マーク 5

規約に従って適正な表示をしていると認められている商品に対し，公正マークが貼付されている。

また，広告主や新聞社，出版社，放送会社など広告に関係する事業者によって設立された広告自主規制機関として，公益社団法人日本広告審査機構（JARO）がある。消費者に迷惑や被害をもたらすおそれのある表現や誤解を招く表現のある広告に対して，これを審査し，問題があるとされた場合に広告主に対して広告の改善を促すといった取組みが行われている。

3　アフィリエイト広告など

(1)　アフィリエイト広告

近年では，商品やサービスの体験談として優れた効果や効能を謳《うた》ったり，複数の商品の内容や取引条件を比較したりする記事や動画のようなデジタル広告がみられるが，そのうちのひとつにアフィリエイト・プログラム（以下，「プログラム」）を利用した成果報酬型の広告（以下，「アフィリエイト広告」）がある。**アフィリエイト広告**とは，ブログなどのウェブサイトを運営する「アフィリエイター」と呼ばれるサイト管理者（個人または法人）が，広告主が提供する商品やサービスの広告を，その広告主が運営する販売サイトのハイパーリンクやバナーとともに掲載することで，ウェブサイトを閲覧した者を広告主の販売サイトに移動させたり，そこで広告主の商品やサービスを購入させたりすることを誘引するものをいう。通常，アフィリエイト・ネットワークを構築するアフィリエイト・サービス・プロバイダー（以下，「ASP」）と呼ばれる者が，アフィリエイターと広告主との間に介在し，両者のマッチングを行うことになる（図表 5. 4）。

消費者にとっては，アフィリエイト広告であるか否かが外見上判別できない場合もあるため，不当表示が行われるおそれがある。しかし，成果報酬を目的としてアフィリエイターが虚偽または誇大な広告を作成し，掲載したとしても，

notes

5　飲用乳の表示に関する公正競争規約施行規則より。その他の公正マークについては全国公正取引協議会連合会ウェブサイト〈https://www.jfftc.org/rule_kiyaku/kiyaku_mark.html〉（2024 年 9 月 1 日閲覧）を参照されたい。

図表 5.4 アフィリエイト広告の仕組み

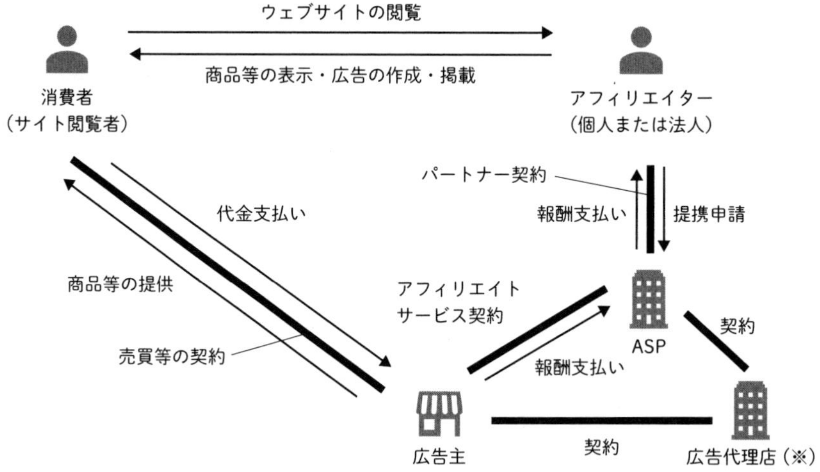

(※) 広告主が広告代理店と契約を締結し，広告代理店が ASP と契約を締結することがあり，この場合，広告代理店が広告主の業務を代行することがある。

アフィリエイターはプログラムの対象となる商品やサービスを自ら提供しているわけではないので，景表法上の責任を問うことは難しい。また，こうした広告をきっかけとしたサブスクリプション・サービス（サブスク）と呼ばれる定期購入をめぐるトラブルが絶えない（⇒第 **12** 章 **Column** ⑲〔202 頁〕）。

近時，消費者庁は景表法に基づき，アフィリエイト広告に対し，プログラムの対象となる商品やサービスを提供する企業の表示責任をはじめて指摘した（消費者庁令和 3 年 3 月 3 日措置命令）。さらに近年では，広告主がインターネット広告代理店に自社の商品の広告作成や配信先の手配等を委託し，クリックや表示等の回数課金型で報酬を支払う「運用型広告」もみられる。インターネット上の広告手法が多様化する中，消費者に向けたこれらの広告に関与する当事者の表示責任がより厳しく問われなければならない。

⑵ ステルスマーケティング広告（ステマ広告）

また，事業者が自らの広告であることを隠し，その事業者とは無関係の純粋な第三者の評価であるかのように装う手法によるステルスマーケティング（いわゆる「ステマ」）広告も，消費者の合理的選択を歪めるものとして問題がある。

内閣府は令和5年に，景表法5条3号に基づき，「一般消費者が事業者の表示であることを判別することが困難である表示」を新たな不当表示として告示し(⇒ **24**(**1**))，「事業者が自己の供給する商品又は役務の取引について行う表示であって，一般消費者が当該表示であることを判別することが困難であると認められるもの」が不当表示として追加されている⑥。

Column ❽ ターゲティング広告とその規制

インターネット上の広告手法のひとつに「ターゲティング広告」がある。典型的には，顧客のインターネット上のサイト閲覧履歴に基づいて，その顧客が興味を持つ可能性の高い広告を表示するといったものがある。顧客の関心に合った精度の高い広告が表示されることで購買機会が高まることが期待される一方で，顧客にとっては，自身の利用者情報が収集され，関心のない広告が一方的に表示されることに対して煩わしさを感じることもあるだろう。2022年6月17日に公布された「電気通信事業法の一部を改正する法律」（令和4年法律70号）には，顧客の閲覧履歴を外部の広告会社等に提供する場合には，あらかじめ顧客に通知したり，サイト内で公表したりすることを義務づけることが盛り込まれており，クッキー（Cookie）等にひも付けられた利用者情報が，電気通信事業法による規制を受けることになっている。

Column ❾ ダークパターンとその規制

パソコンのウェブサイトやスマートフォンのアプリを通じて商品やサービスを購入する際に，例えば，「セール終了まであと○時○分○秒」のように，あたかも消費者にとって，その終了までの期間だけに適用される有利な取引条件であるかのように表示されているが，実際にはその期間終了後も同じ条件が適用されていることがある。あるいは，サブスクを登録したものの，解約方法が分かりにくいために，消費者がサブスクにかかる契約を解除することが困難となっていることもある。このように，消費者が気づかない間に消費者の自主性や意思決定を覆し，不利な判断や意思決定をしてしまうように誘導するしくみのウェブデザインを使用する商慣行は，一般に「ダークパターン」と呼ばれて

notes

⑥ https://www.caa.go.jp/notice/assets/representation_cms216_230328_02.pdf（消費者庁ウェブサイト。2024年9月1日閲覧）

いる。ダークパターンの行為類型はさまざまで，これを包括的に規制する手段は現在は存在しないが，景表法に基づく有利誤認表示に当たる可能性があるほか（景表5条），個々の特別法によって規制されている。

例えば，2021年の特商法改正により，通信販売における契約の申込みを受ける最終段階の表示において，商品の販売価格・役務の対価，支払の時期・方法，商品の引渡時期・役務の提供時期，申込みの撤回・契約の解除等に関する事項などと併せて商品・役務の分量を表示しなければならないこととする（特商12条の6第1項）とともに，当該最終画面による情報の送信が契約の申込みとなることや上記の商品の販売価格・役務の対価などの事項について人を誤認させる表示をしてはならないとされた（同条2項）。さらに，違反がみられる場合の罰則（同70条2号，72条1項4号）や申込みの意思表示の取消権（同15条の4），差止請求権（同58条の19）が規定された。

また，2022年の消契法改正により，消費者契約における消費者の解除権の行使に関する情報提供の努力義務が規定された。事業者は，消費者の求めに応じて当該消費者が有する解除権の行使に関して必要な情報を提供するよう努めなければならない（消契3条1項4号）。これに関し，サブスクにかかる契約も適用の対象として含まれ，「必要な情報」には，消費者契約の締結後に事業者のウェブサイト上で解除の手続をしようとしてもどの画面にアクセスすればよいのか分かりにくい場合や，手続が複雑・煩雑である等の事例では，解除権を行使するために具体的にどのような手順を踏めば解除できるのか等の情報が該当するとされている。

しかしながら，冒頭に述べたようにダークパターンの行為類型の多様さにより，これを統一的に把握して規制手段を構築するのは現状では簡単ではない。さらなる規制の枠組みを構築するためには，消費者であれ事業者であれ，ダークパターンの存在とその手法を理解し，どのような場面において規制が必要とされているかを明らかにすることが不可欠であるだろう。

CHECK

① 広告・表示規制の一般的な規制について，景表法による不当表示規制の各類型で問題となる具体例を整理してみよう。

② 個々の商品やサービスに対する個別的な規制として，食品表示法による表示規制やアフィリエイト広告に対する規制について，考えてみよう。

③　公正競争規約の意義と機能について，法律による規制と比較しながら説明してみよう。
④　身の回りにある PS マークや公正マークを探してみよう。

読書案内　Bookguide

染谷隆明＝今村敏「デジタル化社会におけるアフィリエイト広告の課題と規制のあり方」現代消費者法 51 号（2021 年）12 ～ 20 頁
南雅晴編著『はじめて学ぶ景品表示法』（商事法務，2023 年）
石川直基ほか編著『新訂 2 版　基礎からわかる食品表示の法律・実務ガイドブック』（第一法規，2023 年）
鹿野菜穂子「デジタル広告と消費者保護」法学セミナー 827 号（2023 年）12 ～ 18 頁
白石忠志『独占禁止法〔第 4 版〕』（有斐閣，2023 年）425 ～ 427 頁
南雅晴＝片岡克俊編著『逐条解説 令和 5 年改正景品表示法』（商事法務，2023 年）6 ～ 13 頁，16 ～ 115 頁
経済産業省知的財産政策室編『逐条解説　不正競争防止法〔第 3 版〕』（商事法務，2024 年）151 ～ 159 頁，166 ～ 169 頁，299 ～ 300 頁
高居良平編著『景品表示法〔第 7 版〕』（商事法務，2024 年）

CHAPTER

第6章

勧誘規制(1) 総論

1 勧誘規制の目的

1 私的自治の実現手段としての勧誘規制

私法一般の最も基本的な原則は，私的自治の原則である。すなわち，当事者は自ら意思決定したことについて拘束され，自ら意思決定していない限りは拘束されない。したがって，契約に拘束力が認められるかどうかという問題にとって，自ら意思決定をしたと言えるかどうかが極めて重要である。本章と次章で説明される勧誘規制は，消費者契約においてこの私的自治の原則を実現するための制度であり，最も重要なルールであると言える。

消費者契約（⇒第**4**章）においては特に，消費者と事業者の間に情報の非対称性や交渉力の格差が存在し，また必ずしも消費者が合理的な意思決定をすることができないという問題がある。そのため，消費者が十分な情報のもとで合理的な意思決定をすることができるようにするために，勧誘規制が特に重要となる。

2 二つの方法

当事者自身を拘束する意思決定が合理的なものとなるようにするためには，

大きく二つの方法が考えられる。一つは，意思決定を適切に行う環境を整えるというものである。例えば，相手方の詐欺によってなされた意思表示にも拘束力が認められるとすると，表意者は誤認に基づいた意思表示に拘束されることになるし，また相手方は虚偽の情報を提供することによって一方的に有利な契約を締結しうることになるため，表意者にとっては適切な意思決定をする環境が確保されているとは言えない。そのため，詐欺による意思表示の効力を否定することが必要である。

もう一つの方法は，拘束力を持つ意思決定をなし得る主体としての資格を設けるというものである。例えば，年齢や病気が理由で判断能力が十分でない者は，自分にとって著しく不利な契約をしてしまうかもしれない。合理的な意思決定をできない者に意思決定の資格を認めていては，その者は不合理な意思決定に拘束されることになってしまう。そこで，このような者には意思決定の資格を認めない（このような者が締結した契約の効力を否定することができる）とすることが考えられる。

これらの方法はそもそも消費者契約に限ってとられるものではなく，民法がより一般的な制度を用意している。すなわち，適切な意思決定の環境の確保に関しては錯誤，詐欺，強迫という意思表示制度があり，取引資格に関しては意思能力や行為能力制度がある。しかし，情報の非対称性や交渉力格差，非合理的な意思決定が問題となる契約においては，これらの制度だけでは救済が不十分であることから，法的な対応が図られている。

適切な意思決定環境を確保するために，**情報提供義務**等が認められている。これは，民法や契約の解釈によって一般的に認められるもののほかに，消費者契約については消費者契約法（消契法）3条が努力義務としてではあるが情報提供義務や透明性の原則を定めており，消費者被害が問題となりやすい一定の取引類型に関しては，「特定商取引に関する法律」（特商法）がさらに制度を設けている。

取引資格に関しては，**適合性原則**という考え方がある。本来これはリスクの高い取引である投資取引において認められてきた考え方であるが，その後特商法や消契法にこの考え方を反映した規定が設けられ，現在では消費者取引一般において重要な役割を果たしている。

2 「勧誘」の意義

消費者が適切に意思決定をできるようにするための規制は，事業者の行為が消費者の意思決定に影響を与えるからこそ必要となる。事業者がどんなに不適切な説明をしたとしても，それが消費者の意思決定に影響を与えるものでないのであれば，消費者が意思決定を適切に行えるようにするという観点からは，規制する必要はない。そのような意味で規制対象となる行為を限定するために用いられる概念が**勧誘**である。実際に，勧誘規制の多くは「勧誘をするに際し」て所定の行為が行われたことを要件としており（消契4条1項～4項，特商9条の3など。また，消契法12条や特商法58条の18以下の各規定などにあるように，適格消費者団体による差止請求においても勧誘が要件となっている），何が勧誘にあたるのかが問題となる。次のようなケースを考えてみよう。

CASE 6-1

Aはクロレラを原料とする健康食品の小売販売を営む会社であり，クロレラには免疫力を整え細胞の働きを活発にするなどの効果があることや，高血圧や腰痛等の疾病が快復したという体験談などを記載したチラシを，Aとは別の「日本クロレラ療法研究会」という団体が作成したという体裁で，朝刊に折り込んで配布した。チラシに従って同研究会に資料を請求すると，Aの商品のカタログや注文書が送付されてくるなど，チラシはAの商品の販売促進を目的とするものであった。

（参考事例）最判平成29年1月24日民集71巻1号1頁［消費者法百選14事件］
（参照条文）消契法4条1項1号，景表法30条1項1号

ここで問題となるのは，チラシのような不特定多数の消費者に対する働きかけが「勧誘」と言えるかどうかである。この点について消契法の立案担当者は，不特定多数向けの宣伝など，特定の消費者に働きかけて個別の契約締結の意思形成に直接に影響を与えるものでない場合は「勧誘」にあたらないとしていた。しかし，勧誘規制は意思形成の歪みを排除して合理的な意思決定を実現するためのものである。そうであるとすれば，相手方が特定少数か不特定多数かということではなく，消費者の意思決定に影響を与えるものかどうかが重要であるはずである。このことから多くの学説は，勧誘は必ずしも個別の消費者への働きかけでなくてもよいとしている。参考事例の判例も，不特定多数者への働き

かけであっても「個別の消費者の意思形成に直接影響を与える」ことがありうるとした。もっとも，意思形成に直接影響を与えるような不特定多数者への広告の例として，商品等の内容や取引条件等の事項を具体的に認識しうるような新聞広告を挙げており，そうであるとすると本件のような商品そのものの記載がないチラシは少なくとも判例の挙げる例示にはあたらない可能性もあるが，これはあくまで例示であって直接の影響の有無が重要なポイントとなるだろう。

3 情報提供義務

CASE 6-2

結婚して子供をもつこととなったAは，自宅で家事や育児の合間にできる仕事を探していたところ，ネットショップのウェブサイトの企画や運営等のサポートを提供する事業をするBのウェブサイトを見つけ，Bより「初心者でも簡単にネットショップはできる。」「月10万円くらいならすぐに稼げるようになる。」「卸売業者がたくさんあるから，在庫はなくても，注文が入ったら卸売業者から直接顧客に郵送してくれる。」などと説明を受けたため，事業経営の経験はなかったものの，ネットショップを始めることとし，Bとの間で代金約150万円のウェブサイト制作契約を締結した。この契約の代金を支払うために，AはCとの間でクレジット契約を締結し，毎月15,000円の分割払いをすることとなった。ところが，実際にはAと契約をしてくれる卸売業者はほとんどおらず，Aは顧客からの注文を受けることができなかった。

（参考事例）東京高判平成29年11月29日判時2386号33頁［消費者法百選4事件］

（参照条文）民法709条

1 民法上の情報提供義務

私的自治の原則のもとでは，個人は情報収集についても自己責任を負うべきであり，自分の必要な情報は自分で集めなければならないと理解されている。そのような観点からは，単に相手方が情報を提供しないというだけでは，意思表示の効力は否定されない。実際に民法は，虚偽の情報提供として詐欺にあたる場合にのみ取消しを認めている。

しかし，消費者がより自分に適合した意思決定を行うためにその情報が有用なものであり，さらに相手方がその情報により容易にアクセスできる立場にある場合には，当該情報の提供を義務付けることによって，相手方に過度の負担を課すことなく消費者はより適切な意思決定を行うことができるようになる。そこで，情報の非対称性が存在する当事者間において情報提供義務が認められるかが問題となる。

(1) 情報提供義務の内容

情報提供義務は，自己決定基盤の確保，自己決定権や財産権という権利の保護，専門家に対する社会的信頼に基づく責任，効率的契約の実現などを根拠として認められる。このような情報提供義務は，民法上の契約責任ないし不法行為責任として認められてきた。何について情報を提供しなければならないかについては，①契約を締結するかどうかの意思決定のために必要な情報を提供する義務，②契約の目的となっている利益を実現するための情報や，債権者の生命身体や所有権などの財産的利益一般（完全性利益）を保護するために必要な情報を提供する義務があるとされている。例えば CASE **6-2** のような場合には，どれだけ収益があるかはウェブサイト制作契約を締結するかどうかの意思決定にとって必要な情報であるとすれば，①が問題となっていることになる。他方で②に関しては，マンションの売買契約において売主の販売代理人である宅地建物取引業者が防火戸の操作方法等について説明を怠っており，それによって延焼を防ぐことができなかったという事案で，義務違反を認めた判例がある（最判平成平成17年9月16日判時1912号8頁［民法百選Ⅱ〔第6版〕4事件］）。

情報提供義務が不法行為法上の義務なのか，それとも契約上の義務なのかという法的性質については見解が分かれている。最高裁は，上記の①の情報提供義務が問題となった事案において，情報提供義務違反による損害賠償責任は不法行為責任であると明示している（最判平成23年4月22日民集65巻3号1405頁［消費者法百選19①事件］）。

(2) 情報提供義務違反の効果

情報提供義務違反の効果については，主に二つの方向性が考えられる。一つは契約からの解放を認めるというもの，もう一つは損害賠償請求権である。契約からの解放としては，情報提供義務違反を詐欺や錯誤と構成して意思表示の取消しを認めることや，債務不履行と構成して解除を認めることが考えられる。

損害賠償請求権については，不法行為あるいは債務不履行に基づくものが認められうる（⇒第9章4〔151頁〕）。

2　消費者契約法上の情報提供義務等

(1)　消費者契約法上の情報提供義務

消契法は，情報提供について三つの規定を置いている。まず，**消費者契約締結の勧誘に際しての情報提供義務**である。消契法3条1項2号は，事業者は，「物品，権利，役務その他の消費者契約の目的となるものの性質に応じ，事業者が知ることができた個々の消費者の年齢，心身の状態，知識及び経験を総合的に考慮した上で，消費者の権利義務その他の消費者契約の内容についての必要な情報を提供する」よう努めなければならないとしている。これは2000年の立法時においてすでに設けられていたものであるが，当時は必要な情報を提供するよう努めるべき旨を定めるにとどまっていたところ，2018年改正時に適合性原則の内容を取り込む形で改正がなされ，2022年改正時には年齢および心身の状態という考慮要素が付加された。また，消費者の年齢や知識，経験といった事情は事業者が知っているとは限らず，積極的に調査することまで求められるものではないため，事業者が知ることができた事情に限定されている。

次に，**定型約款の内容開示請求権に関する情報提供義務**である（消契3条1項3号）。これについては定型約款のところで合わせて説明を行う（⇒第8章23(1)〔125頁〕）。

最後に，**解除権の行使に関する情報提供義務**である。消費者への情報提供は契約締結時だけでなく，消費者が契約を解除したいと考えるときにも必要である。特に，契約を解除しようとする消費者に対して事業者は情報提供に消極的になると考えられ，実際に消費者が解除しようと思ってもウェブサイトの表記やリンクが分かりにくいなどといった問題が生じている。そこで，事業者は消費者が解除権を行使するために必要な情報を提供するよう努めなければならないとされている（同項4号）。

以上の情報提供義務はすべて**努力義務**である。これは，あくまで原則は情報収集も自己責任であり，単に相手が消費者というだけで事業者に一律に情報提供義務を課すべきではないと考えられたことによる。しかし，努力義務にとどまっている点については立法当初から批判がある。

なお，消契法は勧誘規制の中で不実告知や断定的判断の提供，不利益事実の不告知を定めているが（⇒第**7**章②〔105頁〕），これらは不適切な情報の提供や情報の不提供による意思決定の取消しを認めるものであり，情報提供義務の一部が明文化されたものとして理解することもできる。CASE **6-2** は不実告知や断定的判断の提供の問題ともいいうる事案である。参考事例は，Aが事業を営むことを目的として契約を締結している以上，消契法上の「消費者」とは言えないとしたが，民法上の情報提供義務違反を問題として，Bに不法行為に基づく損害賠償責任を認めている。

(2) 透明性の原則

消契法3条1項は以上の情報提供義務のほかに，1号において，契約内容が明確なものでかつ消費者にとって平易なものとなるように配慮する義務を事業者の努力義務として定めている。これは情報提供義務ではないが，契約条項は明確かつ平易な言葉で表現されなければならないという**透明性の原則**を定めたものであり，情報提供義務と同じく消費者の意思決定の適正化に資するものである。

4 適合性原則

契約の一方当事者が当該取引を行うためにふさわしい知識や経験を持っていないために，自分の経済状況や目的には合わないにもかかわらず契約を締結してしまうことがある。そのような場合には，当事者は自分にふさわしくない契約を締結してしまっており，こうしたことが生じないような仕組みを作ることが必要となる。そのための制度の基礎となる考え方を提供するのが，**適合性原則**である。例えば次のようなケースを考えてみよう。

CASE 6-3

Aは，高校を卒業してから数年後に婚姻し，78歳になる現在まで専業主婦であった。Aには投資信託や外貨預金契約等，元本割れの可能性のある取引の経験があり，1億円を超える金融資産と自宅土地建物を所有しているが，収入は2か月に一度の約15万円の年金のみである。また，Aは認知症の診断を受けており，ヘルパーの援助を受けて一人暮らしをしている。Aは，証券会社Bの従業員Cの勧誘を受け，約7,000万円を資金としてエクイティリンク債や他社株転換条項付社債というリスクが高く仕組みが複雑な金融商品をBから購入したが，結局購入価格より安く中途売却ないし償還されることとなり，合計約4,000万円の損害を被った。

（参考事例）東京地判平成28年6月17日判タ1436号201頁

（参照条文）民法709条・715条1項

1 沿 革

適合性原則は，日本では1974年に大蔵省証券局長から日本証券業協会長宛でなされた通達の中で最初に導入された。これを受けて日本証券業協会の自主規制である公正慣習規則が制定されたが，実定法上のルールとして最初に適合性原則が導入されたのは1992年の証券取引法（現在は金融商品取引法）の改正時である。1998年には商品取引所法（現在は商品先物取引法）にも導入され，先物取引にも拡張された。この段階では，適合性原則の規定は，損害賠償請求権のような私法上の効果を持つ規定ではなく，行政規制であった。

このように，適合性原則は投資取引分野を対象とする行政規制として生まれた考え方であったが，その後，消費者法の領域にも適用範囲が拡大された。まず，2004年の消費者基本法改正において，「消費者との取引に際して，消費者の知識，経験及び財産の状況等に配慮すること」（消基5条1項3号）が事業者の責務として定められたことにより消費者取引への拡張の道が拓かれ，同年には特商法にも導入された。さらに2006年には「金融商品の販売等に関する法律」（現在は金融サービスの提供に関する法律〔金サ法〕）に適合性原則に関する規定が追加され，私法上の効力を持つ原則へと拡張された。2018年の消契法改正では，情報提供の努力義務の中にも適合性原則の考え方が取り入れられている。このように，当初投資取引を対象とする行政規制として生じた適合性原則は，その後消費者取引に対象を拡張し，さらに私法上の効力をもちうるものとなってきている。

2 適合性原則の内容

(1) 狭義の適合性原則と広義の適合性原則

それでは，適合性原則の内容はどのようなものか。この点について議論はあるものの，狭義の適合性原則と広義の適合性原則の区別が出発点となっている。この区別は，1999年7月6日に公表された金融審議会第一部会による「中間整理（第一次）」において初めて示され，その後広く共有されてきたものである。**狭義の適合性原則**とは，「ある特定の利用者に対してはどんなに説明を尽くしても一定の商品の販売・勧誘を行ってはならない」というルールであり，**広義の適合性原則**とは，「顧客の知識・経験，財産の状況，契約目的などに適合した形で勧誘（あるいは販売）を行わなければならない」というルールである。

狭義の適合性原則は，十分な説明の有無とは関係なく勧誘すること自体を認めないものであり，利用者に当該取引を行う資格を認めないものとすることによって，合理的な意思決定をすることができない消費者を保護するという機能を持つ。それに対して広義の適合性原則は，事業者が十分な情報を提供して意思決定の環境を整えることによって，消費者自身による合理的な意思決定を実現するという機能を持つ。広義の適合性原則はその意味で，情報提供義務と連続性を持つものである。

もっとも，広義の適合性原則と狭義の適合性原則は区別が曖昧であるという指摘や，狭義の適合性原則は一部の消費者を取引から排除する結果になるとして消極的に評価する見解もある。

(2) 条文上の適合性原則

適合性原則を明文化している代表的な条文としては金サ法4条2項がある。また，2023年の金商法改正では，デジタルツールを効果的に活用して消費者に分かりやすく情報提供をすることが重要であるという観点から，書面提供義務が情報提供義務へと改められ（同37条の3第1項），さらに広義の適合性原則の考え方に基づいて実質的に情報提供することが求められている（同条2項）。これらを含めて投資取引に関する適合性原則については第**16**章**4**を参照されたい。

そのほか，先に挙げた消費者基本法５条１項３号のほかに，特商法にも規定がある。例えば特商法施行規則 18 条３号は，主務大臣によって是正措置の指示等の対象となる行為のひとつとして，「顧客の知識，経験及び財産の状況に照らして不適当と認められる勧誘を行うこと」を定めている。また，先に触れた消契法３条１項２号の情報提供義務も，適合性原則を取り入れる形で規定されている。貸金業者が広告や勧誘をする場合についても規定が設けられている（貸金業 16 条３項）。

⑶ 他の法制度との関連

適合性原則は，さまざまな制度と密接な関連性を持っている。例えば，意思能力を，取引に参加する個人の資格を個別の行為の特性に応じて判断する制度と理解する場合には，適合性原則が果たす機能の一部を意思能力制度が果たすと言える。また，第 **7** 章で扱う過量契約や過量販売の規制は，自分にとって不必要なものを購入してしまう消費者の意思表示を，事業者による説明の不十分さを要件とすることなく否定する余地を認めるという意味で，狭義の適合性原則と共通性を持つ。さらに近時は，特別に保護の必要性が高い類型の消費者を「特に保護を要する消費者」と呼ぶことがあるが（⇒第 **1** 章 **25**〔5 頁〕），このような概念も当該消費者の事情に照らした保護の必要性を志向する点で，適合性原則と重なるものであると言える。

3 効 力

適合性原則を定める規定の多くは業法規制である（他方で金サ法４条２項は損害賠償責任と結びついている〔詳細は⇒第 **16** 章 **42**〔258 頁〕〕。また，消契法や特商法の過量取引や過量販売規制は私法上の効力を持つ）。したがって，公法と私法を区別する法制度のもとでは，直ちに私法上の効力が認められるわけではない。しかし，消費者の知識，経験および財産の状況などに照らして不適当な勧誘を行った事業者の行為が民法の制度上違法と評価されることが否定されるわけではない。例えば，不適当な勧誘が不法行為の要件を満たせば損害賠償を請求できる。

判例は，適合性原則は公法上の業務規制であるとした上で，証券会社の担当者が適合性の原則から「著しく逸脱」した勧誘をして取引をさせた場合には不法行為法上も違法になるとしている（最判平成 17 年 7 月 14 日民集 59 巻 6 号 1323 頁［消費者法百選 11 事件］）。CASE 6-3 の参考事例で裁判所は，適合性原則からの著しい逸脱と顧客の知識，経験，財産状況などに応じた情報提供義務違反により不法行為の成立を認めた。もっとも，裁判所は A にも不注意があったとして 3 割の過失相殺《そうさい》を認めており，このように適合性原則が問題となる事案では過失相殺（民 722 条 2 項）が認められることも多い。

Column ⑩ 寄附の勧誘

寄附の勧誘は，2022 年に突如社会の注目の的となった。2022 年 7 月 8 日，参議院選挙の応援演説中であった安倍晋三元首相が銃撃され，その後死亡した。加害者は，母親が宗教団体に多額の献金をしたことによって家庭環境が悪化したため，その団体に恨みを持っており，元首相とその団体につながりがあると思ったことから犯行に及んだと供述した。つまり，ことの原因は宗教団体による寄附の勧誘にあったことになる。

寄附が不当な勧誘によるものであったとき，消費者契約法で取り消すことはできるだろうか。消費者契約法の規定によって取り消すためには，寄附行為が契約でなければならない。しかし，合意によって寄附者が「寄附をする義務」を負うものと理解することが適切ではない場合もありうるし，教義の内容によっては寄附者に財産権移転の意思がないと考えられる場合もありうる。そうすると，寄附へ向けた不当勧誘の規制は，消費者契約法のみでは不十分なものとなりかねない。

先の事件を受けて，寄附の不当勧誘を規制すべく「法人等による寄附の不当な勧誘の防止等に関する法律」（不当寄附勧誘防止法）が 2022 年 12 月に成立した。本法は，規制対象を契約のみでなく単独行為にも広げた上で，勧誘規制として，寄附者への配慮義務（同 3 条）及び禁止行為（同 4 条・5 条）を定めている。禁止行為として定められているのは，消契法 4 条 3 項 1 ～ 4・6・8 号にあたる困惑類型に相当する勧誘行為と（不当寄附勧誘防止法 4 条），借入れや住居等の財産の処分によって資金を調達して寄附をさせる行為（同 5 条）である。同法 4 条に違反する行為によってなされた寄附の意思表示は取消しの対象となるのみならず，同法 4 条および 5 条に違反する行為が不特定または多数の個人に対してなされ，引き続きなされるおそれが著しい場合には，勧告や排除措置命令がなされうることとなっており（同 7 条），この点において消費者契約法にはない行政規制が上乗せされていることになる。不当寄附勧誘防止法 3 条の義務についてはその違反に対する効果が定められていないものの，公序良俗違反および不法行為の成否に関する判断要素にはなりうる。また，上記の取消権や消契法上の取消権は寄附をした本人に認められるに過ぎず，寄附者が取消権を行使しない場合には家族等が適切な扶養等を受けられないおそれがあるため，扶養等を受ける権利を保全するための債権者代位権について，民法の債権者代位権の特則が設けられている（不当寄附勧誘防止法 10 条）。

5 特定商取引法上の制度等

特商法は，消費者被害が生じやすい一定の取引類型について特別な規制をしているが，そこで規制対象となっている取引類型の多くは，消費者が適切な意思決定をする環境を害されるおそれが特に大きいものである。例えば訪問販売や電話勧誘販売などでは，事業者が消費者の日常生活の領域に突然現れて販売の勧誘を行うため，消費者は不意打ちをくらうことになり，それによって本来するはずでなかった意思決定をしてしまうおそれが大きくなる。特商法はそうした取引類型ごとの特性に応じて特別な勧誘規制を設けている。条文を見ると非常に複雑ではあるが，一定の規制手法が取引類型の特性に応じて用いられているのであり，全体像については**図表 6. 1** を参照されたい。

1 氏名等の明示，再勧誘・不招請勧誘の禁止

訪問販売（特商 3 条），電話勧誘販売（同 16 条），連鎖販売取引（同 33 条の 2），業務提供誘引販売取引（同 51 条の 2），訪問購入（同 58 条の 5）においては，販売業者等は勧誘に先立って，相手方に対して氏名または名称，契約の締結の勧誘をする目的である旨，取引しようとする商品や役務の種類などを明らかにしなければならない（**氏名等表示義務**）。消費者が誰から何の目的で勧誘されているのかを明確に知ることができるようにして，適切な判断をする環境を確保するためである。

訪問販売および電話勧誘販売，訪問購入は，不意打ち性が高く執拗な勧誘が行われることが多い取引類型である。そこでこれらの取引においては，執拗な

図表 6.1 特商法の規制の一覧など

○は規制があることを示す。民事的規制がある場合には◎にして内容と条文を付している。〔 〕

	訪問販売	電話勧誘販売	通信販売
氏名等明示義務	○	○	
再勧誘の禁止，不招請勧誘の禁止	○〔再勧誘の禁止〕	○〔再勧誘の禁止〕	
販売目的秘匿勧誘の禁止	○		
迷惑勧誘の禁止			
広告規制			○
書面交付義務または電磁的方法による提供義務	○	○	
特定申込みにおける表示規制			◎ 取消し（15条の4）
不実告知，故意による不告知の禁止	◎ 取消し（9条の3）	◎ 取消し（24条の3）	○〔撤回や解除を妨げるための不実告知禁止〕
威迫困惑行為の禁止	○	○	
断定的判断の提供の禁止			
過量販売規制	◎ 撤回または解除（9条の2）	◎ 撤回または解除（24条の2）	
【クーリング・オフ】	◎（9条）	◎（24条）	
【返品権】			◎（15条の3）
【中途解約権】			
【解除等に伴う損害賠償額等の制限】	◎（10条）	◎（25条）	

勧誘により消費者が望まない契約を締結してしまうことを防止するための規制が設けられている。すなわち，これらの取引においては，販売業者等は契約を締結しない旨の意思を表示した者に対して，継続してあるいは再び勧誘をしてはならない（**再勧誘の禁止**。同3条の2・17条・58条の6第3項）。訪問販売においてはさらに，「当社の商品についてお話を聞いていただけますでしょうか」などといった形で，相手方に対して勧誘を受ける意思があるかどうかを確認するよう求められているが，これは努力義務にとどまっている（同3条の2第1項）。

訪問購入はいったん商品を売却してしまうと物品そのものの返還が不可能であることも多く，金銭の返還によって救済される訪問販売や電話勧誘販売より内はその他の補足である。【　】の部分は勧誘規制ではないが，学習の便宜のために掲載している。

連鎖販売取引	特定継続的役務提供	業務提供誘引販売取引	訪問購入
○		○	○
			○〔再勧誘・不招請勧誘の禁止〕
○		○	
○		○	
○	○	○	
○	○	○	○
◎ 取消し（40条の3）	◎ 取消し（49条の2）	◎ 取消し（58条の2）	○
○	○	○	○
○		○	
◎（40条）	◎（48条）	◎（58条）	◎（58条の14）
◎（40条の2第1項・2項）	◎（49条1項・3項・5項）		
◎（40条の2第3項・4項）	◎（49条2項・4項・6項）	◎（58条の3）	◎（58条の16）

も事後的な救済が困難であるという特徴がある。そのため，さらに強力な規制が設けられている。すなわち，勧誘を受ける意思の確認義務は努力義務ではなく通常の義務であり（同58条の6第2項），勧誘を要請していない者に対して営業所等以外の場所において勧誘をしたり勧誘を受ける意思の確認をしたりしてはならないという**不招請《ふしょうせい》勧誘**の禁止が定められている（同条1項）。

これらの禁止に違反した場合は主務大臣による指示（同7条・22条・58条の12），業務停止命令（同8条・23条・58条の13），業務禁止命令（同8条の2・23条の2・58条の13の2）等の対象となる。

なお，再勧誘や不招請勧誘の禁止等は，上記の類型にあたる特定商取引以外にも，一定の金融商品の販売について同種の規制が設けられている。これについては，第**16**章5を参照されたい。

2　書面交付または電磁的方法による提供義務・広告規制

訪問販売，電話勧誘販売，訪問購入，特定継続的役務提供，連鎖販売取引，業務提供誘引販売取引においてはそれぞれ，不意打ちであったり，契約が継続的で給付の内容がそれを受けてみて初めて評価しうる性質のものであったり，不確実な利益によって顧客を誘引するものであるなどの理由によって，消費者が契約内容を十分に理解せずに契約を締結してしまうことが多い。そのため，消費者が契約内容について十分な情報提供を受けて意思決定をすることができるようにするために，また取引条件が不明確であることによって後日トラブルが生じることを回避するために，販売業者等に所定の事項が記載された**書面の交付**を義務付けている（特商4条・5条・18条・19条・37条・42条・55条・58条の7・58条の8)。書面に記載すべき内容は取引類型ごとに異なるので，各条文を参照されたい。これらの取引においてはいずれもクーリング・オフが認められているが，ここでの書面はクーリング・オフの期間の起算点としての意味も持つことは重要である（この点については⇒第**9**章**33**(2)(c)〔146頁〕)。

なお，2021年の特商法改正により，消費者側の承諾を条件として電子メールなどの**電磁的方法による提供**によって書面交付に代えることが可能となった。書面の電子化については書面交付義務の機能の観点から問題も指摘されており，この点については第**12**章**24**(2)（196頁）を参照されたい。

広告規制も，意思決定の適正化という目的を持つ。広告規制については第**5**章で説明されている。

3　特殊な取引類型の規制

(1)　ネガティブオプション（送りつけ商法）

「○日以内に返品されない限り，契約を承諾したものとみなします」という書面とともに消費者のもとに一方的に商品が送られてきた場合に消費者が返品しなかったとしても，契約は申込みの意思表示と承諾の意思表示によって成立するのが原則であり，契約は成立しない。しかし，送られてきた商品はあくまで送ってきた販売業者の所有物であり，消費者のものになるわけではない。したがって，消費者がこれを勝手に処分することはできないという問題がある。

こうした問題について，かつて特商法は，商品が送付された日から14日を経過する日もしくは消費者が販売業者に引取りを求めた場合にはその請求の日から7日を経過する日までに販売業者が引き取りに来なければ，事業者は商品の返還を求めることはできないとしていた。しかし，このようなルールでは，期間が経過するまでは消費者は商品を保管しなければならないという問題がなお残されていた。

そこで，2021年の特商法改正によりこの期間は撤廃され，端的に，販売業者は送付した商品の返還を請求することができないものとされた（特商59条）。これにより，消費者は商品を保管する必要はなく直ちに処分できることになる。また，売買契約の成立を偽って商品を送付した場合にも返還を請求することができないこととするルールも新たに設けられている（同59条の2）。

(2) 預託商法

わが国の消費者問題の歴史の中で最も重要な事件のひとつとして豊田商事事件（1982～1985年）を挙げることができるが（⇒第**1**章③**4**〔11頁〕），この事件で問題となった取引は現在では預託等取引（いわゆる**預託商法**）のうち販売を伴う預託等取引（いわゆる販売預託商法）と呼ばれるものである。典型的には，消費者がある物品（豊田商事事件では金地金《きんじがね》〔金の延べ棒〕だった）を業者から購入してその物品を業者に預けて運用を委ね，消費者は業者から配当を受け取るという形で行われる。しかし実際には物品が引き渡されなかったりそもそも存在しなかったりし，当初は配当を受け取れていたとしてもその原資は新規契約者への物品販売代金によって一時的に賄われているに過ぎず，最終的には業者が破綻して甚大な消費者被害が発生するという形で問題となってきた。

このように消費者被害が生じやすい取引類型として理解されている預託等取引は，豊田商事事件後の1986年以降，販売を伴わないものも含めて預託法（特定商品等の預託等取引契約に関する法律。現・預託等取引に関する法律）によって規制されることとなっている。しかし，なお甚大な被害が発生し続けており，報道等によると被害総額は数千億円にのぼる（安愚楽《あぐら》牧場事件〔1997～2011年，子牛の販売，被害額約4200億円〕，ジャパンライフ事件〔～2018年，磁気治療機器の販売，被害額約 2000 億円〕，ケフィア事業振興会事件〔～2018 年，干し柿やジュース，ヨーグルトなどの販売，被害額約 1000 億円〕など。豊田商事事件の被害総額は約 2000 億円とされる)。また預託法自体も，規制の対象となる物品等について指定商品制をとっており適用範囲が限られていたこと，参入規制は設けずに行為規制にとどまっていたことなど，問題点が指摘されていた。

こうした状況を背景として，2021 年の預託法改正により預託等取引は原則禁止という強い規制がなされることになった。すなわち，指定商品制は廃止され，広く「物品」や「特定権利」の販売にかかる預託販売取引が適用範囲に含まれている（預託 2 条 1 項)。また，二重の確認制度がとられており，預託等取引業者等は，販売する物品や特定権利の種類ごとにあらかじめ内閣総理大臣の確認を受けなければ勧誘等をすることができないのみならず（同 9 条 1 項)，この勧誘に関する確認を受けた場合であっても，実際に売買契約を締結する際にはさらに契約が先の確認の内容と適合するかどうか，契約が顧客の財産上の利益を不当に害するものでないかどうかについて内閣総理大臣の確認を受けなければならない（同 14 条 2 項)。その他，書面交付義務や（同 3 条)，重要事実の不告知および不実告知規制（同 4 条)，クーリング・オフ（同 7 条)，中途解約権（同 8 条）などの規制も整備されている。

CHECK

① 広告のような不特定多数者に対する働きかけは，消契法上の「勧誘」（例えば４条１項）に当たるだろうか。また，それはなぜかを考えてみよう。

② 狭義の適合性原則と広義の適合性原則とはどのようなものか。また具体的にどのような条文に定められているかを確認しよう。

③ 特商法上，消費者が適切な意思決定によって契約を締結することができるようにするために，どのような仕組みが設けられているか。また，これらの手法を取引類型ごとに比較して，違いの理由を考えてみよう。

④ 返品しなければ契約を承諾したこととなるというメッセージとともに一方的に商品が送り付けられてきた場合，どのように対処するべきか考えてみよう。

読書案内 **Bookguide**

王冷然『適合性原則と私法秩序』（信山社，2010 年）
角田美穂子『適合性原則と私法理論の交錯』（商事法務，2014 年）
後藤巻則『消費者契約と民法改正』（弘文堂，2013 年）特に第 3 部第 1 章
宮下修一「霊感商法・寄附の不当勧誘と新たな法規制」法学セミナー 820 号（2023 年）38 ～ 44 頁
特商法解説〔各関係条文に関する箇所を参照〕

CHAPTER

第7章

勧誘規制⑵ 意思表示に関する規律

1 意思の完全性から不当勧誘アプローチへ

契約締結過程を規律する法理として，第**6**章では，情報提供義務や適合性原則といった当事者が自己決定をなし得るための環境整備に関わる法理を学習した。契約締結過程の規律に関わるものとして，民法典には，錯誤（民95条），詐欺・強迫（同96条）による意思表示の規定が用意されている。これらの規定は，伝統的には表意者の「**意思の完全性**」というアプローチによって解釈されてきた。すなわち，意思表示とは，「動機」に導かれて形成されるところ，意思表示を「内心的効果意思」「表示意思」「表示行為」の3段階に構造分解し，①表示行為の持つ客観的意味内容に対応する内心的効果意思が欠けている「意思の不存在（欠缺《けんけつ》）」および②表示行為に対応する内心的効果意思は存在するが他人の不当な干渉によって「動機」づけられた「瑕疵《かし》ある意思表示」は，意思が「不完全」であるから，私的自治の原則に基づき，表意者を法的拘束力から解放する必要があり，よって意思表示の無効・取消しが正当化されるとしてきた。

しかし，意思表示は表意者の内心に自己完結しているのではなく，相手方からの働きかけによって形成されてゆくという側面を持つ。これに着眼し，意思表示の構造に焦点をあてて意思が完全か不完全かを評価するアプローチから，相手方の**不当勧誘**が表意者の意思形成に及ぼす影響を重視するアプローチにシフトして意思表示の取消権を構築したのが，消費者契約法（消契法）4条である。

以下では，民法と対比しつつ，消契法4条をめぐる意思表示に関する規律を学習する。

2 誤認類型

1 誤認類型とは

消契法4条1項および2項は，事業者のなした，①「不実告知」（1項1号），②「断定的判断の提供」（同項2号），③「不利益事実不告知」（2項）という三つの行為態様によって，消費者が各項所定の事項について「誤認」させられたために意思表示をしたときに，当該意思表示の取消しを認めるものである。この「**誤認類型**」は，民法95条の錯誤および96条の詐欺の成立要件が厳格であるが故に表意者の救済が困難であり，また，錯誤にも詐欺にも該当しないが表意者の意思形成に影響を及ぼす勧誘態様を捕捉するために構想された。それでは誤認類型の三つの態様を具体的にみていこう。

(1) 不実告知

CASE 7-1

Aは，宝飾店Bで，40万円という値札が貼られていた指輪について，「他店ではこの値札の価格だが当店であれば20万円で購入できる。」と説明されたため，買い得と考え20万円で購入した。しかし，その後指輪は一般小売価格10万円程度の価値のものと判明した。

（参考事例）大阪高判平成16年4月22日法ニュース60号156頁［消費者法百選33事件］

（参照条文）消契法4条1項1号

Aはどのような法的主張をなすことが可能だろうか。まず，他店の販売価格と比較して20万円は買い得だと考えたから購入を決定したが実際には10万円程度の価値であったというのは，「基礎事情の錯誤（動機錯誤）」（民95条1項

2号）であると主張することが考えられる。しかし，同号の錯誤取消しが認められるには，意思表示の動機となった事情を「法律行為の基礎」としていることが相手方に「表示」されていなければならない（同条2項）。次に，「40万円という値札が他店での販売価格である」という虚偽の事実を告げてAを欺罔《ぎもう》したと捉えて，民法96条の詐欺取消しを主張することが考えられる。しかし，詐欺取消しが認められるには，欺罔者に「**二段の故意**」があることが必要となる。すなわち，Bには，40万円という値札が他店の販売価格であるというのは虚偽の事実であることを認識した上で，そのような虚偽の事実を告げることによりAを錯誤に陥らせようという意図があり，かつ，錯誤に陥らせることによってAに買うという意思表示をさせようという意図があったことを，Aが主張立証しなければならない。

以上に対し，消契法4条1項1号の「**不実告知**」は，「重要事項について事実と異なることを告げる行為」と定義され，事業者が当該行為をしたという客観的事実をもって取消事由となる。すなわち，勧誘者に相手方を錯誤に陥らせようとする意図や意思表示をさせようとする意図があるかを問わないことはもちろん，自身のなした告知内容が事実と異なるものであるとの認識を要しない。CASE 7-1では，Bは「40万円という値札が他店での販売価格である」旨の言辞をなしたが，一般小売価格は10万円程度であるから事実と異なることを告げており，Aは購入の意思表示を取り消し得る。ただし，このように事業者の主観的認識を問わず一定の行為をもって取消事由が発生するため，「重要事項について」事実と異なることを告げたという縛りが課せられている。この**重要事項該当性**（消契4条5項）については，不利益事実不告知においても課せられているため，後でまとめて説明する（⇒**2**）。

⑵ 断定的判断の提供

CASE 7-2

Aは，パチンコの攻略情報の販売等を生業としているB社と，攻略情報の購入契約を複数回にわたって締結し，代金として総額550万円を支払った。これは，AがBに対し，購入した提供情報に従って遊技しても利益を得られないと不満を申し立てるたびに，Bが「より高額の代金を支払えばやり方が簡単で確実に勝てる攻略情報を教える。」など言葉巧みに次々と新たな契約の締結を勧めたことによる。

（参考事例）名古屋地判平成 23 年 5 月 19 日法ニュース 89 号 138 頁［消費者法百選 36 事件］
（参照条文）消契法 4 条 1 項 2 号

誤認類型の２つ目は**「断定的判断の提供」**（消契４条１項２号）である。断定的判断の提供とは，「将来における変動が不確実な事柄について確実であるかのごとく告げること」と定義できる。「将来における変動が不確実な事柄」とは，典型的には株式取引における将来の株価のように相場変動する事柄であるが，これにとどまらず「将来において消費者が財産上の利得を得るか否かを見通すことが契約の性質上そもそも困難である事項」と広く捉えられている。このため CASE 7-2 のパチンコ攻略情報購入契約も含め本号の適用事例には様々なものがみられる。「確実であるかのごとく告げる」という態様は，「絶対に」「必ず」といった断定的なフレーズを必ずしも必要とせず，告知により提供される情報の秘匿性や告知の際の手口等にも鑑みて，消費者に確実であると誤解させるようなものであるかが評価される。

将来に関する言辞は，発言の時点では告知内容が必ずしも虚偽の事実と確定しているわけではないため（告知の通りに実現する場合もある），民法 96 条の欺罔行為として捉えることの難しかった勧誘態様を，本類型により捕捉することが可能となっている。

⑶　不利益事実不告知

CASE 7-3

海の近くの敷地に建設予定のマンションについて，A は，販売業者 B から，パンフレットや完成予想図を用いて「全戸オーシャンビューのリビングが自慢」と居室からの眺望をアピールした説明を受け，その点を重視して購入を決めた。しかし，完成したマンションを訪れると，ベランダの前に電柱がたっており，リビングから窓を眺めると電柱と送電線が見え眺望が害されていた。完成予想図には電柱その他何らの障害物は記載されておらず，B からも眺望を遮るような障害物の設置予定について説明はなかった。

（参考事例）福岡地判平成 18 年 2 月 2 日判タ 1224 号 255 頁
（参照条文）消契法 4 条 2 項

良いこと（メリット）のみを告げて悪いこと（デメリット）は黙っているという手法は，勧誘場面でしばしば見られる態様である。民法96条の詐欺における欺罔行為は，虚偽の事実を告げるという積極的な作為を前提としており，ある事実を告げずに黙っているという不作為が欺罔行為にあたるかについては，「沈黙の詐欺」は詐欺たり得るかという論点として議論されてきた。他方で，表意者がデメリットは存在しないとの錯誤に陥っているわけであるが，勧誘者からメリットのみを告げられたことによりデメリットはないものと誤解したのであるから，錯誤に陥るよう仕向けられたともみ得る。このように単純な錯誤とも異なるが虚偽の事実を積極的に告げた詐欺とまでは言いがたい，「良いことのみを告げて悪いことは黙っている」という勧誘態様を捕捉しようとしたのが，消契法4条2項の「**不利益事実不告知**」である。

不利益事実不告知とは，「重要事項について，当該消費者にとって利益となることのみを告げ，不利益となる事実は告げなかった態様」をいう。同項の成立には次の点に注意が必要である。

第1に，利益告知と不利益事実との関連性である。すなわち，不利益事実とは，「当該利益告知によって当該事実は存在しないであろうと消費者が通常考えるべきもの」に限る（消契4条2項本文かっこ書）。CASE **7-3** で言えば，およそ一般的・平均的な消費者であれば，眺望が良いという利益告知がされたことによって，眺望を遮る電柱がベランダの前に設置されるという不利益事実があるとは思わないだろうという関連性が必要となる。

第2に，不実告知および断定的判断の提供は作為態様であるのに対し，不利益事実不告知は情報の不提供という不作為態様であることから，事業者が「故意または重過失」で不利益事実を告げなかったことという主観的要件が課されている。ただし，ここでの「故意」とは，当該事実が当該消費者にとって不利益なものであることおよび当該消費者が当該事実を認識していないことを事業者が「知りながらあえて」告げなかったという意味であり，詐欺取消しにおける「二段の故意」から緩和されている。また，「故意に近い著しい注意欠如」という重過失によって不利益事実が告知されなかった場合も消費者は意思表示を取り消すことができ，詐欺取消しと比べて主観的要件が緩和されている。

第3に，不利益事実は「重要事項」に関するものでなければならない。この点は次述する（⇒**2**）。

第４に，事業者の免責要件が用意されている（同項ただし書)。すなわち，事業者が不利益事実を告げようとしたのに消費者がそれを拒んだ場合には，事業者がそのことを主張立証することによって，消費者は意思表示を取り消すことができなくなる。

Column ⑪ 詐欺取消しの特則

消契法４条１項および２項の「誤認」類型は，民法96条１項の詐欺取消しの特則規定としての性質を有する。

第１に，詐欺取消しの「違法な欺罔行為の存在」要件について，同要件が抽象的かつ規範的であり不透明であるという問題に鑑みて，違法な欺罔行為に該当する行為態様を具体化したものである。その際，錯誤と詐欺とは截然と区別できない場合があるという観点から，勧誘者の作為態様と不作為態様のそれぞれの極から表意者が意思形成において影響を受ける悪質な行為態様を具体化するという手法をとり，「不実告知」「断定的判断の提供」「不利益事実不告知」の三つの類型が採用されるに至った。

第２に，詐欺取消しの「二段の故意」要件について，上記３類型の行為態様の悪性度に応じて同要件を撤廃ないし緩和するものである。すなわち，不実告知および断定的判断の提供については，両者ともに勧誘者の作為によるものであって不実を告げるという悪性度の強いものであるから，故意要件を撤廃している。これに対し，不利益事実不告知については，不作為による態様であり悪性度が弱いことに鑑みて，二段の故意要件を緩和するにとどまり，事業者の故意または重過失を要求している。

2　重要事項該当性

誤認類型のうち，不実告知および不利益事実不告知に基づく取消しが可能なのは，あくまで「**重要事項**」について虚偽の告知や情報提供がなされなかった場合に限られる。何が「重要事項」であるかは消契法４条５項に定義されている。まず，不実告知・不利益事実不告知両者に共通する重要事項として，①当該消費者契約の目的物の質，用途その他の内容であって，かつ，契約締結の可否に影響を及ぼす事柄（消契４条５項１号)，②当該消費者契約の目的物の対価その他の取引条件であって，かつ，契約締結の可否に影響を及ぼす事柄（同項２号)

が定められている。そして，不実告知に関しては，③当該消費者契約の締結が当該消費者の生命・身体・財産その他の重要な利益についての損害または危険を回避するために必要であると判断される事情（同項3号）も重要事項となる。

例えば，「あなたの自動車のタイヤは溝がすり減っていて，このままでは事故を起こす危険がある」と告げられ新しいタイヤを購入したが，実際はタイヤの溝はさほどすり減ってはいなかったという場合，売買契約の目的物である新しいタイヤの質や価格について虚偽の事実を告げたものではないので，上記①や②の重要事項には該当しないが，「今つけている古タイヤの溝がすり減っている」という新しいタイヤを購入する必要性があると誤認させる事情③の重要事項について，不実告知をしたと認められる。

3 困惑類型

1 困惑類型とは

消契法4条3項のいわゆる「**困惑類型**」は，もともとは民法96条1項の強迫取消しの特則規定として立法化された。強迫を理由とした取消しが認められるには，「違法な強迫行為」すなわち「相手方に畏怖（恐怖心）を生じさせる行為」であって「社会通念上違法であること」が必要となる。「社会通念上」違法であるか否かは行為の目的と手段の正当性に照らして判断されるが，規範的・抽象的であり不透明である。また，身体的暴力や暴言等の精神的暴力を伴わず必ずしも「畏怖を生じさせる」ものではないが，消費者を困惑させることにより意思表示をさせて契約締結を迫る悪質な勧誘態様も多い。加えて，強迫取消しの成立には詐欺取消しと同様に，「二段の故意」要件を充足する必要がある。そこで，「強迫行為」を拡張する形でかかる勧誘態様を「困惑類型」として具体化し，かつ「二段の故意」要件を撤廃することにより，強迫取消しの特則規定として立法化したのであった。

しかし，その後，2018年の消契法改正で六つの態様が困惑類型に追加された際に，いわゆるデート商法や霊感商法といったかねてより問題とされてきた悪質商法や，認知症高齢者等の判断力低下につけこんだ勧誘など，消費者被害の実態に対応すべく様々な類型を取り込んだため，強迫行為の拡張とは性質の異なるものも含まれることとなった。さらに，2022年改正では，なおも規定を潜脱する事業者の勧誘態様がみられることから，脱法防止の観点から規定の文言の修正と二つの態様の追加がなされた。

以下では，2022年改正後の消契法4条3項に規定された十の態様を，①強迫行為の拡張型，②あおり・つけこみ型，③心理的負担創出型に分類し解説する。

2 強迫行為の拡張型

まず，消費者の身柄を空間的に拘束したり心理的な閉鎖空間に置いたりすることで，事態を脱するには契約を締結するより他ないという精神状態に追い込んで契約締結に至らせる勧誘態様がある。

(1) 不退去・退去妨害

CASE 7-4

Aは，自宅を訪ねてきた業者Bに防湿マットの購入を勧められ，「いらない。」「置き場がないので購入できない。」など告げて何度も断ったが，Bは一向に帰る気配を見せず，このようなやりとりが玄関内で1時間以上も続いたため，仕方なく購入した。

（参考事例）東京簡判平成19年7月26日裁判所Web

（参照条文）消契法4条3項1号

①事業者が消費者の住居等に居座って退去しない「**不退去**」（消契4条3項1号）および②消費者が勧誘場所から退去することを事業者が妨害する「**退去妨害**」（同項2号）は，事業者が居座ったり消費者を帰らせなかったりして消費者の身柄を空間的に拘束することで，事態を脱するには契約を締結するより他ないという精神状態に消費者を追い込む手法である。そこで，必ずしも暴力や暴言を伴わないものであっても，表意者（消費者）の意思自由を侵害する不適切な勧誘態様であるとして，民法の強迫行為の拡張として立法化された。

ただし，①②に該当するには，単に事業者に居座られたり帰らせてもらえなかったりするのでは足りず，消費者が「退去すべき旨の意思を示した」り「退去する旨の意思を示した」のに，その意思に反して事業者が消費者を場に拘束したという要素が必要となる。CASE 7-4で，Aは「いらない」と契約を締結する気がないことを告げており，退去すべき旨の意思を示したと言えるため，①不退去の事例に該当する。

(2) 退去困難な場所への同行・相談連絡妨害

CASE 7-5

大学生Ａが繁華街を歩いていると，「化粧品の無料サンプルをお配りしています。」と声をかけられた。サンプルを受け取ると「アンケートにご協力をお願いします。」と言われ，近くの雑居ビル内にある化粧品販売業者Ｂの事務所に連れて行かれた。ＡはＢの販売員に入れ替わり立ち替わり化粧品の購入を勧められて，はっきりと断ることができず，「いったん親に電話して相談したい。」と請うたが，「お前はもう成人だろう。いい年をした大人が自分のことも自分で決められないのか。」とすごまれ，最終的に契約書に署名した。

（参照条文）消契法４条３項３号・４号

上記(1)に加えて，2022年改正で追加されたのが次の二つの態様である。

③「**退去困難な場所への同行**」（消契4条3項3号）は，勧誘目的であることを告げずに当該消費者が任意に退去することが困難な場所に連れて行き勧誘を行うという態様である。これは，無事に帰宅するには契約を締結するより他ないという状況に消費者を置くものであり，上記①②と同じく自由意思による契約締結とは言いがたい。また，本号は，「消費者が帰ろうとすることを妨害していない」との事業者の言い逃れ，つまり上記②退去妨害規定からの潜脱を許さないという趣旨で追加された。「当該消費者」にとって「任意に退去することが困難」という要素について，立案担当者たる消費者庁は，人里離れた山奥に連れて行った・足が不自由な消費者を階段でしか移動できない会場に連れて行ったという場面を例として挙げる。しかし，そのような物理的な障壁のみならず，心理的な障壁も含むのか解釈の余地があろう。

④消費者が契約締結の可否について第三者に相談するために連絡することを妨害する「**相談連絡妨害**」（同項4号）は，自分一人で決断するより他ない・この場を自分で乗り切るしかないという心理的な閉鎖空間に消費者を置くことで，契約締結に至らせる態様である。ただし，「威迫する言動を交えて」妨害したという事業者の態様が要件となっているため，どの程度の言動が「威迫」に該当するのか適用にあたって争点となろう。

CASE 7-5は，いわゆる**キャッチセールス**でしばしば問題となる手口である。キャッチセールスとは，駅前や繁華街等の路上で，「アンケートに回答して欲しい」「近くの会場で展覧会を開催しているので覗いていかないか」などと声をかけて，事業者の営業所や喫茶店などに同行して勧誘を行う手法である。キャッチセールスに対しては，「特定商取引に関する法律」（特商法）2条1項2号において，「営業所等以外の場所において呼び止めて営業所等に同行させ」る販売手法を「訪問販売」と定義づけることで，クーリング・オフ等の救済規定が用意されている（⇒第**6**章**図表**6.1〔98～99頁〕）。しかし，クーリング・オフの行使には原則8日以内の期間制限があるため（⇒第**9**章 3**3**(**2**)〔144頁〕），消契法上の取消権行使が可能となれば救済の機会が広がる。そこで，**CASE 7-5**の事例を改めてみると，仮に雑居ビル内のBの事務所が物理的な閉鎖空間ではなかったとしても，販売員に入れ替わり立ち替わり勧誘されたという状況は，「当該消費者」Aにとって心理的に退去困難な場所であると言い得るとして，③退去困難な場所への同行の該当を主張する余地がある。また，Bの販売員の言動が「威迫」と評価されるのであれば④相談連絡妨害に該当する。

3　あおり・つけこみ型

CASE 7-6

就職活動中の大学生Aが口下手で面接に過剰に苦手意識を持っていることを知った上で，就職活動支援塾Bは「このままではあなたは面接で失敗して内定を獲得することはできない。克服するにはこの就職セミナーが必要。」と告げてセミナー受講契約を締結させた。

（参照条文）消契法４条３項５号

次に，消費者が，不安を抱えていたり，勧誘者に対して恋愛感情を抱いていたり，認知症や持病等を抱えていたりして，契約締結の可否について合理的な判断をすることができない状況にあることに**つけこんで**，契約を締結させるという勧誘態様がある。

①「**経験不足による不安をあおる告知**」（消契4条3項5号）は，進学・就職・結婚・生計（同号イ）や身体の特徴・状況（同号ロ）について，当該消費者が「社会生活上の経験が乏しい」ために「過大な不安」を抱いており，事業者が

そのことを「知りながら」，その「不安をあおり」当該契約が必要である旨告知することをいう。消費者が抱えている不安に単につけこむだけではなく，不安をあおるという態様が必要となる。CASE 7-6 は本号イの事例である。

②「**好意の感情につけこむ告知**」（同項6号）は，いわゆる**デート商法**の手口であるが，同号の適用場面は，消費者が一方的に勧誘者に対して好意を抱いておりその好意に事業者がつけこむという場面ではなく，消費者が勧誘者も自分に対して好意の感情を抱いている（いわば相思相愛）と誤信していることにつけこむという場面である。同号で非難されている態様は，相思相愛だとの誤信に乗じて，関係破綻をちらつかせて「今の相思相愛・良好な関係を維持するには契約を締結することが必要」と消費者を追い込むことにある。

③「**判断力低下による不安をあおる告知**」（同項7号）は，当該消費者が認知症やうつ病等により「判断力が著しく低下」しているために，生計・健康等に関し現在の生活が維持できるかどうか「過大な不安」を抱いており，事業者がそのことを「知りながら」，その「不安をあおり」当該契約を締結しなければ現在の生活の維持が困難となる旨告知することをいう。

④「**霊感等による知見を用いて不安をあおるまたは不安につけこむ告知**」（同項8号）は，いわゆる**霊感商法**の手口である。同号は，霊感等の「合理的に実証することが困難な特別な能力による知見」と称して，当該消費者や親族の生命・身体・財産等に将来重大な不利益を与える事態が生じ得るとの「不安をあおり」，または，そのような不安を既に抱いていることに「乗じて」，その重大な不利益を回避するためには「当該消費者契約を締結することが必要不可欠」である旨を告げることをいう。本号は，宗教にまつわる勧誘トラブルに対する救済手段として活用するには適用範囲が狭すぎるとの問題認識から，2022年臨時国会における消契法改正によって，将来の不安をあおる態様だけでなく現に生じている不安につけこむ態様へ，また，不利益の及ぶ対象を当該消費者だけでなく親族へ，それぞれ拡張したものである。なお，同国会で成立したいわゆる「不当寄附勧誘防止法」も，宗教トラブルに対する解決・予防策として重要な役割を果たすところ，同法については第**6**章の**column** ⓾〔96頁〕を併せて参照されたい。

4　心理的負担創出型

CASE 7-7

Aは，自宅トイレのつまりに気づいて修理業者Bに電話をしたところ，見積もりは無料と説明されたので，ひとまず自宅に来てもらった。Bの作業員は，「見積もりを出すには，つまりの原因を突き止めて修理に必要な作業を特定する必要があるから，いったん便器を取り外して配水管の状況を確認する。」と告げて，便器を床から取り外した。合計25万円の費用がかかるという見積もり結果にAは高すぎるのではないかと疑念を抱いたが，わざわざ来てもらった上に，取り外された便器を自分で元に戻すのは難しいと考え，そのまま修理を依頼した。

（参照条文）消契法4条3項9号

CASE 7-8

Aの自宅に投資用マンション購入の勧誘の電話がかかってきた。直接会って話そうと言われて会ったところ，業者Bは「あなたのために具体的なローン返済プランをいくつも考えた上で，わざわざ新幹線でここまで来たのに，断るなら交通費を払え。」と言う。Aは申し訳なく思い契約を締結した。

（参照条文）消契法4条3項10号

最後の類型は，事業者が**契約締結前に一定行為**をなすことで消費者に**心理的負担**を抱かせ契約を締結させるという勧誘態様である。

①「**既成事実化**」（消契4条3項9号）は，契約締結前にもかかわらず，履行の準備を超えて履行したり目的物の現状を変更してしまうことにより，契約が成立した場合と同様の状況を作出し，しかも原状回復を困難にすることにより契約の成立を既成事実化するという態様である。このような態様は消費者の意思決定に次のような作用を持つ。第一に，人は他者から恩恵や厚意を受けると，それに対して返報すべきとの義務感を抱く傾向があるところ，事業者は先行実施をすることで，この「返報性」という人間心理を利用して，消費者に契約の締結を「断る」ことに対する心理的負担を抱かせる。第二に，履行前・変更前の状態に戻すことを困難とすることによって，消費者が既成事実化された契約成立の状況を覆して契約を締結しないという決断をすることに伴う金銭的・時間的・心理的なコストを増加させる。CASE 7-7 は本号の事例である。

②「**損失補償請求**」（同項10号）は，事業者が契約締結前の準備行為として一定の行為をした上で，当該行為が「当該消費者のために特に実施したものである旨」と「損失の補償を請求する旨」を告げるという態様である。恩に着せる言明をなし費用請求までなすという，いわば返報を直接的に要求された状況で，費用負担や契約の締結を「断る」のは心理的負担を伴う。CASE 7-8 は本号の事例である。

このように，契約の成立を既成事実化したり（同項9号），恩に着せる言明をなして直接的に返報を要求したり（同項10号）して，消費者が契約の締結を断る・契約を締結しないという決断をなすことについて心理的負担を抱く状況を創出する点に，勧誘の不当性があると言える。

4 過量契約類型

1 過量契約類型とは

CASE7-9

主婦Aは，呉服販売店Bで，1年半の間に合計123回にわたり代金総額6,000万円に及ぶ着物やアクセサリーの売買契約を締結した。Aは肝炎および肝硬変に罹《り》患《かん》しており，取引当時，病状の悪化により肝性脳症による精神神経障害を発症し，日常生活において奇矯な立ち居振る舞いが見られるようになっていた。Aは3日に一度の割合で，時には毎日のようにBの店舗を訪れて長時間を過ごしており，その奇怪な様子はBの目からみても明らかであった。

（参考事例）高松高判平成20年1月29日判時2012号79頁［消費者法百選41事件］

（参照条文）消契法4条4項

高齢社会の到来により，高齢者の消費者被害が増加している。とりわけ一人暮らしの高齢者をねらって不必要に大量に商品を売りつける「**過量販売**」，さらにいったん過量販売の被害にあった消費者の情報（顧客名簿）が業者間で売買され，かかる消費者を狙い撃ちして別の業者が次々と現れて再び不必要に大量に商品を売りつける「**次々販売**」と呼ばれる被害が続発している。そこで，消契法の2016年改正で，意思表示の取消権行使事由に，誤認・困惑に並んで「**過量契約類型**」が追加されることとなった（消契4条4項）。なお，同項前段が過量販売に，後段が次々販売に対応する形となっている。

同項の過量契約とは，「当該消費者にとって通常生活を送るのに必要な分量を著しく超えていることを事業者が知りながら，契約締結の勧誘をなす態様」と定義できる。同項は「消費者の合理的判断ができない事情」に事業者が**つけこむ**ことに勧誘の悪性度を見出しているため，事業者が「当該消費者にとって過量である」という認識を有していることが要件とされていることに注意が必要である。

2　消費者契約法と特定商取引法の比較

「過量販売」「次々販売」被害への対応は，消契法の改正よりも早くに特商法によりなされた。すなわち，特商法では，2008年改正で訪問販売（特商9条の2）に，2016年改正で電話勧誘販売（同24条の2）に，それぞれ「**過量販売解除権**」が設けられた（⇒第**9**章**33**(**5**)〔150頁〕）。特商法の過量販売解除権と消契法の過量契約取消権を比較すると，特に適用範囲と要件論に大きな違いがある。

まず，適用範囲について，特商法で過量販売解除権が設けられているのは，七つの取引類型のうち訪問販売と電話勧誘販売の二つのみである（⇒第**6**章図表6.1〔98～99頁〕）。これは，この二つの取引形態が，突然訪問されたり電話がかかってきたりして勧誘が始まるという不意打ち勧誘の特徴を有しているからである。これに対して消契法は消費者契約全般に適用されるため，過量契約取消権を行使できる取引対象の方が広い。次に，要件論の相違である。とりわけ事業者の過量性に対する認識を要するか否かについて相違があり，消契法では上述の通り必須であるが，特商法では原則不要であって次々販売の場合には必要となる（特商9条の2第1項2号・24条の2第1項2号）。

以上を踏まえて CASE **7-9** をみると，本件取引は消費者AがBの店舗を訪れてなされたものであり，訪問販売や電話勧誘販売にあたらず特商法の適用はない。そこで消契法の過量契約取消権行使が可能か検討する。Aが3日に一度の割合で店舗を訪れ，1年半という短期間に総額6,000万円にも及ぶほど取引を重ねていることからすれば，Bは，Aの購買行動が正常とは言えない状態にあることを認識しながら，その状況につけこんでいたと言え，過量契約取消権の行使が認められる余地がある。

Column ⑫ 意思表示論からの接近と公序良俗論からの接近

ここまで見た通り，消契法 4 条の取消権は，民法の詐欺・強迫規定の特則として立法化した誤認・困惑類型に，その後の改正で，強迫の拡張にとどまらない勧誘態様を困惑類型にとりこんだり，誤認・困惑類型に加えて過量契約類型を設けたりと，大きく変化している。これらの追加された不当勧誘態様は，公序良俗違反（民 90 条）の一類型である「暴利行為」についての議論の蓄積を一部反映したものである。

暴利行為とは，「相手方の窮迫・軽率・無経験に乗じて，過大な利益を獲得する行為」と定式化され，戦前の大審院判例時代から見られる法理・準則である。「暴利」の名の通り，初期の典型例は異常に高利の利息を課す契約を無効にするものであり，そこでは高利貸しが暴利をむさぼり「過大な利益を獲得」する内容の契約であるという「給付の対価的不均衡」に反公序良俗性が見出されていた。これは，民法 90 条の公序良俗規定は，契約（法律行為）の「内容の不当性」を理由として無効を導くものであるから，暴利行為類型についても，給付の対価的不均衡という契約内容の不当性が重視されていたことによる。ところがその後，暴利行為論をめぐる判例・学説の議論の蓄積により，①「相手方の窮迫・軽率・無経験に乗じて」という勧誘の不適切さを問責する要素と，②「過大な利益の獲得」という給付の対価的不均衡を問責する要素との 2 側面から暴利性を評価すべきと考えられるようになってきた。すなわち，暴利行為論は，契約締結過程の適正さを考慮する要素と契約内容の適正さを考慮する要素との 2 側面を有する法理と理解されるに至った。さらに，契約締結過程において不当な勧誘がなされたからこそ，その結果として不当な契約内容になったのであるという，契約内容の不当性は契約締結過程における不当勧誘の徴表に過ぎないとの見方から，上記①「相手方の窮迫・軽率・無経験に乗じて」という不当勧誘の要素をより重視する見解もあらわれた。ここにきて暴利行為論は，契約の「不当内容」規制法理から「不当勧誘」規制法理へと変容をみたと言える。

このような現代型暴利行為論を踏まえて，消費者の「窮迫・無経験・浅慮・判断力低下・知識不足」という「合理的判断ができない事情や状況を利用」した勧誘を，「つけこみ型不当勧誘」類型として捕捉できないか検討されることになる。そして，消契法の 2016 年改正で追加された 4 条 4 項の過量契約類型は，取引の過量性という不当内容の側面と，消費者が自身にとって過量であるとの「合理的判断ができない事情」に事業者がつけこんでいるという不当勧誘の側面とを併せ持つ態様として定式化されたものと言える。さらに，2018 年改正で困惑類型に追加された4条3項3号～6号（2022年改正後の5号～8号）は，消費者の「窮迫・無経験・判断力低下・知識不足」という「合理的判断ができない状況」へのつけこみを具体化したものである。したがって，過量契約類型と困惑類型の一部は「つけこみ型不当勧誘」類型として共通の基盤を有しているところ，このような包括的な「つけこみ型不当勧誘取消権」の創設に向けて検討する必要があることが2018年改正の際に衆参両院の附帯決議でも指摘されていた。しかし，2022年改正に向けた消費者庁での検討（消費者契約に関する検討会報告書）では，困惑類型内の一部を統合した受け皿規定を設けるという提案にとどまった上，この提案は法案に盛り込まれず法制化に至らなかった。

このように，消契法4条の取消権は，意思表示の不完全さに着眼した意思表示論のアプローチと，内容規制と勧誘規制の両方を併せ持つ現代型公序良俗論のアプローチとによって構築されており，現代契約法論が立法に結実する最前線であるところ，つけこみ型不当勧誘取消権という包括的規定の創設に向けて，新たな理論枠組みの提示が必要であるように思われる。

5 取消権の行使・効果

以上の①誤認，②困惑，③過量契約を理由とした意思表示の取消権の行使期間は，追認可能時から1年または契約締結時から5年のいずれか一方の期間が経過するまでであるが，例外的に，困惑類型のうちの「霊感等による知見を用いて不安をあおるまたは不安につけこむ告知」（消契4条3項8号）を理由とした取消権の行使期間のみ，追認可能時から3年または契約締結時から10年に伸長されている（消契7条1項）。追認可能時とは，①誤認の場合は消費者が誤認をしたことに気づいたとき，②困惑の場合は消費者が困惑状況から脱したとき，③過量契約の場合は消費者が合理的な判断をすることができない事情が消滅したときである。このとき，いわゆる霊感商法の手口による勧誘態様によって契約を締結した消費者は，困惑状況から脱し正常な判断を行うことができるようになるまで時間を要すると考えられるため，上記伸長がなされている。なお，民法上の取消権の行使期間は追認可能時から5年または行為時から20年（民126条）であるから，消契法の行使期間の方が短期間である。これは，消契法は民法の取消権行使の要件を緩和しており，より広い範囲で取消しが認められるため，行使期間を短くして法律関係を早期に安定させるというバランスをとったものである。

取消権の行使により，当該意思表示は初めから無効であったことになる（民121条）。そうすると，契約に基づき既に給付を受けていた場合，事業者・消費者ともにそれぞれ原状回復義務を負うことになるが（同121条の2第1項），消費者の同義務の範囲については消契法6条の2に特則が置かれ，現存利益でよい（⇒ **Column ⓮**〔150頁〕）。

取消しの効果は，善意・無過失の第三者には対抗できない（消契4条6項）。民法では強迫取消しは善意・無過失の第三者に対抗できるため（民96条3項），対第三者効として弱くなっている。これは，消契法は取消権行使の要件を民法よりも緩和しているため，取消しの及ぶ範囲については民法より絞って取引の安全性を確保するとの趣旨による。

6 契約締結の媒介・代理

CASE 7-10

携帯電話通信事業者Aは，携帯電話機器を販売する家電量販店Bに，Aと消費者との間で締結される携帯電話通信サービス契約について，勧誘および契約締結の媒介を委託していた。Bの店舗を訪れた消費者Cはスマートフォンを購入すると共に，Bの勧めでAとの通信サービス契約を締結した。しかし，BがA社の料金プランを説明する際に，様々な割引制度が適用されるので利用料金は月額3,000円程度になると説明をしていたが，実際にはCには適用がなく高額な料金が発生した。

（参照条文）消契法4条1項1号・5条

事業者から消費者契約の締結の媒介を委託された第三者（媒介受託者）あるいは事業者の代理人が，消費者に対して①誤認，②困惑，③過量契約の不適切な勧誘行為をした場合も，消費者は意思表示を取り消すことができる（消契5条）。民法96条2項では，第三者が消費者（表意者）を欺罔して事業者（相手方）との間での契約を締結させた場合，事業者が第三者による詐欺の事実について悪意または有過失の場合にのみ意思表示を取り消すことができるが，消契法5条はこのような事業者の認識可能性を問わず取り消すことができる。したがって，CASE 7-10 では，消費者Cは，媒介受託者Bが勧誘に際して消契法4条1項1号の不実告知をなしたことを理由として，事業者Aとの携帯電話通信サービス契約締結にかかる意思表示を取り消すことができる（同5条1項）。

本条の適用をめぐって特に問題となるのは，消費者と事業者との間で売買契約・役務提供契約が締結されると共に，その代金支払いに関して与信契約が締結される場合である。例えば，CASE 7-9 において，消費者Aが呉服販売店Bで着物を現金一括ではなくクレジット払いで購入するならば，Aは，Bとの間で売買契約を，与信業者Cとの間で与信契約（立替払契約）を，それぞれ締結することになる。このとき，与信業者Cが与信契約の締結の媒介を販売業者Bに委託しているとみて，消契法5条1項の適用を認めることにより，過量契約であることを理由として，AB 間の売買契約だけでなく，AC 間の与信契約を取り消し得るか問題となる。

CHECK

① 消契法に定められている意思表示の取消しを認める不適切な勧誘態様について，その類型と適用条文を整理しよう。

② 消契法において意思表示の取消しを認める要件は，民法と比べると緩和されている。具体的に民法何条のどの要件を緩和したものであるか考えよう。

③ 取消しの効果と範囲について，民法と消契法を比較し，取消権者にとってのメリットとデメリットを整理しよう。

読書案内 Bookguide

逐条解説消契法 45 ～ 152 頁〔ウェブ版 33 ～ 122 頁〕

鹿野菜穂子監修・日本弁護士連合会消費者問題対策委員会編『改正民法と消費者関連法の実務』（民事法研究会，2020 年）350 ～ 415 頁

後藤巻則ほか『条解消費者三法〔第2版〕』（弘文堂，2021 年）42 ～ 109 頁［後藤巻則執筆］

CHAPTER

第**8**章

契約内容規制

1 内容規制の意義

第**4**章から前章まで，契約締結過程がどのように規制されているかを見てきた。私たち個人の間を規律する法的関係の基本原則は私的自治であり，また契約においては契約自由の原則が妥当するため，個人が自由な意思決定をすることができるような環境を整備するための契約締結過程規制は，契約の規制において最も重要である。しかし，そのような締結過程規制にかからないような形で意思決定された契約であったとしても，その結果として締結された契約の内容が不当であれば，そのまま有効なものと認めてよいのかどうかが問題となる。これに対処するのが契約内容規制であり，本章ではこの問題を扱う。当事者間に情報や交渉力の格差が存在する消費者契約においては，特に消費者が適切な内容の意思決定をできない事態が生じやすい。そのため，消費者契約においては内容規制の問題もまた重要となる。

それでは，消費者が締結する契約の内容の不当性に関してはどのような法律や条文が問題となるだろうか。以下では，まず契約一般に対して適用される民法上の規制から始め，次に契約の中でも特に消費者契約（⇒第**4**章）に対して適用される消費者契約法（消契法）上の規制を説明する。

2 民法による規制

民法の中に定められている内容規制に関する規定は，公序良俗違反に関する90条，強行規定違反に関する91条である。さらに，民法は定型約款についての規律も設けており，その中にも契約内容に関する規定が存在している（民548条の2第2項）。

1 公序良俗違反

内容規制に関して最も基本となる規定は**民法90条**である。民法90条は，「公の秩序又は善良の風俗に反する法律行為は，無効とする」と定める。消契法の制定前はこの規定が内容規制の一般条項として機能してきたが，2001年に消契法が施行されてからは，消費者契約に関しては同法10条も一般条項として内容規制を担うこととなった（⇒3**5**）。もっとも，消費者契約に該当しない契約や，消契法10条の要件に該当しない契約条項に関しては，なお民法90条が機能しうる。例えば，名古屋高判平成21年2月19日判時2047号122頁［消費者法百選〔初版〕35事件］（本件の上告審判決については⇒第**14**章3**2**〔231頁〕）は，いわゆるデート商法によって締結されたクレジット契約を公序良俗違反により無効としている。

消費者問題との関係で最も重要な公序良俗違反の類型は，**暴利行為**である。判例が示す暴利行為の要件は，①他人の窮迫，軽率もしくは無経験を利用したことという主観的要件と，②著しく過当な利益の獲得を目的とした法律行為であることという客観的要件である（大判昭和9年5月1日民集13巻875頁［民法百選Ⅰ 14事件］）。特に消費者契約が問題となる場面では暴利行為の要件が緩和される傾向があり，先のデート商法の裁判例は，主観的要件に該当する勧誘行為の不当性を重視した一例として見ることができる。消費者契約における暴利行為論の展開については**Column ⑫**（118頁）を参照してほしい。

2 強行規定違反

民法91条は，「法律行為の当事者が法令中の公の秩序に関しない規定と異なる意思を表示したときは，その意思に従う」と定めている。ここにいう「公の秩序に関しない規定」とは，当事者の合意によって別の定めをすることができる規定を意味し，**任意規定**と呼ばれる。反対に，当事者の意思によって変更することのできない規定を**強行規定**という。つまり民法91条は，素直に読めば任意規定と異なる意思表示を行った場合にはその意思に従うということを定めているにとどまり，強行規定については何も述べてはいない。しかし一般的には，この規定は強行規定に違反する法律行為が無効となることを反面的に定めているものとして理解されている。したがって，強行規定に違反する契約は91条により無効であり，消費者契約も強行規定に違反する場合には無効となる。

契約法の基本原則は私的自治であるため，一般的に契約内容に関するルールの多くは任意規定である。もっとも，弱者保護が問題となるタイプの契約については強行規定が設けられることが多く，消費者契約はその典型例であり後で見る消契法は強行規定を設けている。他に強行規定が設けられているものとして，例えば利息制限法（1条・4条等）や借地借家法（16条等参照）などがある。

3 定型約款

CASE 8-1

Aは B 社との間で，携帯電話通信サービス契約を締結し，プラン C を選んだ。B 社の「サービス契約約款」にはプラン C について，基本料金を通常の半額とする代わりに，2 年間の定期契約であり期間内に解約する場合には 9,975 円の違約金を支払わなければならない旨が記載されている。A は 1 年ほどたった頃に別の携帯電話会社に乗り換えようと思い B 社との契約を解約しようとしたところ，違約金の支払いを求められた。A はこれを支払わなければならないだろうか。

（参考事例）京都地判平成 24 年 3 月 28 日判時 2150 号 60 頁［消費者法百選 45 ②事件］
（参照条文）消契法 9 条 1 項 1 号，民法 548 条の 2 第 2 項

消費者が締結する契約の多くは約款によるものであり，民法は定型約款に関して規定を置いている。本来，民法が想定しているのは当事者が契約内容を認識し，交渉して契約を締結するという場面であるが，実際の社会生活の場面では人々は内容を認識しないまま契約を締結している。そこでまず，①定型約款は拘束力を持つと言えるのかどうかが問題となり，拘束力が認められるとしてもさらに，②定型約款の内容が合理的なものかどうかが問題となる。また，定

型約款は不特定多数の人々に対して同じ内容のものが用いられるという点に特徴があり，内容を変更するためにすべての相手方の同意を得なければならないとすると，約款を作成して利用する者（定型約款準備者という）にとって膨大なコストがかかり変更は事実上不可能となってしまう。そこで，③定型約款はどのような場合に内容を変更することができるか，という問題が生じる。以下では，この三つの問題について設けられている規律をケースに即して見ることとする。

(1) 定型約款の拘束力

前提として，民法の定型約款の規定が適用されるためには，民法が定める「定型約款」の定義に当てはまらなければならない。民法 548 条の 2 第 1 項によれば**定型約款**とは，①定型取引において，②契約の内容とすることを目的として，③特定の者により準備された条項の総体のことである。そして，①の定型取引とは，(i)不特定多数の者を相手方とし，(ii)内容の全部または一部が画一的であることが双方にとって合理的なものをいう。例えば，宅配便契約における運送約款，保険約款，インターネット・ショッピングにおける購入約款，インターネットサイトの利用規約等が定型約款に含まれると考えられる。**CASE 8-1** で問題となっているような携帯電話通信サービスにおける約款は，通常は定型約款と言えるだろう。

定型約款の拘束力は，民法 548 条の 2 第 1 項の要件を満たすことによって認められる。それによれば，定型取引を行うことを合意（定型取引合意）した者が，**定型約款を契約の内容とする旨の合意**をするか（1 号），定型約款準備者があらかじめ定型約款を契約の内容とする旨を相手方に**表示**していれば（2 号），個別の条項について合意したものとみなされ，拘束力が認められる。ここでは三つのレベルの合意が区別されている。ⓐ定型取引合意，ⓑ定型約款を契約の内容とする旨の合意，ⓒ個別の条項についての合意である。本来の契約拘束力の原則からすれば，ⓒについての合意が必要である。しかし，定型約款に関してそこまでの合意を要求することは定型約款の社会的機能を損なうことになりかねないため，548 条の 2 第 1 項はまず 1 号において，ⓐの合意を前提として，ⓑの合意がなされていればⓒの合意があったものとみなすこととしている。**CASE 8-1** で言えば違約金条項自体について合意がなくても，サービス契約約款を用いることについて合意があればよいことになる。さらに2号は，ⓑの合意がないとしても，ⓐの合意を前提として定型約款を契約内容とする旨が相手方に「あらかじめ」「表示」されていれば，ⓒの合意があったものとみなすこととしている。つまり，B社が契約締結以前に「約款による」ということを「表示」していればよいことになる。

なお，定型約款を契約内容とすることが合意ないし表示されていたとしても，約款の「内容」が相手方に向けて表示されているとは限らない。この点については，相手方から請求があった場合には約款の内容を示さなければならないというルールになっており，定型取引合意の前に相手方が請求したにもかかわらず定型約款準備者がこれに応じない場合には，548条の2第1項が適用されない（民548条の3)。

しかし，特に定型約款の相手方が消費者である場合は，そもそもこのような開示請求をできることを知らないこともありうる。そこで消費者契約については，事業者は定型約款の内容を消費者が容易に知りうる状態にする措置を講じていない限り，定型約款の内容について開示請求するために必要な情報を消費者に提供すべき努力義務を負うものとされている（消契3条1項3号)。

(2) 定型約款の内容規制

仮に上記の拘束力要件を満たすとしても，それのみでは契約として効力を有することにならず，民法は内容をチェックする段階を設けている。すなわち，相手方の権利を制限するか相手方の義務を加重し，当該定型取引の態様および実情ならびに取引上の社会通念に照らして信義則に反して相手方の利益を一方的に害するものは，定型約款の個別条項への合意がなかったものとみなされる（民548条の2第2項)。

この規定は，契約の内容規制と不意打ち条項規制を合わせて規定したものとして理解されている。つまり，548条の2第1項の要件を満たしたものであっても，その内容が不当であるか，相手方にとって一般に合理的に予測をすることができないものである場合には，548条の2第1項の効果が生じない。したがって，CASE 8-1 における違約金条項はその内容が信義則に反してAの利益を一方的に害するかどうかという観点から検討される必要があるとともに，そのような不利益を課す条項の存在は合理的に予測可能かという観点からも検討される必要がある。予測可能かどうかの判断においては，B社からどのような説明がなされたかも重要な要素となるだろう。参考事例は消契法9条1項1号（当時は9条1号）違反が争われた事案であるが（当時はまだ定型約款に関する民法の規定は存在していなかった），違約金条項は有効と判断された（もっとも，その後の電気通信事業法改正により違約金の上限が定められている）。

(3) 定型約款の変更

CASE 8-2（CASE 8-1のつづき）

B社の「サービス契約約款」の中には，「当社は，この約款を変更することがあります。この場合には，料金その他の提供条件は，変更後の約款によります。」と記載されている。B社は従来，毎月の利用料金等を紙媒体によって案内していたが，今後は原則としてウェブサイトやメールでの案内に変更し，紙媒体による案内を希望する場合には1回につき100円の手数料をとることとし，そのために約款の内容を変更した。これまで紙媒体で案内を受けていたAは引き続き同じ方法で案内を受けたいと考えているが，手数料を支払わなければならないか。

（参考事例）東京高判平成30年11月28日判時2425号20頁

（参照条文）消契法10条，民法548条の4

定型約款の変更について民法は，定型約款準備者が一方的に定型約款を変更することを認めたうえで，内容的要件と手続的要件を定めている。

内容的には，変更が相手方の一般の利益に適合する場合か（民548条の4第1項1号），あるいは，変更が契約目的に反せずかつ変更が合理的である場合（同項2号）でなければならない。1号における「相手方の一般の利益にかなう場合」としては，例えば基本料金を下げる場合などがありうる。この場合には通常は相手方が同意すると考えられるので，あえて同意を得るまでもなく変更が認められる。2号の合理的と言えるかどうかは，変更の必要性，内容の相当性，当該定型約款中の変更条項の有無およびその内容，その他の事情に照らして判断される。

手続的要件は，1号と2号のどちらに基づいて変更するかによって異なる。すなわち，定型約款準備者は定型約款を変更する場合には，効力発生時期を定めたうえで，変更する旨，変更の内容，効力発生時期をインターネット等の適切な方法で周知しなければならないが（同条2項），この周知手続を経なければ変更の効力が発生しないのは2号による変更の場合のみである（同条3項）。

CASE 8-2の参考事例において争われたのは手数料に関する変更そのものではなく，変更条項が消契法10条に違反するかという点であったが（当時はまだ定型約款に関する民法の規定は存在していなかった），その中で裁判所は，本件手数料条項は目的が不当とも契約目的に反するとも言えないばかりか，紙媒体の請求書の交付を受ける者に係る費用を同人に負担させるものであって契約者間の公平に適うとして，内容も相当であるとしている（また，携帯電話会社は半年以上前からウェブサイトや文書の郵送等により周知に努めていた）。

3 消費者契約法による規制

問題となっている契約が消契法上の「消費者契約」に該当すれば，消契法上の不当条項規制の対象となる。消契法は，特に問題となる条項を個別的に規制するとともに，内容規制に関する一般条項も設けている。これらの内容規制に該当すれば，その契約条項は無効となる。また，これらの不当条項が不特定多数の消費者との間で用いられている場合には，適格消費者団体は差止めを請求することができる（消契12条3項）（⇒第**10**章**22**(**3**)(a)〔160頁〕）。その際，契約条項に関する情報を得るため，適格消費者団体は相当の理由がある場合には原則として当該条項の開示を要請することができ，事業者はこれに対して応じるよう努めなければならないこととされている（同12条の3）。以下では，まず個別に規制されるものを見た後で，最後に一般的な規制について見ることとしよう。

1 損害賠償責任を制限する条項

(1) 責任制限条項等

商品やサービスを購入した際に，商品の欠陥や事業者の不注意によって消費者が損害を被った場合には，消費者は民法上の規定に基づいて債務不履行や不法行為を理由として損害賠償を請求することができる（債務不履行責任：民415条〔契約不適合責任の場合は564条による415条の準用〕，不法行為責任：同709条など）。例えば，パソコンを買ったが壊れていた場合は，564条および415条に基づいて売主に対して損害賠償を請求することができる。ところがこれらの規定は任意規定である。そうすると，例えば「当社はパソコンの不具合等について一切の責任を負いません」といった免責条項などが置かれている場合，消費者は事業者に対して損害賠償を請求できなくなるのだろうか。

消契法８条１項は，債務不履行や不法行為に基づく損害賠償責任を制限する条項および責任の有無ないし限度を決定する権限を事業者に付与する条項を規制している（ただし不法行為責任については，対象となっているのは「消費者契約における事業者の債務の履行に際してされた」不法行為によるものに限られる）。それによれば，以下のような条項は無効となる。

① 損害賠償責任を**全部免除**する条項や，事業者自身がその責任の**有無を決定**することができることとする条項は無効である（1号・3号）。つまり，事業者側が責任を全部免れうるようなことは認められない。

② 事業者側の故意または重過失による損害の場合には，損害賠償責任を**一部免除**する条項や，事業者自身がその責任の**限度を決定**することができることとする条項は無効である（2号・4号）。

ただし，消契法８条２項は例外を設けており，８条１項で挙げられている責任制限条項ないし決定権限付与条項のうち契約不適合責任に関するものは，消費者の利益を確保するほかの手段が確保されている場合には有効であるとしている。すなわち，当該契約の当事者である事業者自身が履行を追完し，あるいは代金減額の責任を負う場合や（消契８条２項１号），当事者である事業者以外の事業者が損害賠償責任の全部または一部を負うか履行を追完する責任を負う場合（同項２号）には，責任制限条項や決定権限付与条項は有効である。

(2) サルベージ条項

CASE 8-3

消費者Ａが利用している通販サイトＢの利用規約の中に，「弊社は，お客さまが本サービスを利用したことによって発生したいかなる損害についても責任を負いません。ただし，弊社が免責される範囲は，法律で許容される範囲に限られます。」という条項があった。

（参照条文）消契法８条３項

このケースに見られる条項のように，ある条項が強行規定違反によって無効となりうる場合に，「法律上許される限り」という留保をつけることによって最大限自己に有利な形で効力を維持して無効となることを免れようとする条項を**サルベージ条項**という。消契法上は，責任を一部制限する条項は損害が事業者側の故意または重過失によるものではない場合に限り有効であるところ（消契8条1項2号・4号），このケースで用いられている条項は，「故意または重過失の場合を除き○○についての責任を一部免除する」と明記することなく，「法律で許容される範囲で免責される」としか記載していないため，消費者Aにとってはどのような場合に自らの損害賠償請求権が認められるのかが不明確になっている。そのため，本来であれば消費者に認められている権利の行使が抑制されてしまうおそれがある。そこで損害賠償責任の一部免責条項については，事業者側の重過失でない過失（軽過失）の場合にのみ免責されることを明記していなければ，当該一部免責条項は無効となることとされている（同条3項）。

Column ⑬ 責任条項のシグナリング機能

責任制限条項規制の意義を別の観点から見てみよう。消費者契約においては，事業者が販売している目的物の性質がどのようなものかを事業者自身は知っているが消費者は事前には知らないことが多い。例えばパソコンの例でいえば，事業者自身は自分の売っているパソコンが不良品である確率が高い低品質であるか，不良品である確率の低い高品質であるかを知っているが，消費者からはそのようなことは分からない（これを情報の非対称性という）。このとき，仮に売主が消費者に情報を伝達できないとすると，消費者は自分の相手がどちらのタイプの商品を売っているのか分からないので，高品質と低品質の中間くらいの物としての値段であれば買ってもよいと考え，事業者もそのような価格設定をするだろう。そうすると，高品質の商品を売っている売主は本来の価格よりも安い値段で売らざるを得ず，利益を上げることができないので市場から退出していくことになる。こうして，市場の縮小という現象が生じる。

このようなことが起きてしまうのは，消費者にとって相手がどちらのタイプの事業者なのかを識別することができないからである。そこで，高品質製品を売る事業者としては「私どもはもし不良品であれば損害を賠償します」という条項を設ければよい。なぜならば，低品質製品を売っている事業者がそのような条項を設けると，高品質製品を売っている事業者よりも高確率で賠償をしなければならない以上，その分を価格に反映させるともはや高品質製品の売主と同じレベルの価格を維持できなくなるからである。したがって，消費者は賠償責任と価格の組み合わせによって売主を区別することができる。こうして市場においては，高品質製品の売買契約と低品質製品の売買契約が分離されることになる。責任条項のこのような機能を「シグナリング」という。

損害賠償責任の制限条項を規制するということは，低品質製品の売主が賠償責任を制限しつつ低価格で売るという形のシグナリングをすることができないことを意味する。市場には価格が高くても良い製品を好む消費者と，品質が多少悪くても価格の低い製品を好む消費者がいるとすれば，責任制限条項の規制によって後者の消費者に生じうる副作用も考える必要があるだろう（消契法8条1項からは故意や重過失がない場合の一部免除は有効であることになるが，これは，こうした副作用への配慮と考えられるかもしれない）。また，8条2項は代替的な救済手段があれば損害賠償責任の免除条項も有効とするが，売主が自分の製品が高品質であることを示すための柔軟な方法を認めているものとして理解する可能性もあるだろう。

2　解除権放棄条項

消費者に，事業者の債務不履行に基づく解除権を放棄させる条項や，その解除権の有無を決定する権限を事業者に与える条項は無効となる（消契8条の2)。このような解除権を消費者から奪うと，消費者は事業者の債務不履行があっても契約から離脱することができなくなるからである。なお，規制対象となっているのは事業者の債務不履行に基づく解除権であって，債務不履行にかかわらず認められる解除権（例えば民法651条1項）は対象となっていない。

3　制限行為能力を理由とする解除権付与条項

例えば建物賃貸借契約の契約書中に，「賃借人が後見開始，保佐開始または補助開始の審判を受けたときは，賃貸人は直ちに契約を解除することができる」という条項が置かれていれば，賃借人が実際にこれらの制限行為能力者となると立ち退かなければならないのだろうか（このような条項の効力が問題となった事案として，大阪高判平成25年10月17日法ニュース98号283頁［消費者法百選46事件]）。消契法8条の3は，後見開始，保佐開始または補助開始の審判を受けたことのみを理由して事業者に解除権を与える条項を無効としている。2016年に制定された「成年後見制度の利用の促進に関する法律」はノーマライゼーションを基本理念として，成年被後見人等であることを理由に不当に差別されることのないよう，成年被後見人等の権利を制限する制度を検討することを基本方針のひとつとしており（11条2号），消契法8条の3はこの理念と合致する。

もっとも，無効となるのはこれらの審判を受けたことのみをもって解除権を与える条項であり，審判の開始をきっかけとして事実を確認した結果，合理的な理由がある場合に解除を認める条項の効力は否定されていない。また，準委任契約においては受任者が後見開始の審判を受けたことが契約の終了事由となるのが民法上の原則であることから（民653条3号），消費者が事業者に対して物品等を提供することを内容とする契約の場合には，消費者が後見開始の審判を受けた際に事業者に解除権を認めても不当性が強いとは言えないため，解除権付与条項規制が例外的に及ばないこととされている（消契8条の3かっこ書）。

4 損害賠償額の予定・違約金条項

CASE 8-4

Aは B 大学の入試に合格し，大学の指示通りに入学金 26 万円，授業料等 42 万円（半期分），諸会費 1 万円（以下，あわせて「学納金」とする）を納付して入学手続を行った。しかし，Aは別の大学に入学することにしたため，B 大学に電話をして入学を辞退する旨を伝えた。A が学納金の返還を B 大学に請求しようとしたところ，入試要項に「いったん納付された学納金はいかなる事情があっても返還しません。」と記載されていた。

（参考事例）最判平成 18 年 11 月 27 日民集 60 巻 9 号 3437 頁［消費者法百選 44 事件］

（参照条文）消契法 9 条 1 項 1 号

CASE 8-4は，消契法施行後の比較的初期の段階に同法が適用された事案のうち最も有名な事案のひとつをもとにしたものである。当時は，学生が入学を辞退しても学納金を一切返還しないという規定を置いている大学が多く存在していた。しかし，大学に入学せず授業を受けていないにもかかわらず，入学金や授業料を支払わなければならないのだろうか。学生は入試要項を見て存学契約をしている以上，不返還特約は有効なはずであるというのが私的自治からの帰結かもしれないが，学生側にとっては大きな負担となる。このような場面で機能しうるのが消契法９条の損害賠償額の予定や違約金条項に関する規制である。

(1) 損害賠償額の予定や違約金を定める条項

まず，損害賠償額の予定や違約金条項とは何かについて確認しておく。消費者の債務不履行等により事業者が損害を被った場合には，事業者は損害賠償を求めることができる。もっとも，事業者が損害賠償を請求しようとすれば実際に生じた損害額を証明しなければならないため，そうした証明の困難を回避するために**損害賠償額の予定**条項を置くことがあり，民法もこれを認めている（民 420 条１項）。違約金は損害賠償額の予定と推定されるが（同条３項），損害賠償とは別に債務不履行に対する制裁としての趣旨を持つこともある（以下，損害賠償額の予定と違約金をあわせて「損害賠償額の予定等」という）。こうした損害賠償額の予定等の条項は私的自治の原則からして有効であるが，特に額が大きくなると消費者に過大な不利益を与えるものとなりうるため，消契法９条１項がこれを規制している。

消契法９条１項の適用対象となるためには，問題となっている条項が損害賠償額の予定等を定める条項でなければならない。CASE **8-4** では入学金，授業料，諸会費の不返還特約が問題となっているが，これらは損害賠償額の予定等を定める条項だろうか。参考事例の判例では，授業料等と諸会費の不返還特約は損害賠償額の予定等の定めと言えるが，入学金は大学に入学しうる地位の対価であるからその不返還特約は損害賠償額の予定等の定めとは言えないとされた。したがって，入学金の不返還特約は９条１項の対象とはならない。

一方，損害賠償額の予定等を定めた条項とされた授業料等，諸会費の不返還特約は，９条１項の問題となる。そこで条文を見ると，解除に伴う損害賠償額の予定等（１号）と金銭債務不履行の際の損害賠償額の予定等（２号）の２種類が規制されている。

(2) 解除に伴う損害賠償額の予定等の規制

９条１項１号は，消費者契約の解除に伴う損害賠償額の予定等を定める条項については，当該条項において設定された解除の事由，時期等の区分に応じて同種の消費者契約の解除により生じる平均的損害を超えるものは，その超える部分に限り無効であるとする。ここで問題となるのは，**平均的損害**とは何かということである。

この点については二つの考え方がある。一つは，損害賠償額の予定等の条項の規制の趣旨は事業者が実損害以上の賠償を得ることを認めない点にあるという立場から，消契法はその実損害の計算方法として平均的損害という基準を採用しているとする考え方である。この考え方によれば，平均的損害は損害賠償の範囲を定める民法416条を前提とするものであり，契約が解除されていなければ事業者が得たはずの利益も含まれうることになる。

もう一つの考え方は，平均的損害は基本的には事業者を原状に回復させるために必要なものに限られるとするものである。このような考え方によれば，平均的損害として損害賠償額の予定等が認められるのは，事業者が契約を締結，履行するために要した費用に限られる。この立場は，9条1項1号の趣旨は賠償額を制限することによって，熟慮を欠いて契約をしてしまった消費者が契約から離脱しやすい環境を整えることにある，と考える。つまり，消費者は事業者を原状に戻すのに必要な賠償さえすれば契約を解除できるようにするのが9条1項1号であるとする。

CASE 8-4 の参考事例では，最高裁は解除をした時点に応じて平均的損害額が異なるとした。具体的には，学生が入学することが客観的に高い蓋然性をもって予測される時点よりも前に解除をすれば大学には平均的損害は発生しないが，それ以後に解除をすると大学には平均的損害が生じ，授業料等や諸会費はその平均的損害額を超えないから不返還特約は有効であるとした。一般入学試験については入学に高い蓋然性が予測される時点は4月1日とされたので，原則としてそれ以後に解除をすると授業料等や諸会費は返還されないこととなった。

もう一つ平均的損害に関して問題となるのは，立証の難しさである。この判決において最高裁は，学校にどの程度の平均的損害が生じるかは，基本的には学生の側が主張立証責任を負うとした。しかし，事業者に生じる損害を消費者が立証することはしばしば困難である。そこで，事業者が損害賠償等を請求する際に消費者から求められた場合には，事業者は額の算定根拠の概要を説明すべきものとされているが，これは努力義務にとどまる（消契9条2項）。適格消費者団体も事業者に対して算定根拠の説明を求めることができ，事業者はこれに応じる努力義務を負う（同 12 条の 4）。

解除に伴う損害賠償額の予定等の規制のほかに，金銭債務不履行の際の損害賠償額の予定等についても上限を支払残高の年 14.6％とする旨の規制がなされている（同 9 条 1 項 2 号）。

5　消費者の利益を一方的に害する条項

(1)　消契法 10 条の判断枠組み

CASE 8-5

Aは，賃料月 96,000 円でBからマンションの一室を借りる旨の契約を締結した。契約締結の際にAは敷金 40 万円をBに支払ったが，敷金に関しては次のような敷引特約が契約書に記載されていた。「賃借人Aが本件建物を明け渡した場合には，賃貸人Bは 21 万円を敷金から控除して賃借人Aに返還する」。1 年 8 か月ほどたった頃に，Aは引っ越しのために契約を終了して建物を明け渡し，敷金 40 万円から 21 万円を差し引いた 19 万円が返還された。

（参考事例）最判平成 23 年 3 月 24 日民集 65 巻 2 号 903 頁［消費者法百選 47 ①事件］

（参照条文）消契法 10 条

ここまでは消契法 8 条から 9 条に規定されている不当条項のリストを見てきたが，それらの条項に当てはまらない場合であっても消費者に不当な不利益を課す契約条項は様々なものがありうる。そのような不当条項をカバーするために一般的な不当条項規制として消契法 10 条が置かれている。

10 条は大きく二つの要件からなる。一つは，「法令中の公の秩序に関しない規定の適用による場合に比して消費者の権利を制限し又は消費者の義務を加重する」ものであるという**前段要件**（**第一要件**ともいう）であり，もう一つは，「民法第 1 条第 2 項に規定する基本原則〔信義則〕に反して消費者の利益を一方的に害するもの」であるという**後段要件**（**第二要件**ともいう）である。これらの両方の要件を満たす契約条項は無効となる。

(a)　前段要件（第一要件）

前段要件中の「公の秩序に関しない規定」とは民法 91 条にも規定されているものであり，**任意規定**を指す（⇒ **22**）。任意規定はいわば契約内容のデフォルトであり，前段要件はデフォルトよりも消費者に不利益となるような条項であることを要件としているのである。このような要件が設けられている趣旨をどう考えるかについてはいくつか方向性がありうる。そもそもこの要件が設けられたのは，どのような条項が不当条項になるかについての要件を明確化するためであるとされている。他方でひとつの有力な考え方は，そもそも任意規定がデフォルトとして定められているのは，一般的にはその内容が当事者間の正当な利益調整であるという理由によるのであるから，それよりも消費者に不利な内容に変更するのであれば一定の合理性を要する，という発想でこの要件を理解する。

なお，「法令中」という条文の文言によれば前段要件の基準となるのは明文上の任意規定に限られるように読めるが，判例法や契約法上の法理など不文のものも含まれると解されており，判例もそのように解している（最判平成23年7月15日民集65巻5号2269頁［消費者法百選47②事件］）。条文冒頭には，前段要件に該当する条項の例として「消費者の不作為をもって……契約申込み又はその承諾の意思表示をしたものとみなす条項」が示されている。このような条項は，“当事者の意思表示がなければ契約は成立しない”という明文にない法理と比べて消費者に不利益となるものであり，この条文は前段要件の基準となるものが明文の規定に限られないことを示しているのである。

CASE 8-5 で問題となっている敷引特約について，参考事例の判例は通常損耗の補修費用を賃借人に負担させる趣旨を含むものであるとしている。賃貸借契約においては通常損耗は賃貸人が負担するのがデフォルトであるから（民621条かっこ書），敷引特約はデフォルトよりも消費者に不利益といえ，前段要件を満たす。

(b) 後段要件（第二要件）

後段要件は，信義則に反して消費者の利益を一方的に害するものであることである。問題となっている条項がこの要件を満たすかどうかは，消契法の趣旨および目的に照らし，当該条項の性質，契約が成立するに至った経緯，消費者と事業者との間に存する情報の質および量ならびに交渉力の格差その他の諸般の事情を総合考慮して判断される（前掲最判平成23年7月15日）。CASE 8-5 の参考事例の判決では，想定される補修費用の額や賃料額等に照らして敷引金の額が高額に過ぎる場合には特段の事情のない限り後段要件を満たし無効となる，という基準が示された上で，具体的事案の解決としては本件敷引特約は有効とされた。

他に問題となった事例として，建物賃貸借契約中の更新料条項について判例は，それが一義的かつ具体的に記載されていれば，高額に過ぎるなどの特段の事情がない限り有効であるとしている（前掲最判平成23年7月15日）。また生命保険契約に関して，保険料の支払いがない場合に当然に契約が失効する旨の条項の効力が問題となった事案では，条項の内容のみで判断するのではなく，失効前に保険会社が督促を行っていたという運用が認められるならば有効であるとしており，後段要件の判断においては実務上の運用も考慮されることを示している（最判平成24年3月16日民集66巻5号2216頁［消費者法百選48事件］）。

(2) 差止請求と10条該当性

CASE 8-6

Aは賃料保証事業を営む会社である。Aは，賃貸人Bと賃借人Cとの間で締結された建物賃貸借契約について，BとCとの間で，CがAに対して賃料債務の連帯保証を委託し，AがBに対して当該賃料債務を保証するという内容の契約を締結した。そして，この契約には次のような条項が含まれていた。

①賃借人が賃料等の支払いを3か月以上怠った場合には，Aが無催告で賃貸借契約を解除することができる。

②賃借人が賃料等の支払いを2か月以上怠り，合理的な手段を尽くしても賃借人と連絡が取れず，建物を相当期間利用していないものと認められ，建物を再び使用しない賃借人の意思が客観的に認められるときには，賃借人が異議を述べない限り，Aは建物の明渡しがあったものとみなすことができる。

適格消費者団体であるDが，上記条項を含む契約の意思表示の差止め，上記条項が記載された契約書用紙の破棄等を求めて訴えを提起した。

（参考事例）　最判令和4年12月12日民集76巻7号1696頁

（参照条文）　消契法10条・12条3項

このケースでは，契約内の条項が10条の規定する条項に該当するとして，適格消費者団体が差止めを請求している（差止請求制度については⇒**10**章**2** **2** **(3)** **(a)**〔160頁〕を参照）。このような場合に10条該当性を判断する際には，特別な注意が必要となる。

ある契約条項の不当性が問題となっている場面で，その文言のみからは必ずしも内容を確定することができない場合には，契約条項の内容を解釈によって確定する必要がある。このとき，消費者利益の保護という観点からは，当該条項の適用を限定する形で解釈することが考えられる。実際に，CASE 8-6 の参考事例の原審は，条項①によりＡが契約を解除することができる場面を限定して解釈した。しかし，もしそのような限定解釈をすれば，当該条項は消費者にとってそれほど不利ではない条項ということになってしまい，よって10条の規定する条項には該当せず，差止めが認められないということになりかねない（原審では差止請求が棄却された）。そうすると，未然に紛争を防止することによって消費者利益を守るという差止請求制度の目的を損なうことになってしまう。そこで，最高裁は契約条項を限定解釈すべきでないとして，①②条項のいずれについても差止めを認めた。このように，契約条項の10条該当性が差止請求において問題になる場面では，限定解釈について特別な注意が必要である。

CHECK

① 不当条項の効力を否定する民法上の制度にはどのようなものがあるか確認しよう。

② あなたが利用したことのあるインターネット・ショッピングサイトの利用規約が，定型約款として契約内容となるかどうかを考えてみよう。

③ 消契法上，どのような種類の条項が無効とされるか。それぞれの種類の不当条項について具体例も考えてみよう。

読書案内 Bookguide

森田宏樹「消費者契約の解除に伴う『平均的な損害』の意義について」潮見佳男ほか編『特別法と民法法理』（有斐閣，2006年）93～142頁

山本敬三『契約法の現代化Ⅰ』（商事法務，2016年）第5章，第7章

森田修『「債権法改正」の文脈』（有斐閣，2020年）第3章

逐条解説消契法 153～223頁〔ウェブ版 123～199頁〕

後藤巻則ほか『条解消費者三法〔第2版〕』（弘文堂，2021年）109～163頁［後藤巻則執筆］

CHAPTER

第9章

消費者による権利の行使

1 事業者による債務不履行の場合の消費者の権利

契約がある場合，当事者はこれに拘束される。そして，それぞれが負担する債務を履行する義務を負う。当事者が契約に従ってその債務を履行しない場合，相手方は，いくつかの権利を行使できる。これらの権利は，次の三つのカテゴリーに大別できる。それは，①**契約履行の請求**，②**契約の拘束力の否定**，③**損害賠償の請求**，である。このことは，事業者と消費者との間の契約（消費者契約）についても同様であるが，消費者契約の場合には，消費者を保護するための制度が追加的に設けられていることが多い。

2 契約履行の請求

当事者の一方（債務者）が契約上のその債務を履行しない場合，相手方当事者（債権者）は，その履行を請求できる。そして，債務者が任意に債務を履行しない場合，債権者は，該当する手続に従い，履行の強制を裁判所に請求できる。この場合の履行の強制の主な方法としては，**直接強制**，**代替執行**，および**間接強制**がある（民414条1項）。

直接強制では，執行機関の権力（国家権力）により，債務者の意思とは無関係に債務の内容が直接的に実現される。例えば，履行強制される債務の内容が金銭の支払いであれば，債務者の財産を差し押さえた上で競売《けいばい》を通じて金銭に変え，そこから債権者が自己の債権に相当する分を受け取ることができる。**代替執行**では，債権者は，債務者の費用において，債務者以外の者に代替的な作為をさせることで，債務の内容を実現させる。例えば，債務者が不動産の修理に応じないときに，債権者が，債務者の費用において他の者に修理をさせるような場合である。最後に，**間接強制**では，債務者が一定の期間内に履行をしない場合について，その債務とは別に債務者に金銭支払義務等の不利益を課すことで自発的な履行が促される。例えば，事業者が不当な契約条項を使用しているときに，適格消費者団体がその差止めを求めるとともに（⇒第 **10** 章 2**2**(3)(a)〔160 頁〕），将来その条項を使用しないという不作為債務に違反したら，各違反行為について一定の金額の支払いを命じるよう裁判所に請求する場合である。

債務の履行が不能である場合には，債権者は履行を請求することができない。債務の履行が不能であるかどうかは，契約その他の債務の発生原因および取引上の社会通念に照らして判断される（民 412 条の 2 第 1 項）。

3 契約の拘束力の否定

債務者がその債務を履行しない場合，債権者は，履行を強制できるものの，債務者に対する信頼を喪失したことなどを理由としてもはや契約関係の継続を望まないときもある。そのようなときには，債権者は，契約の拘束力を否定することで，そこから解放されることができる。契約の拘束力を否定するための主な方法は，**無効**，**取消し**および**解除**である。

1 無　効

(1) 契約が無効となる場合

無効とは，契約が有効に成立していない状態をいう。例えば，民法では，公序良俗違反の契約（民 90 条），強行規定とは異なる内容の契約（同 91 条），心裡《しんり》留保による意思表示（同 93 条ただし書。ただし，例外的である）等が無効となる。無効な契約は初めから有効に成立していないのだが，債権者がその契約に基づいた債務の履行を請求している場合，債務者は，無効を主張して契約の拘束力を否定する形で対応することになる。公序良俗違反の類型として消費者紛争でよく用いられるのは，暴利行為である（⇒**Column ⓬**〔118 頁〕，第**8**章**21**〔123 頁〕）。不当寄附勧誘防止法3条の定める，寄附の不当勧誘を防止するための法人等の配慮義務への違反行為があった場合も，これを理由とした公序良俗違反による無効の主張が可能となる（⇒**Column ❿**〔96 頁〕）。また，消費者契約との関係で特に重要となる強行規定としては，利息制限法や借地借家法におけるものが挙げられる。

特別法では，消費者契約法（消契法）に，消費者契約における無効に関する特別の規定が置かれている。まず，事業者の免責等に関するものとして，事業者の損害賠償の責任を免除する条項等の無効（消契8条），消費者の解除権を放棄させる条項等の無効（同8条の2），消費者の後見開始の審判等による解除権を事業者に付与する条項の無効（同8条の3）が定められている。次に，事業者が定める違約金に関するものとして，消費者が支払う損害賠償の額を予定する条項等の無効（同9条）がある。さらに，上記以外の場合についてより包括的な無効を定める受け皿規定として，消費者の利益を一方的に害する条項の無効（同10条）に関する規定が置かれている。このように，関連する民法の規定では無効となりにくい状況について，消費者を保護するべく，消費者契約に関する特別の規律が設けられているのである（⇒第**8**章**3**〔128 頁〕）。

(2) 無効という効果

無効な契約は，初めから成立していなかったことになる。そして，当事者の追認によってもその効力を生じないが，当事者がその無効を知って追認したときは，新たな契約を締結したものとみなされる（民119条）。当事者が，無効な契約に基づいて支払いや物の引渡しを行っている場合がある。そのような場合には，当事者は，本来であれば給付をする義務がない以上，互いを元の状態に回復させる義務を負う（**原状回復義務**。同121条の2第1項）。無効な無償行為（贈与など）に基づく債務の履行として給付を受けた者は，給付を受けた当時その行為が無効であることを知らなかったときは，その行為によって現に利益を受けている限度（現存利益）において返還の義務を負う（同条2項）。意思能力を有しない者や未成年者等の制限行為能力者は，いかなる場合においても，現存利益についてのみ返還の義務を負う（同条3項）（⇒**Column ⓮**〔150頁〕）。

無効という効果は，基本的に，契約の全部に及ぶ。そのため，契約は，全体として効力を有しなかったことになる。例外として，契約の一部のみが無効なものとして取り扱われる場合がある。例えば，利息制限法1条では，同規定所定の利息の上限を超過する部分のみが無効となる。また，消契法9条でも，消費者が支払う損害賠償の額を定める契約条項のうち，平均的な損害の額を超える部分のみが無効とされる。なお，このような明文規定がない場合において，一部無効を認めることで契約を修正することが可能なのかについては，争いがある。

2 取消し

(1) 契約の取消しができる場合

取消しとは，契約が有効に成立したものの，その締結過程に問題があることを理由として，その効力を遡って失わせることをいう。例えば，民法では，錯誤（民95条），詐欺および強迫（同96条）による契約の取消しに関する規定が置かれている。また，特別法にも取消しに関する規定が置かれており，民法よりも広範囲で取消権の行使が認められている。例えば，誤認や困惑による契約に関する取消権（消契4条1項～3項），過量契約取消権（同条4項）（⇒第**7**章）や，不実告知等の不当な勧誘のあった訪問販売（特商9条の3），電話勧誘販売（同24条の3），連鎖販売取引（同40条の3），特定継続的役務提供（同49条の2），業務提供誘引販売取引（同58条の2）における取消権がそうである（⇒第**3**編）。

前記のうち，過量契約取消権は，事業者が消費者契約の締結について勧誘をするに際し，物品，権利，役務（サービス）その他の消費者契約の目的となるものの分量，回数や期間が消費者にとっての通常の分量等を著しく超えることを知っていた場合において，消費者がその勧誘により消費者契約の申込みや承諾の意思表示をしたときは，これを取り消すことができるとするものである（⇒第**7**章④〔116頁〕）。

民法では，取消権は，追認ができる時から5年間行使しなければ時効によって消滅する。また，行為の時から20年を経過したときも同様である（民126条）。ここでいう追認ができる時とは，取消しの原因となっていた状況が消滅し，かつ，取消権を有することを知った時のことである（同124条）。

特別法には，取消権について民法とは異なる行使期間を設ける規定が存在する。例えば，消契法では追認できる時から1年間（契約締結の時から5年間。消契7条1項）となっている。事業者の行う取引については，迅速な処理が必要となり，取引の安全や法律関係の早期安定の確保が求められるためである。

⑵　取消しの効果

民法によると，取り消された行為は，初めから無効であったものとみなされる（遡及的無効。民121条）。そして，無効な行為に基づく債務の履行として給付を受けた者は，**原状回復義務**を負う（同121条の2第1項）。原状回復義務の詳細は，無効の効果について説明した内容と同じである。

消契法には，取消しの効果に関する，消費者に有利な特則が置かれている。これによると，消費者契約に基づく債務の履行として給付を受けた消費者は，誤認，困惑または過量契約（消契4条1項～4項）の規定によりその契約の申込みまたは承諾の意思表示を取り消した場合において，給付を受けた当時その意思表示が取り消せるものであることを知らなかったときは，現存利益についてのみ返還の義務を負う（同6条の2）（⇒Column ⑭〔150頁〕）。

3　解　除

解除とは，有効に成立した契約を初めからなかったことにさせる制度をいう。解除権は，契約の定め（約定解除権）または法律の規定（法定解除権）によって付与される（民540条1項）。法定解除権の例としては，債務不履行解除権（同541条以下）が挙げられる。なお，契約の当事者は，前記のような一方的な解除のほか，その話し合いによって契約をなかったことにできる（合意解除）。

⑴　民法上の解除権

民法によると，解除は相手方に対する意思表示によってし（民540条1項），その意思表示は撤回できない（同条2項）。解除権が行使された場合，各当事者は，原状回復義務を負う（同545条1項）。原状回復義務の内容として金銭を返還するときは，受領時からの利息を（同条2項），金銭以外の物を返還するときは受領時以降に生じた果実も（同条3項）それぞれ返還しなければならない。

最判昭和62年10月8日民集41巻7号1445頁によると，解除権は，債権に準じて，権利行使ができることを知った時から5年または権利行使ができる時から10年で時効によって消滅する（同166条1項）。

民法には，解除権の放棄に関する規定はなく，解除権を放棄させる契約条項等の効力は，民法の一般条項に従って判断されることになる。これに対し，消契法には関連規定があり，事業者の債務不履行により生じた消費者の解除権を放棄させ，または事業者にその解除権の有無を決定する権限を付与する消費者契約の条項は，無効となる（8条の2）（⇒第**8**章 3**2**〔131頁〕）。

(2) クーリング・オフ

CASE 9-1

Ｂの従業員がＡの自宅を訪問して勧誘したところ，ＡとＢの間で，ＢがＡ宅の床下修繕と害虫駆除の工事を行い，Ａが代金62万円を支払う請負契約が締結された。その後，Ａは，工事代金が一般よりも高額であることに気づき，Ｂとの契約を解消したいと思うようになった。

（参考事例）神戸簡判平成17年2月16日法ニュース67号203頁［消費者法百選50②事件］

（参照条文）特商法９条

クーリング・オフは，有効に成立した契約について，一定の期間内に，無条件でその申込みを撤回したり，契約を解除したりできる制度である。法令では「クーリング・オフ」という用語は使われておらず，例えば「特定商取引に関する法律」（特商法）では「契約の申込みの撤回」と「契約の解除」（併せて「申込みの撤回等」）という表現が使われている。クーリング・オフの意義は，無条件での契約の解消を認めることにある。さらに，クーリング・オフについて，その権利を消費者に放棄させ，またはそもそもクーリング・オフを認めないとの合意が消費者と事業者との間で行われた場合であっても，そのような合意は無効となる（例えば，特商9条8項）。このように，クーリング・オフに関する規定は，強行規定なのである。クーリング・オフに関する規定は，特商法，割《かっ》賦《ぷ》販売法（割販法），宅地建物取引業法（宅建業法），金融商品取引法（金商法），保険業法，老人福祉法など，様々な法令に置かれている。いくつか主なものを表にまとめると，次のようになる。

対象となる取引	期　間	根拠条文
訪問販売	8日間	特商法9条
電話勧誘販売	8日間	特商法24条
連鎖販売取引	20日間	特商法40条
特定継続的役務提供	8日間	特商法48条
業務提供誘引販売取引	20日間	特商法58条
訪問購入	8日間	特商法58条の14
クレジット契約	8日間または20日間	割販法35条の3の10・35条の3の11
宅地・建物取引	8日間	宅建業法37条の2
投資顧問契約	10日間	金商法37条の6・金商法施行令16条の3
生命・損害保険契約	8日間	保険業法309条

以下では，特商法におけるクーリング・オフについて解説する。

(a) クーリング・オフが認められる取引類型

特商法では，同法が対象とするすべての取引類型についてクーリング・オフが認められているわけではない。表で示したように，クーリング・オフが認められているのは訪問販売，電話勧誘販売，連鎖販売取引，特定継続的役務提供，業務提供誘引販売取引および訪問購入である。これに対し，通信販売についてはクーリング・オフ規定が設けられていない。その理由として一般的に説明されているのは，クーリング・オフが認められている他の取引類型とは異なり，通信販売は，インターネットやテレビ等で広告等を見た消費者が自ら申込みをする取引類型であることから，消費者は十分に検討する機会を与えられており，不意打ち性等の要素が見られないから，ということである。なお，連鎖販売取引と業務提供誘引販売取引の場合には，不意打ち性のほかにも消費者が被害に遭っていることに気づきにくいこともクーリング・オフを認める根拠として挙げられる。このことが，他の取引類型よりも長いクーリング・オフの行使期間を導いている（連鎖販売取引につき⇒第**13**章**2**3(**1**)〔214頁〕）。

(b) 行使方法

クーリング・オフは，特商法では，「**書面又は電磁的記録**」により行使することが求められている（例えば，特商9条）。行使後に，クーリング・オフの行使の有無について争いになった場合（書面の不着等）に備えて，行使の事実とその内容のいずれについても証拠が確保できる内容証明郵便等による書面の送付が望ましい。裁判例では，口頭でのクーリング・オフについても，これが行われたことが証明されれば，その効力が肯定されている（福岡高判平成6年8月31日判時1530号64頁［消費者法百選50①事件］）。書面による行使の場合と同様に，行使されたことに関する証拠を確保する必要がある。

(c) **行使期間**

クーリング・オフについては，行使するために特定の理由が存在することを要しない反面，短期間内での行使が求められる。特商法では，訪問販売，電話勧誘販売，特定継続的役務提供，訪問購入については**8日間**以内にクーリング・オフを行わなければならない。また，連鎖販売取引と業務提供誘引販売取引については，前述したように消費者が被害に気づきにくいことなどを理由として，**20日間**というより長い期間が設けられている。この期間は，それぞれ，法令で定められている事項が記載された，契約に関する書面（書面および消費者による承諾があった場合の電磁的方法による提供のいずれも含む。以下同じ。なお，電磁的方法による提供については，消費者庁取引対策課「契約書面等に記載すべき事項の電磁的方法による提供に係るガイドライン」[1]が消費者庁によって公表されている⇒第**12**章**24**(**2**)〔197頁〕）を受けとった日から進行する。例えば，訪問販売の場合，販売価格，代金の支払時期や方法，商品の引渡時期，クーリング・オフに関する事項，事業者の氏名，住所や電話番号等の事項を記載した書面（特商4条・5条）が消費者に交付された日から，クーリング・オフの期間が進行する。また，民法では期間の初日を算入しないこととされている（初日不算入の原則。民140条）のに対し，クーリング・オフの行使期間については，契約関連書類が受領された日も算入される。

クーリング・オフの行使期間の開始が**契約書面の交付**と結び付けられているため，契約書面が交付されず，または交付された契約書面に不備がある場合には，クーリング・オフの期間が開始せず，後日適切に書面交付がされた場合には，その日から期間が開始することになる。ここでいう契約書面の不備には，

notes

[1] https://www.caa.go.jp/notice/assets/consumer_transaction_cms101_230421_03.pdf（2024年9月1日閲覧）

クーリング・オフの要件と行使方法に関する法定の要件を満たす具体的な記載を欠く場合のほか，クーリング・オフとは無関係な記載を欠く場合も含まれる。このように，書面要件は，厳格に捉えられているのである。

事業者が，消費者に対して，クーリング・オフについて不実のことを告げて誤認させたり，威迫して困惑させたりすることによって，クーリング・オフの行使を妨害した場合も，前記と同様に扱われる。この場合においても，クーリング・オフの期間は，後日適切に書面交付がされた日から開始する（例えば，特商9条1項ただし書かっこ書）。

(d) 適用除外

いくつか例外的な場合については，**クーリング・オフが認められない**。例えば，訪問販売または電話勧誘販売については，その使用または一部の消費により価額が著しく減少するおそれがある商品として政令で定められているものを消費者が使用しまたは一部を消費したときには，クーリング・オフができなくなる。具体例として，購入した化粧品を開封して使用した場合には，その化粧品についてはクーリング・オフができない。使用されたかどうかは，通常小売されている最小の単位を基準に判断される。例えば，1本ずつ小売りされている栄養ドリンクを複数購入し，そのうちの1本を消費した場合には，残りのものについては引き続きクーリング・オフすることが可能である。事業者が消費者に商品を使用させ，またはその全部もしくは一部を消費させた場合には，消費者は引き続きクーリング・オフができる（特商26条5項1号）。事業者が消費者に交付した書面に使用や消費をした場合にはクーリング・オフができないことが記載されていない場合（同4条1項5号）にも，同様である。

相当の期間品質を保持することが難しく，品質の低下により価額が著しく減少するおそれがある商品として政令で定められているものについても，クーリング・オフができない（同26条5項2号）。例えば，生鮮食料品がこれに該当する。また，代金総額が政令で定められている金額（現在は3,000円）に満たないときも，クーリング・オフができない（同項3号，特商法施行令17条）。

(e) 効　果

民法によると，意思表示は，その通知が相手方に到達した時から効力を生じる（到達主義。民97条1項）。クーリング・オフも意思表示であるが，この規定は適用されず，例外として，クーリング・オフに関する書面を発した時に効力を生じる旨を定める特別規定が置かれている（発信主義。例えば，特商９条２項）。

クーリング・オフがされると，契約がないことになるため，当事者は，互いに**原状回復義務**を負う。つまり，事業者は消費者から受領した金銭等を返還し，消費者は事業者から受領した商品等を返還しなければならないのである。その際，事業者は，消費者に対して，損害賠償や違約金の支払いを請求できない（例えば，同条３項）。また，商品の返還に要する費用は，事業者の負担となる（例えば，同条４項）。さらに，消費者は，商品の引渡しあるいは役務の提供がすでにされている場合であっても，それによって得た利益に相当する金銭や役務提供の対価などの金銭を支払う必要がない（同条５項）。そして，役務の提供がされていて，それによって消費者の土地や建物等の原状が変更されているときは，事業者はその原状回復に必要な措置を無償で講じなければならない（例えば，同条７項）。具体例を挙げると，自宅の外壁の塗装工事についてクーリング・オフをした場合，消費者はすでに行われている塗装工事の工事代金や塗料代金を支払う必要はなく，工事のために設置された足場材料の撤去も事業者が無償で行わなければならない。

CASE 9-1 のＡは，訪問販売によってＢと締結した契約について，契約書面を受領した時から８日以内にクーリング・オフをしてこれを解消し，支払済みの代金の返還を請求できる（⇒ Column ⓮〔150 頁〕も参照）。

(3) 中途解約権

有効に成立した契約の効力を事後的に失わせることを認める他の制度として，**中途解約権**がある。特商法には，連鎖販売取引と特定継続的役務提供について中途解約権が設けられている。いずれも，将来に向けて契約の効力を失わせるものである。これらの取引類型について中途解約権が設けられている理由は，契約期間が長期にわたり，その間に消費者に事情の変化が生じたり，取引実態をより正確に把握することが可能となったりして，もはや役務提供を望まない事態が生じうることなどにある。

連鎖販売取引の場合，連鎖販売契約を締結して組織に入会した消費者は，クーリング・オフの期間（20 日間）を経過した後であっても，将来に向けて連鎖販売契約を解除（中途解約）できる（特商 40 条の２第１項）。この中途解約権が行使された場合については，事業者がこれに伴って請求できる損害賠償の範囲を制限する規定も置かれている（同条3項）（⇒第**13**章**2**3(3)〔215頁〕）。また，特定継続的役務提供の場合，同じくクーリング・オフの期間（8日間）を経過した後であっても，消費者は将来に向けて特定継続的役務提供契約を解除できる（同49条1項）。ここでも，解除に伴って事業者が請求できる損害賠償の範囲が制限されている（同条2項）（⇒第**12**章**2**6〔198頁〕）。

(4) 返品権

CASE 9-2

Aは，インターネット・ショッピングでBからブーツを購入して，クレジットカードで決済した。ブーツが届いてから数日後に箱を開けてみたところ，イメージしていたのと違うものが入っていることに気付いた。Aは，契約を解除してブーツを返還し，返金を受けたい。

（参照条文）特商法15条の3

前述したように，通信販売については，主に不意打ち性がないことなどを理由として，クーリング・オフが認められていない。他方で，通信での取引であることから，商品の実物を確認しにくいなど，対面での取引よりも広く返品を認めることを正当化する事情が存在し，実際に，関連するトラブルも多く見られる。そこで，通信販売については，いわゆる「**返品権**」が設けられている（特商15条の3）（⇒第**11**章**2**2〔176頁〕）。これによると，消費者は，原則として，商品・権利の引渡しを受けた日から8日間，売買契約の申込みの撤回または売買契約を解除できる。一見すると，前記のクーリング・オフと同じ内容の権利にも見える。しかし，同規定に定められているように，事業者がこれに関する特約を広告に表示している場合には，その表示が優先される。つまり，返品権がない旨，あるいは返品権が8日間よりも短い期間しか存在しない旨を表示すれば，これが適用されるのである。このように，返品権は，クーリング・オフとは異なり，これを除外あるいは制限することが可能であり，これに関する規定は強行規定ではない。また，クーリング・オフの場合とは異なり，返品のための費用は消費者が負担する（同条2項）。さらに，返品権の行使期間は，書面の交付時からとするクーリング・オフとは異なり，商品の引渡時から起算される（同条1項）。

CASE **9-2** のＡは，通信販売でブーツを購入しているためクーリング・オフはできないが，Ｂが表示している条件次第では，返品権を行使して返金を受けられる。通信販売では，契約締結前に，表示されている条件を詳細に確認することが一層重要となることが分かる。

(5) 過量販売解除権

消費者が通常必要とされる量を著しく超える商品を購入する契約を結んだ場合について，契約の申込みの撤回または契約の解除を可能とするのが，**過量販売解除権**である（特商9条の2・24条の2，割販35条の3の12）（⇒第**7**章**4**-**2**〔117頁〕）。行使期間は，契約締結後1年とされており，行使後の清算は，原則としてクーリング・オフの場合と同じである。

Column ⓮ 使用利益の返還，原状回復義務と消費者

契約が解除された場合，当事者は原状回復義務を負う（民545条1項）。この原状回復義務には，相手方から受け取った物を解除までの間に使用していた場合のいわゆる「使用利益」の返還も含まれる。ここでいう使用利益とは，物を使った当事者からみれば，その物の使用によって，他の物を購入したり使用したりする支出を免れたことで得た利益である。また，物の返還を受ける当事者からみれば，物が使われたことで古くなって下がった分の価値となる。契約が無効である場合や取り消された場合においても，当事者は同様に原状回復義務を負う（同121条の2第1項）。

通常であれば，民法のこの考え方は消費者契約にも適用され，消費者は，契約の解除，無効や取消しの場合には，事業者に対して前記のような原状回復義務を負うことになる。しかし，特別法では，消費者保護の観点から，例外として，消費者の義務が軽減されている。例えば，特商法では，クーリング・オフをした場合，消費者は使用利益の返還義務を負わないとされている（例えば，特商9条5項）。

消契法では，同法に基づく取消権を行使した場合，消費者は，原則として，現存利益の返還義務しか負わないと定められている（消契6条の2）。ここでいう「現存利益の返還」は，「原状回復」とどのように違うのだろうか。例えばダイエット・サプリを5箱購入してそのうちの2箱を消費した場合，ダイエット・サプリは日常的に消費するものではなく，これを消費したことによって他の食費の支出を免れたわけではないことを前提とすれば，「現存利益の返還」

の場合には，消費した2箱分の価値を返還しなくてもよいことになる。しかし，「原状回復」であれば，その価値も返還しなければならない。なお，使用利益は現存利益に含まれるため，その返還は（前記の特商法における例外のような場合を除き）現存利益の返還と原状回復のいずれにも必要となる。

4 損害賠償の請求

1 契約責任

事業者との間の契約によって損害を受けた場合，消費者は，契約に基づく**損害賠償請求権**を行使することが考えられる。より具体的には，債務不履行に基づく損害賠償請求権（民415条・417条・419条）および契約不適合責任に基づく損害賠償請求権（同564条）である。また，契約不適合の場合には，**代金減額請求**もできる（同563条）。事業者の債務不履行によって消費者に生じた損害を賠償する責任の全部を免除し，もしくは事業者にその責任の有無を決定する権限を付与する条項（消契8条1項1号），または事業者の債務不履行（事業者の故意もしくは重過失によるもの）によって消費者に生じた損害を賠償する責任の一部を免除し，もしくは事業者にその責任の限度を決定する権限を付与する条項（同項2号）は，無効となる（⇒第**8**章**31**〔128頁〕）。さらに，消費者契約の解除に伴う損害賠償の額を予定し，または違約金を定める条項であって，これらを合算した額が，その条項において設定された解除の事由，時期等の区分に応じ，その消費者契約と同種の消費者契約の解除に伴い当該事業者に生じる平均的な損害の額を超えるものは，その超える部分について無効となる（同9条1項1号）（⇒第**8**章**34**〔132頁〕）。

2 不法行為責任

CASE 9-3

Aは，諸事情により精神的に不安定になり，親族や知人に相談しにくい悩み事を聞いてもらいたかったため，自身に超自然的能力があると称するBの電話占いを利用し，Bの対面交霊コースの面談も受けた。その際，Bは，Aに対し，除霊をしなければ生命，身体や財産に不幸な事態が生じるとして不安や恐怖をあおり，650 万円を支払って除霊するように説得したところ，B を信頼した A は，これを承諾して代金を支払った。

（参考事例）東京地判平成 26 年 3 月 26 日法ニュース 101 号 338 頁［消費者法百選 39 事件］

（参照条文）民法 709 条，消契法 4 条 3 項 8 号

消費者の被害救済においては，不法行為責任も重要な役割を果たしてきている。特に金融商品取引において事業者の情報提供義務や説明義務が適切に履行されない事案では，不法行為責任を認める裁判例の蓄積が救済法理の構築に大きく貢献した。CASE **9-3** のような霊感商法（⇒第 **7** 章 3**3**〔113 頁〕）においても，A による，B に対する不法行為責任の追及が可能である。不法行為理論を用いた解決には，違法性の柔軟な判断や消費者被害の実態に即した責任追及等のメリットがある。例えば，消費者取引における不法行為（いわゆる「取引的不法行為」）では，行為，違法性，損害の有無等の認定において，柔軟な解決を導くことが可能である。具体例を挙げると，事業者による，勧誘を含む一連の複数の行為が最終的な損害を生じさせている場合，これらの違法性について個別に判断するのではなく，全体を一つの行為として評価することが妥当である場合が少なくないが，不法行為の判断枠組みではこれが可能となる。なお，民法上の不法行為責任は加害者の故意または過失を要件とする過失責任であるが（民 709 条），「金融サービスの提供及び利用環境の整備等に関する法律」（金サ法）では，消費者保護の観点から，説明義務違反と断定的判断の提供違反の場合における事業者の損害賠償責任は，無過失責任として構成されている（金サ 6 条）。

不法行為の枠組みでは，被害者にも過失がある場合には，裁判所は，これを考慮して損害賠償の額を定めることができる（過失相殺《そうさい》。民 722 条 2 項）。そのため，消費者被害の場合にも，消費者の過失を考慮してその賠償を減額することが可能となる。しかし，取引的不法行為の場合には，事業者の行為の違法性が消費者のそのような過失を利用することにあるため，これを事業者の責任を減少させる方向で考慮するべきではないとの見解が有力に唱えられている。また，不法行為の場合，これをきっかけとして被害者が得た利益があるときは，

その受けた損害との間で損益相殺が行われるのが一般的であるが，これについても，消費者被害を生じさせる取引的不法行為の場合にそのまま妥当するのかが問題視されている。最判平成 20 年 6 月 10 日民集 62 巻 6 号 1488 頁［消費者法百選 57 事件］は，いわゆるヤミ金融業者が著しく高利の貸付けの形で借主に金員を交付し，借主が貸付金に相当する利益を得た場合に，その利益を損益相殺等の対象として借主の損害額から控除することは，民法 708 条の趣旨に反するものとして許されない（つまり，このような貸付けをしたヤミ金融業者は，元本や利息の返還を求めることができないのはもちろんのこと，損益相殺をすることも認められない）と判断しており，参考になる。

消費者契約における事業者の債務の履行に際してされた事業者の不法行為によって消費者に生じた損害を賠償する責任の全部を免除し，もしくは事業者にその責任の有無を決定する権限を付与する条項（消契 8 条 1 項 3 号），または消費者契約における事業者の債務の履行に際してされた事業者の不法行為（事業者の故意もしくは重過失によるもの）によって消費者に生じた損害を賠償する責任の一部を免除し，もしくは事業者にその責任の限度を決定する権限を付与する条項（同項 4 号）は，無効となる（⇒第 **8** 章 **31**〔128 頁〕）。

CHECK

① 事業者にその債務を履行させたい場合，消費者にはどのような手段があるのか説明してみよう。

② 事業者との契約の拘束力を否定したい場合，消費者にはどのような手段があるのか，また，民法と特別法のそれぞれに定められているそのような手段の特徴の違いは何なのか，述べてみよう。

③ 事業者に対する消費者の損害賠償請求について，消費者保護の観点からどのような工夫が存在するのか，整理してみよう。

読書案内　Bookguide

村千鶴子『消費生活相談員のための消費者 3 法の基礎知識〔第 2 版〕：消費者契約法・特定商取引法・割賦販売法』（中央経済グループパブリッシング，2024 年）

特商法解説〔各関係条文に関する箇所を参照〕
上原敏夫=松本恒雄編著『新しい消費者契約法・消費者裁判手続特例法　解説＋全条文』（三省堂，2023 年）
後藤巻則ほか『条解消費者三法〔第 2 版〕』（弘文堂，2021 年）

CHAPTER

第10章

救　済

1　消費者問題の特徴

事業者と消費者との間で生じるトラブル（消費者問題）には，どのような特徴があるのだろうか。一般的に，次のようなものが指摘されている。

(1)　消費者問題自体の特徴

消費者問題そのものの特徴を見ると，争いの対象が少額のものであることが多い（少額性）。そして，このような少額性も理由となって，被害者以外の人に問題が顕在化しないことも少なからずあり（顕在化のしにくさ），また，訴訟はそれなりの費用を要するのが一般的であるために被害者がこれに臨むのが困難である（訴訟提起へのハードル）。さらに，特に欠陥製品や悪質商法の場合，複数の消費者が同じ問題を抱えることが少なくない（同種大量性）。

(2)　消費者問題の当事者の特徴

消費者問題の当事者（事業者と消費者）の対比の観点から見ると，事業者と消費者との間には様々な格差が存在することが分かる。まず，消費者基本法（消基法）1条および消費者契約法（消契法）1条に明記されているように，事業者と消費者との間には「情報の質及び量並びに交渉力等の格差」がある。情報の格差には，消費者問題が生じた場合の解決手続（訴訟等）に関するものも含まれる。また，交渉力の格差の背景には，それぞれの資金力の差もある。そして，より根本的なものとして，消費者には，消費をしなければ生存することができない「生身の人間」としての弱さがある。この弱さは，消費者の精神および身体のいずれにも見出すことができる。

(3) 消費者紛争の解決における特徴

前述したような消費者問題の特徴および事業者と消費者の特徴による障壁を乗り越えるため，消費者紛争の解決においては，消費者はいくつか特別の制度を活用できる。そのようなものとして，少額訴訟制度，訴訟費用に関する制度，破産制度が挙げられる（後述）。また，同種大量性が認められる消費者被害の場合には，消費者紛争を個別に解決するよりも，集団的に解決した方が消費者の利益に適うことが一般的である。そのために用いられるのが，弁護団等による訴訟の集団化，選定当事者制度，消費者団体訴訟制度である。さらに，生身の人間としての消費者が時として回復しがたい被害を受けることに照らすと，啓蒙活動や消費者教育等を通じた消費者被害の予防や防止が特に重要となる。

2 消費者紛争の裁判上の解決

本節では，消費者紛争に関して，消費者が原告となる場合にこれを支援できる裁判手続上の工夫について，これらを個別型（⇒**1**）および集団型（⇒**2**）に分けて見ていくこととしたい。

1 個別型

(1) 少額訴訟制度

消費者紛争に限定された制度ではないものの，**少額訴訟制度**（民事訴訟法〔民訴〕368条以下）は，消費者紛争の特性に対応するための工夫として効果を発揮できる。これによると，簡易裁判所が管轄する事件のうち，60万円以下の金銭請求事件については，原告の希望に応じて，少額訴訟方式の審判によることができる。少額訴訟手続では，証拠書類や証人はその場ですぐに調べられるものに限られ，審理は原則として１回の期日で終了し，判決が言い渡される。判決に対する不服申立てとしては，上級の裁判所に対する控訴ではなく，判決を言い渡した簡易裁判所に対する異議の申立てのみができる。このように，消費者を含む原告にとって，簡易かつ迅速な手続として設計されているのである。

(2) 訴訟費用に関する制度

前述したように，消費者紛争は少額性および事業者と消費者との間の資金力の格差を特徴とするものであることから，訴訟手続に関する諸費用は，消費者が提訴する際の障壁あるいは訴訟追行における過大な負担となりうる。そこで，訴訟費用について消費者を含む原告を支援する制度がいくつか設けられている。

そのようなものとしては，まず，**訴訟費用の敗訴者負担の原則**（民訴61条）が挙げられる。これによると，訴訟費用（弁護士費用を除く）は，勝訴した当事者の相手方が負担しなければならない。この制度により，消費者は，十分な資金力がない場合でも，原告として訴訟追行をすることが可能となる。ただし，消費者は勝訴するまでの間については一時的に訴訟費用等を負担しなければならず，そのために消費者が事業者に対する提訴をためらう事態が生じうる。

そこで，消費者を含む，資力の乏しい当事者に対して訴訟費用の負担を一時的に猶予する制度として，**訴訟上の救助制度**（同82条以下）がある。資力の乏しい原告は，この制度の下で，そのための申立てが認められれば，勝訴するまでの間についても無償で訴訟追行をすることが可能となり，敗訴した場合のみ最終的に費用を負担する。

前述したように，訴訟費用の敗訴者負担の原則は，弁護士費用には及ばない。そのため，弁護士費用は，勝訴や敗訴にかかわらず，各当事者が負担することになる。この点について一定程度の支援を提供しているのが，**法律扶助による立替制度**（総合法律支援法）である。日本司法支援センター（法テラス）によって，国の費用で運営されている制度であり，資力の乏しい当事者は，審査の上，費用負担の猶予を受けることができる。ただし，あくまでも猶予の制度に過ぎないため，最終的には法テラスへ償還しなければならない。

(3) 管轄に関する制度

訴訟に関する裁判所の管轄（全国に複数ある裁判所のいずれで訴訟を行うのかに

関する定め）は，一般的に，民事訴訟法等の規定に従って決定される。しかし，当事者は，第一審に限り，合意により管轄裁判所を定めることができる（合意管轄。民訴 11 条）。この場合，前述した事業者と消費者の格差に鑑みると，事業者が，消費者にとって不利な管轄の合意を強いる可能性がある。そうすると，消費者は，その管轄裁判所で訴訟をするためにより多くの費用や時間が必要となり，提訴等をためらう事態が生じうる。そこで，管轄権を有する第一審裁判所は，当事者間の衡平を図るためなどに必要があると認めるときは，訴訟を他の管轄裁判所に移送することができる（同 17 条）。

(4) 訴訟手続における他の制度

訴訟手続において，消費者を含む不利な立場に置かれることのある当事者を支援する他の制度としては，次のようなものが挙げられる。まず，証拠の偏在を是正するための制度として，主張や立証を準備するために必要な事項について，相手方当事者に対し，書面で回答するよう照会する制度である当事者照会（民訴 163 条）と，裁判所が，当事者の申立てにより，文書を所持している者に対してその提出を命じる制度である文書提出命令（同 220 条以下）がある。また，損害が生じたことが認められるが，損害の性質上その額を立証することが極めて困難であるときに，裁判所が相当な損害額を認定することができる制度である損害額の認定（同 248 条）も存在する。

2 集団型

CASE 10-1

A 社（事業者）は，仮想通貨の攻略方法を紹介する DVD セット（情報商材）を販売している。A は，ウェブサイトの URL が貼られたメールや SNS を通じて DVD セットの販売に関する勧誘を行っている。その際，購入候補者である消費者に対して，DVD セットを購入すればだれでも簡単にそして確実に多額の利益を確保できるような期待を抱かせる，虚偽の，実際とは著しくかけ離れた誇大な効果を強調した説明を行い，説明の相手方に誤解を与えている。また，価格についても，販売実績のない非現実的なものを表示した上で，これを基に特別に廉価で販売すると述べている。この DVD を購入した消費者 B らと，DVD の前記販売手法について情報を得た特定適格消費者団体である C は，どのような訴訟手続を利用してその請求権を集団的に行使できるだろうか。

（参考事例）最判令和６年３月12日裁判所Web

(1) 個別の訴訟の集団化

消費者問題では，消費者に対して，組織的な加害行為が広く行われることが少なくない。そのような事案では，個別の被害救済だけでは十分に対応できないことが多い。そのため，適切な被害回復，被害の拡大防止および世間への周知のために，弁護団が結成され，個々の消費者の個別の訴訟を集団化した訴訟活動が行われることがある。日本における消費者事件の歴史を見ると，このような弁護団の形成が，消費者保護に大いに貢献してきていることが分かる。

(2) 選定当事者制度

選定当事者制度は，共通の利益を有する多数の者（選定者）が，その中から全員のために原告（または被告）となる１人または数人（選定当事者）を選定する制度である（民訴30条）。この場合において選定当事者の受けた判決の効力は，選定者にも及ぶ（同115条1項2号）。この制度の主なメリットは，選定者が個別に訴訟を行わなくてもよいため，手間や費用の節約が可能なことにある。

(3) 消費者団体訴訟制度

消費者団体訴訟制度とは，消費者問題について，一定の条件を満たす消費者団体が，被害者である消費者に代わって訴訟を提起する制度をいう。現行法の下では，差止請求制度と被害回復請求制度の二つが存在する。前者は，法令に違反する事業者の一定の行為の差止め（停止ないし予防）を，後者は，法令に違反する事業者の一定の行為によって消費者に生じた集団的被害の回復を，それぞれ可能とするものである。提訴権を有するのは，前者については適格消費者団体，後者については特定適格消費者団体である。

日本で，消費者法の分野において初めて団体訴訟制度（差止請求制度）を導入したのは，2006年の消契法である。その後，差止請求制度が，2008年に「特定商取引に関する法律」（特商法）と「不当景品類及び不当表示防止法」（景表法），そして2013年に食品表示法にも拡大された。被害回復請求制度が導入されたのは，2013 年に制定された「消費者の財産的被害の集団的な回復のための民事の裁判手続の特例に関する法律」（特例法）においてである。

(a) 差止請求制度

前述したように，消費者被害には，同種大量性という特徴が見られる。そのため，個々の消費者を救済しても，事業者の同じ行為によって他の消費者が被害を受ける可能性が残る。そこで，他の消費者に同種の被害が生じる前に，事業者の行為を停止させ，予防することを可能とするために設けられたのが，**差止請求制度**である。差止請求制度が対象とするのは，前述した各根拠法に違反する事業者の一定の行為である。原告となることができるのは，**適格消費者団体**である。適格消費者団体とは，一定の要件を満たしているものとして，内閣総理大臣の認定を受けた消費者団体である（消契 13 条以下）。適格消費者団体に対しては，その中立性および適切な機能を保障するために，秘密保持義務や情報提供努力義務等が課されているほか，被告からの財産上の利益受領等が禁止されている。また，その活動等に関する監督が行われる。2024 年 9 月現在，全国で 26 の適格消費者団体が存在する[1]。適格消費者団体は，差止訴訟を提起する前に，被告となるべき事業者に対して書面により差止請求を行わなければならない（消契 41 条）

差止請求においては，判決確定後の強制執行を可能にすることと，事業者がその行為を改変することで判決の効果を免れないように確保することとのバランスをとるために，請求の趣旨（どのような行為を差し止めたいかについての訴状の記載）を適度に抽象化させることが求められる。また，差止訴訟の場合には，一般の（＝個別の）訴訟とは異なる判断枠組みが用いられる側面がある。例えば，個別訴訟において契約条項を解釈する場合，不明確な条項を限定的に解釈したり，その作成者である事業者にとって不利益な内容で解釈したりすることで，その効力を維持する場合がある。これに対し，差止訴訟では，そのような条項の使用を停止させることが目的であるため，これらの解釈を行うべきではないとの見解がある。このような限定解釈については，判例はこの見解を採用している（最判令和 4 年 12 月 12 日民集 76 巻 7 号 1696 頁）（⇒第 **8** 章・第 **17** 章）。

notes

[1] 消費者庁「全国の適格消費者団体一覧」〈https://www.caa.go.jp/policies/policy/consumer_system/collective_litigation_system/about_qualified_consumer_organization/list/〉による。

適格消費者団体は，事業者の消費者契約の条項の開示要請（消契 12 条の 3），および差止請求に係る事業者が講じた措置の開示要請（消契 12 条の 5）を行うことができる。

(b)　**被害回復請求制度**

前記の差止請求制度は，集団的消費者被害の停止ないし予防に一定程度の効果を生んでいるものの，その効果は将来に向けられている。そして，差止請求制度の下では，事業者の違反行為によって生じる集団的被害の回復は，個々の消費者による訴訟に委ねられる。しかし，既に説明した消費者紛争の少額性や事業者と消費者の間の格差等を理由として，このように個別の訴訟に委ねる方法では，適切な消費者保護を実現することが必ずしも可能ではない。そこで，被害回復の集団的な実現を可能としたのが，**被害回復請求制度**である。

対象となる事案は，消費者契約に関する債務履行請求や損害賠償請求等である。また，該当する事案について提訴が認められるためには，その事案が多数の消費者に関するものであること（多数性），多数の消費者に共通する義務に関するものであること（共通性），共通義務の審理が個別問題の審理に比べて支配的であること（支配性）などの要件が充足されなければならない。ただし，拡大損害，逸失利益，生命身体損害等は対象事案から除外されているため，実際には，多くの事案がその対象に含まれないことになる。

この制度は，2 段階型のものとして設計されている。

①　**第 1 段階**　　第 1 段階では，多数の消費者に共通する事業者の義務（**共通義務**）を確認する訴えが提起される。そして，共通義務の存在が確認された場合には，第 2 段階で，簡易な手続を通じて個々の消費者の権利が確定される。

前記のうち，第 1 段階の原告となれるのは，**特定適格消費者団体**である。特定適格消費者団体とは，前述した適格消費者団体のうち，一定の資格を備えるものとして，内閣総理大臣の特定認定を受けたものである（特例法 71 条以下）。2024 年 9 月現在，全国で四つの特定適格消費者団体が存在する[2]。第 2 段階では，被害を受けた個々の消費者が手続に参加できる。

特定適格消費者団体は，提訴するために，個々の消費者の授権を得る必要は

notes

[2] 消費者庁「全国の特定適格消費者団体一覧」〈https://www.caa.go.jp/policies/policy/consumer_system/collective_litigation_system/about_qualified_consumer_organization/list_of_specified/〉による。

ない。共通義務の存在が確認された場合，手続は第２段階に移行する。これに対し，共通義務の存在が認められなかった場合には，手続は第２段階には移行しないが，個々の消費者は，損害の回復を求めて個別に訴訟提起できる。このように，第１段階で特定適格消費者団体が勝訴した場合には，個々の消費者はこれを基に手続に参加できるのに対し，特定適格消費者団体が敗訴した場合には，そのことによって個々の消費者の提訴権等に悪影響が及ぶことはない。

第１段階においては，事業者の責任（共通義務）の有無を始めとする様々な内容の和解を行うことが可能となっている（同11条）。また，特定適格消費者団体は，申立てにより，事業者に対する保全開示命令（同9条）や文書開示命令（同32条）を求めることができる。

② **第２段階**　第２段階では，第１段階で特定適格消費者団体が得た勝訴判決を基に，個々の消費者が参加する簡易な確定手続が行われる。個々の消費者の参加は第１段階で勝訴した特定適格消費者団体を通じて行われるため，ここでは，第１段階とは異なり，個々の消費者が特定適格消費者団体に授権することが必要となる。可能な限り多くの消費者がこの段階に参加することを確保するために，特定適格消費者団体は，第２段階の手続の存在について通知や公告を行う（特例法26条以下）。また，事業者は，特定適格消費者団体からの求めがあるときは，消費者に対して個別通知をする義務を負う（同28条）。なお，特定適格消費者団体は，通知等を適切に行えるよう，敗訴した事業者に対し，対象となる消費者についての情報開示を求めることができる（同31条以下）。

個々の消費者による特定適格消費者団体への授権があった後の第２段階での手続は，個々の消費者の債権の存在や額について事業者が争っているかどうかによって異なる。個々の消費者が特定適格消費者団体に授権して行う裁判所に対する債権届出について事業者が争っていない場合には，事業者による履行へと進む。これに対し，事業者が債権の存在や額について争っている場合には，裁判所による簡易確定決定が行われ，さらに争いがある場合には，訴訟手続に移行することになる。

被害回復請求制度が用いられた事件としては，大学が入試において男性受験生の一部に対して加点を行いながら女性受験生等には加点を行わなかった２つのいわゆる「入学差別事件」（東京地判令和2年3月6日判時2520号39頁，東京地判令和3年9月17日裁判所Web）がある。いずれの事件においても共通義務確認訴訟（第1段階）における原告である特定適格消費者団体の主張が認められ，簡易確定手続（第2段階）で事業者との和解が成立した。

CASE 10-1 では，Bらは，選定当事者制度を活用し，または弁護団を組織してその個別の請求権を集団化して訴訟を行うことができる。さらに，Cは，Aによる勧誘行為の差止めを請求するとともに，Bらが受けた被害の回復を求めて被害回復請求制度を用いた訴訟活動を行うことができる。なお，CASE 10-1 の参考事例に関する1審判決（東京地判令和3年5月14日裁判所 Web）および2審判決（東京高判令和3年12月22日判時2526号14頁）は，過失相殺や因果関係について，対象消費者ごとに個別に審理する必要があるため前述した「支配性」の要件を欠くとして訴えを却下した。これに対し，最高裁判決は，「消費者ごとに相当程度の審理を要する場合」でなければ訴えを却下することができないと判断し，2審判決を破棄し，1審判決を取り消した。

Column ⑮ 諸外国における集団訴訟

消費者のための集団訴訟制度が必要だという認識は，海外でも同じである。EU法は，すべてのEU加盟国に差止請求制度と被害回復請求制度を整備することを求めている。差止訴訟において個別の訴訟とは異なる判断枠組みが用いられることについても，立法上の手当てがされている。EU法では，事業者があらかじめ作成した約款の意味が不明確である場合には，消費者にとって最も有利な解釈を優先させるという，いわゆる「作成者不利の原則」が個別訴訟については適用される。これに対し，差止訴訟については，この原則が適用されないことが定められている。

消費者団体の在り方は様々であるが，一般的に，特に英米法系（コモンロー系）の国々では，収益を上げることを可能とするビジネス・モデルを用い，団体に所属しているスタッフにとって重要なキャリアを提供しながら消費者の利益を擁護していることが多い。ボランティア・ベースでの活動となっている日本の消費者団体とは，対照的である。アメリカなどでは，主にクラス・アクションを通じて消費者の集団的保護が行われてきている。大陸法系の国々では，この制度について，訴訟を主導し，これに一種の「投資」を行う弁護士事務所が大きな利益を上げられることや，濫訴のおそれがあることなどが問題視されてきた。なお，ドイツでは，消費者団体だけでなく，競争事業者や事業者団体も集団訴訟を提起できる点が興味深い。集団訴訟制度は，消費者保護と不正競争の防止の双方を実現するために用いられているのである。

3 消費者紛争の裁判外の解決

1 ADR

ADR（Alternative Dispute Resolution：裁判外紛争解決手続）とは，裁判外での紛争解決を可能とするために，民間または公的機関が運営する手続のことをいう。国家権力による強制を前提とする訴訟手続とは異なり，ADR の場合には，紛争解決に向けた当事者間の合意が求められる。一般的に，訴訟手続と対比した場合の ADR のメリットとしては，手続が簡易迅速であることや，そのための費用がより廉価であることなどが挙げられる。ADR は，手続を運営する主体の属性に応じて，行政型 ADR，民間型 ADR，司法型 ADR に分類される。

(1) 行政型 ADR

行政型 ADR は，行政によって運営される。他の種類の ADR と比べた場合の主なメリットとしては，行政が事業者を規制する権能を有することから，ADR 手続への事業者の参加を促すことがより容易になることが挙げられる。行政型 ADR の代表例として，消費生活センター，国民生活センター，公害等調整委員会，建設工事紛争審査会によるものなどがある。以下では，消費生活センターと国民生活センターによるものをより詳細に見ていく。

(a) 消費生活センターによる ADR

消費生活センター（2023 年 4 月 1 日現在，全国で 857 か所）は，地方公共団体の条例等によって設置されている行政機関である。消費生活センターでは，消費生活相談員が，消費者から寄せられる苦情相談について助言や紛争解決のあっせんを無償で行う。消費生活相談員は，消費生活相談や消費者紛争におけるあっせんを専門とし，国家資格を有する。消費生活センターに寄せられる苦情相談に関する情報は，**PIO-NET**《パイオネット》（Practical Living Information Online Network System：全国消費生活情報ネットワークシステム）と呼ばれる，後述する国民生活センターと全国の消費生活センターを結ぶネットワークに記録され，共有される。

(b) 国民生活センターによる ADR

国民生活センターは，独立行政法人国民生活センター法に基づいて設置された，消費者庁を所管官庁とする独立行政法人である。国民生活の安定および向上に寄与するため，総合的見地から国民生活に関する情報の提供および調査研究を行うとともに，重要消費者紛争についての ADR を実施する。

国民生活センターによる ADR 手続の対象となる「重要消費者紛争」とは，消費生活に関する事業者と消費者の間の民事紛争のうち，次のいずれかに該当するもののことである。①同種の損害が相当多数の者に及び，または及ぶおそれのあるもの，②国民の生命，身体，財産に重大な危害を及ぼし，または及ぼすおそれのあるもの，③争点が多数で，事案が複雑であるなど，国民生活センターの ADR 手続によることが適当と認められるもの。

国民生活センターによる ADR 手続を担うのは，紛争解決委員会の委員および特別委員である。これらの委員は，法律や商品・サービス取引について専門的知見を有する者から任命される。具体的な紛争解決手続としては，次の二つがある。一つ目は，仲介委員が当事者間の交渉を仲介して，和解を成立させることを目指す和解仲介手続である。二つ目は，仲裁委員が当事者間の仲裁合意に基づいて仲裁判断を行う仲裁手続である。いずれにおいても，原則として 4 か月以内での迅速な紛争解決が図られる。

CASE 10-2

A は，海外に拠点を置くインターネットの海外旅行予約サイトでニューヨークのホテルを予約し，クレジットカードで代金を支払った。予約の際，返金不可の記載が見当たらなかったので大丈夫だと思った。しかし，夜になり予約した日程では行けなくなったため，当日中にキャンセルしたところ，「返金不可のプランなので，返金はできない。」と回答があった。A は，旅行代金の全額返金を希望している。

国民生活センターには，海外ショッピングでトラブルに遭った消費者のための相談窓口として，**越境消費者センター**（CCJ）が設けられている。CCJ は，相談者自身によるトラブルの自主的解決のための助言を提供するほか，相手国の連携機関を通じてのトラブル解決の支援を行う。CASE 10-2 の A は，CCJ の支援を求めることができる。

⑵ 民間型 ADR

民間型 ADR は，民間の機関等によって運営される。関連する法制度としては，「裁判外紛争解決手続の利用の促進に関する法律」がある。同法では，一定の要件を満たす ADR 手続を法務大臣が認証して，特別の効力を認めることが可能となっている。民間型 ADR は，これを運営する主体の属性に基づいて，業界型 ADR と独立型 ADR に分類される。

(a) 業界型 ADR

業界型 ADR は，紛争に関連する業界の費用負担において運営される。代表例としては，金融 ADR や各製造業界に設けられている PL（製造物責任）センターによる ADR が挙げられる。金融 ADR では，金融業界団体によって設置されている ADR について，金融庁の指定に基づいて特別の機能が認められている。その特徴としては，紛争が生じた場合の ADR の利用可能性に関する広報の金融機関への義務付け，ADR 手続を実施する者の能力に関する基準の提示，金融機関に対する手続への応諾の義務付け，手続における金融機関による資料提出の義務付け，ADR 手続における特別調停案に関する金融機関の原則的な応諾の義務付けなどが挙げられる。

(b) 独立型 ADR

独立型 ADR は，紛争に関連する業界とは独立して運営される。各士業団体によって運営されるものとして，弁護士会，司法書士会，行政書士会，土地家屋調査士会等によるものがある。例えば，震災時の紛争解決のために各弁護士会等によって立ち上げられている震災 ADR や災害（時）ADR がそうである。また，特商法関係紛争，金融商品関係紛争や医事紛争等，特定の紛争に特化したものもある。

⑶ 司法型 ADR

司法型 ADR は，裁判所（司法）によって運営される。他の ADR と比べた場合のメリットとしては，広く様々な紛争が対象とされていること，裁判官の関与に対する一般的な信頼性，および，当事者間に合意がない場合における裁判所による解決案の提示の可能性が挙げられる。

消費者紛争に関する代表的な司法型 ADR は，**民事調停**である。これは，簡易裁判所または地方裁判所において，1名の裁判官と2名の調停委員によって構成される調停委員会が主導するものである（民事調停法〔民調〕5条以下）。調停委員は，調停に一般市民の良識を反映させることを目的として，原則として40歳以上70歳未満の者であって，かつ，社会生活上の豊富な知識経験や専門的な知識を持つ者の中から選ばれる。弁護士，大学教授，公認会計士等の専門家や，地域社会に密着して幅広く活動してきた者等である。

民事調停手続は広く民事紛争をその対象とし，調停委員会による仲介の下で当事者間の話し合いが行われ，合意の達成が目指される。また，合意が達成できない場合には，調停委員会が，調停に代わる決定を行うことも可能である（同17条）。調停委員会による決定は，当事者がこれに対して異議を述べなかったときは，調停の合意があった場合と同じ拘束力を有する（同18条）。

なお，消費者の債務の整理に関連するADRとしては，後述する特定調停がある。

2 ODR

ODR（Online Dispute Resolution：オンライン紛争解決手続）とは，ADRにおける紛争解決手続を全面的にオンライン化したものである。デジタルプラットフォーム（⇒第**11**章4〔184頁〕）等で導入されている実例を見ると，人工知能（AI）等を活用して紛争解決を試みた上で，解決に至らなかった場合には人間が紛争解決に関与するものが一般的である。ODRの過程において収集されるビッグデータを，紛争予防に用いることも可能となる。現在，日本では，民事訴訟法の改正を通じて裁判手続のIT化が進められているが，これによってADRのIT化も加速されることが期待されている。

4 消費者の債務の軽減――法的整理および私的整理

CASE 10-3

収入が減少して家庭の生活費や子供の教育費を賄うことが厳しくなったAは，貸金業者Bから借金した。その後，収入状況が改善されなかったAは，他の貸金業者CとDからも借金したが，借金の返済が困難な状況に陥っている。Aには，その債務の軽減に関する手続の選択肢として，どのようなものがあるだろうか。

経済的に破綻しており，あるいは破綻するおそれのある，消費者を含む債務者は，その状況を解決するための手段として，債権者に対する弁済の一時停止，弁済案の策定，そして，債権者からの同意を得た場合には弁済案に従った弁済を行うための一連の手続を行うことができる。このような手続のうち，裁判所による倒産手続を経るものは法的整理，そのような倒産手続を経ないものは私的整理と呼ばれている（⇒第**15**章5〔247頁〕）。

1　法的整理

以下では，裁判所による倒産手続を通じて行われる法的整理の代表的なものとして，個人再生手続および破産手続を見ていきたい。

(1)　個人再生手続

個人再生手続では，債権者による強制執行等を禁止して債務者の財産の保有を確保しながら，将来の収入から債務の弁済が可能であることを前提に手続が進む（民事再生法221条以下）。具体的には，すべての債権者の債権額を減少させ，債務者がその額を原則3年間で分割して弁済する再生計画を立てる。裁判所がすべての債権者の多数決を得た上で再生計画を認可した場合には，その計画通りに弁済をすることで減少前の債務との差額について免除される。私的整理と比べた場合，債権者の多数決で実現可能である点にメリットがある。

(2)　破産手続

破産は，債務者の全財産を清算して，債権者に分配する手続である。破産手続開始決定によって破産管財人が選任される（破産法74条以下）。破産管財人は，破産財団と呼ばれる債務者の財産（同34条）の管理処分権を専属的に有する。そして，管理処分権を行使し，債権者による強制執行等を禁止しながら，財産の管理や換価を進め，債権者に対する配当を行う（**破産手続**）。破産手続においては，債務者は，一定の免責不許可事由（著しい浪費を理由とした借入，財産隠しなど）がない限り，債務の免除を受けることもできる（同248条以下）。そして，裁判所が免責許可決定を行った場合には，債務者は，破産債権に対する責任を免除される（免責手続）。

破産手続開始決定がされると，破産者に居住制限（同37条），通信の秘密制限（同 81 条以下）や資格制限（弁護士法，司法書士法や公認会計士法等に，関連する規定が置かれている）が課される。このうち，居住制限は破産手続の終了により消滅し，資格制限は免責許可決定による「復権」（破産法 255 条以下）で解消される。個人再生手続と比べた場合，個人再生手続では対処できない金額の債務を負う債務者であっても実現できる点にメリットがある。他方，前述した制限が破産者に課されるというデメリットが存在する。

2　私的整理

私的整理は，債権者と交渉し，債務の減額や分割払いなどによる弁済，あるいは債務の免除や猶予について合意（和解）することで，裁判所による倒産手続を通じないで債務整理を行うものである。主なメリットとしては，すべての債権者を対象にしなくてもよいことから信用悪化を回避できること，主なデメリットとしては，合意達成のハードルが法的整理よりも高いことが挙げられる。

(1)　任意整理

任意整理では，債務者は，一般的に，債権者と交渉し，債務の額を確定させた上で，支払能力に応じた毎月の支払額を合意し，その弁済計画に従って支払いをしていく。弁護士や司法書士等の専門家の助言を得ながら交渉することが多い。

(2)　特定調停

特定調停は，前述した司法型 ADR の一類型である。債務の弁済ができなくなるおそれのある債務者の経済的再生を図るために，その債務者が負う金銭債務に関する利害関係の調整を行うことを目的とする。特定調停では，調停委員会が，複数の債権者に対して，利息引直しの計算等を行い，元本全額の弁済を原則として，残債務に関する３～５年の弁済計画に関する合意の達成を目指す。個人再生手続や破産手続とは異なり，すべての債権者との関係で清算処理を行うものではなく，あくまでも合意の形成を目指す。合意を拒絶した債権者に対する債務免除の強制力を有しないが，裁判所が関与することで，任意整理の場合よりも合意が達成できる可能性が高いとされている。合意した債権者との関係では，作成された調停調書には判決と同様の効力があり，その内容通りの弁済がされない場合，債務者に対して直ちに強制執行をすることが可能となる。

CASE 10-3 については，その状況に応じて，前記の各手続のメリットとデメリットを考慮しながら，適切な手続を選択していくことになる。

CHECK

① 消費者問題の特徴をまとめてみよう。

② 消費者紛争の裁判上の解決の概要と消費者のためにそこで採られている工夫を説明してみよう。

③ 消費者紛争の裁判外での解決の主な種類，それぞれの概要と主な特徴はどのようなものなのか述べてみよう。

④ 消費者の債務に関する整理手続の種類，概要とそれぞれのメリット・デメリットを整理してみよう。

読書案内 Bookguide

伊藤眞『消費者裁判手続特例法〔第3版〕』（商事法務，2024年）

山本和彦『ADR法制の現代的課題』（有斐閣，2018年）

伊藤眞『破産法・民事再生法〔第5版〕』（有斐閣，2022年）

＊大澤彩「オンラインサービス利用規約における条項の『不明確性』について」NBL1193号（2021年）4頁以下

第3編
特徴的な取引

PART 3

CHAPTER 11 電子商取引
12 継続的役務提供型の取引
13 連鎖販売取引（マルチ商法）
14 消費者信用取引(1) 割賦販売法
15 消費者信用取引(2) 貸金業法
16 金融商品・投資取引
17 不動産取引
18 製造物責任

CHAPTER

第11章

電子商取引

1 電子商取引規制の意義

1 電子商取引において法律が果たす役割

本章では，電子商取引の法的規制について説明する。電子商取引は，私たちの生活にとってもはや欠かせないものとなっており，それゆえに消費者保護の観点から規制が必要な取引のひとつである。とはいえ，電子商取引も契約にほかならないのであり，なぜ特に電子商取引について法的な規制をする必要があるのだろうか。この点を理解するためには，そもそもなぜ私たちが電子商取引を利用するのかを考えてみるとよい。例えば，ある本を探しているとしよう。仮にパソコンやスマートフォンで注文できないとすれば，実際にいくつかの店を回って探さなければならないだろう。これは大きな負担であり，場合によっては買うのを諦めてしまうかもしれない。店側にとっても，売れたはずの本が売れないということになる。それに対して，パソコンやスマートフォンで注文できれば，わざわざお店に行かなくてもよいし，ネット上で検索をすればどの店に欲しい本があるかすぐに知ることができる。つまり，電子商取引は，取引のコストを大幅に下げることによって契約当事者に利益をもたらし，ひいては市場を活性化するものと言える。

電子商取引は電磁的方法を用いることによって個人にも社会にも大きな利益をもたらす。しかし，まさにその電磁的方法を用いることによって新たに生じるリスクもある。電子商取引を活性化させるためには，このリスクを低減させて多くの人にとって利用しやすい環境を整備することが必要である。そこで法は，安心して円滑に電子商取引を利用できるようにするための制度を整備するという役割を担っている。

2 電子商取引に関する法律

電子商取引を一般的に規律する法律はなく，個別の問題についてそれぞれの法律がルールを設けている。本章では，電子商取引の特徴に応じてそれらの問題を大きく三つのグループに分けることとする。

第1は，電子商取引が**非対面の取引**であることから生ずる問題である。非対面であるがゆえに，基本的に消費者は購入するか否かの意思決定にあたって販売業者側の提供する情報や仕組みに依存せざるを得ない。例えば，届いた商品がウェブサイトで見て欲しいと思っていたものと違うということがあるかもしれない。このような問題に対処しているのが「特定商取引に関する法律」(特商法) の**通信販売**に関する規定である。非対面性のために特に重要となる広告規制に関しては，特商法のほかに「不当景品類及び不当表示防止法」(景表法) も電子商取引に適用される。電子商取引において近時ますます重要性を増しているアフィリエイト広告も，景表法の適用の際に問題となる。景表法に関しては第**5**章を参照されたい。

第2に，**電磁的方法**を用いて行われることから生ずる問題である。電子商取引は，インターネットなどを介してパソコンやスマートフォンの画面を通して行われる。このような方法による場合，例えばクリックミスで注文してしまうリスクが高くなる。これについては「電子消費者契約に関する民法の特例に関する法律」(電子消費者契約法) がある。一方，せっかく電磁的方法によって取引を行うにもかかわらず，紙の書面を交付しなければならないのであれば，電子商取引の利便性が大きく損なわれるだろう。この問題に対応するのは「書面の交付等に関する情報通信の技術の利用のための関係法律の整備に関する法律」(IT 書面一括法) である。さらに，電磁的方法による場合には書面のような署名・押印を用いた本人確認ができない。電子商取引促進のためには情報の信頼性確保が必要であり，この問題ついては「電子署名及び認証業務に関する法律」（電子署名法）が対応している。

第３に**情報の集積**から生ずる問題である。消費者にとって電子商取引が便利な理由のひとつは，１か所に膨大な情報が集積されることによるものである。先の本を探す例でいえば，消費者にとってはひとつのサイトに多くの本屋が登録されている方がよいし，本屋にとっては多くの消費者が登録しているほどよい。物理的方法による場合には情報を集積するにも限界があるが，電磁的方法を用いた膨大な情報の集積が可能になったことにより，**デジタルプラットフォーム**と呼ばれるビジネスモデルが大きな影響力を持つに至っている。このビジネスモデルの出現によって様々な問題が生じており，それにどう対処するかが消費者法において現在最も重要なトピックのひとつとなっている。

なお，電子商取引に関しては経済産業省が2002年以降，解釈の指針として「電子商取引及び情報財取引等に関する準則」（当初の名称は「電子商取引等に関する準則」）を策定している。これは法的な拘束力を持つものではないが，電子商取引における法解釈の一定の指針となるものである。

2　特定商取引法における通信販売としての規制

1　広告に関する規制

(1)　通信販売としての電子商取引

電子商取引は対面によらずに締結されるものであり，特商法上の通信販売としての規律が適用される。同法にいう**通信販売**とは，「販売業者又は役務提供事業者が郵便その他の主務省令で定める方法……により売買契約又は役務提供契約の申込みを受けて行う商品若《も》しくは特定権利の販売又は役務の提供であって電話勧誘販売に該当しないもの」である（特商２条２項）。電子商取引に適用されるかどうかにとってポイントとなるのは「主務省令で定める方法」であるが，「特定商取引に関する法律施行規則」（特商規）２条２号が「通信機器又は情報処理の用に供する機器」による場合を挙げており，これによってパソコンやスマートフォンなどによる場合が含まれることになる。

電子商取引を含む通信販売は非対面で締結されるものであることから，事業者や目的物などの正確な情報を消費者が取得できることが重要となる。そのために，特商法は広告に関する規制として以下の三つの制度を設けている。

(2) 積極的広告規制

特商法11条は販売業者または役務提供事業者（以下単に「販売業者」とする）が広告をする場合に，販売価格や対価，支払時期や方法，引渡しや権利移転の時期の表示を義務付けており，さらに同条6号を受けて特商法規則23条は，販売業者の氏名や住所，電話番号など詳細な表示事項を規定している。もっとも，これらの事項をすべて表示するとすれば広告内の多くのスペースを割かなければならないため，消費者が請求をすればこれらの事項を記載した書面や電磁的記録（電子メール）を提供する旨を記載しておけば，一部については記載をしなくてもよいこととなっている（特商11条柱書ただし書）。違反に対しては，主務大臣による指示（同14条1項），業務停止命令（同15条1項），業務禁止命令（同15条の2）といった行政的ペナルティがある。

(3) 消極的広告規制（誇大広告等の禁止）

商品の種類，性能，品質，効能や，販売価格，支払時期，契約申込みの撤回または契約解除に関する事項などについて，販売業者は著しく事実と異なる表示や，実際のものよりも著しく優良あるいは有利であると誤認させるような表示をしてはならない（特商12条，特商規26条）。違反に対しては積極的広告規制と同様の行政的ペナルティがあるほか，消極的広告規制違反にはさらに刑罰が科されており（特商72条1項1号・2号，70条2号），意思決定を歪める行為に対する抑止が強化されている。

(4) 電子メール広告規制

電磁的方法によってやり取りができるようになると，販売業者は低コストで膨大な数の潜在的顧客に対して広告を出すことができる。このときにしばしば用いられるのが電子メールである。しかし，受け取る側にとっては迷惑となることもあるため，電子メールによる広告についても規制がなされている。

かつては消費者が拒否した場合にはメールを送信してはならないというオプ

トアウト規制がなされていたが，このような規制方法には欠陥があった。まず，消費者がメール拒否の通知を送信者に送ることによって，そのメールアドレスを日常的に使っていることを知られてしまい，かえって迷惑メールを助長することになってしまう。実際に，消費生活センター等では受信拒否のメールを送らないようにとの啓発がなされていたようである。また，受信拒否できるとしても実際にするかどうかは別問題であり，受信拒否には物理的精神的なさまざまな障害が存在する。そこで 2008 年特商法改正により，消費者の承諾がなければ原則として電子メール広告を送ってはならないという**オプトイン規制**となった（特商 12 条の 3)。

さらに，電子メールについては「特定電子メールの送信の適正化等に関する法律」（特定電子メール法）も同じくオプトイン規制を定めるとともに（特定電子メール法 3 条 1 項)，送信者の氏名等や送信拒否のための通知先などを表示しなければならないとするなど（同 4 条)，一定の規制を設けている。

2 返　品

(1) 返品権

電子商取引は非対面で行われるため，消費者は事前に直接に商品を確認することができず，端末上の画像などによって商品を購入するかどうかを判断する。そうすると，届いたものが思ったものと違ったということが生じうる。そのような問題に対処するための制度が，返品権である（特商 15 条の 3)。

返品権制度とは，通信販売において，商品や特定権利（同 2 条 4 項参照）の販売条件について広告をした販売業者に対して，申込みをしたり契約を締結したりした購入者は，一定期間内であれば契約の申込みを撤回したり契約を解除したりすることができるという制度である。特商法の他の取引類型などに認められているクーリング・オフとよく似た制度であるが，大きな違いがいくつかある。

最も重要な違いは，**任意規定**という点である。訪問販売等で認められているクーリング・オフは任意規定ではなく強行規定であり，しかも申込者等に不利な特約をすることができないという片面的強行規定であるのに対して（同 9 条 8 項等)，返品権は特約を広告に表示することによって排除ないし変更することが可能である（ただし，電子消費者契約に該当する場合には広告に表示するだけでなく申込み画面にも表示しなければならない〔同15条の3第1項ただし書，特商規44条〕）。この特約を設ける場合には，広告への表示が先述の積極的広告規制として義務付けられることになる（特商11条5号）。もっとも，排除の表示が広告の中に小さく入っているだけで返品権が排除されてしまっては，購入者は知らない間に返品権を失ってしまうことになりかねない。そのため，「顧客にとって見やすい箇所において明瞭に判読できるように表示する方法その他顧客にとって容易に認識することができるよう表示する方法」（特商規24条3号・44条）によらなければならず，詳細な方法がガイドラインに例示されている（消費者庁「通信販売における返品特約の表示についてのガイドライン」）。

クーリング・オフとのもうひとつの重要な違いは，**返品費用**の負担者である。訪問販売等のクーリング・オフにおいては販売業者が費用を負担するのに対して，通信販売の返品権においては購入者が負担すべきものとされている（特商15条の3第2項）。

返品権には，以上に挙げた点のほかにもいくつか特徴的な点がある。まず，対象が商品や特定権利の売買契約に限られており役務提供契約には認められない。また，申込み撤回や解除の可能な期間は8日でありクーリング・オフと同様であるが，起算点が書面交付時ではなく商品の引渡しまたは権利の移転を受けた日である。これは，通信販売においては法定書面の交付が義務ではないためである。また，権利行使においてクーリング・オフのように書面や電磁的方法による必要はない。返品権制度とクーリング・オフについては，第**9**章**3**3（143頁）も参照されたい。

Column ⑯ 情報獲得手段としての返品権の合理性

当初は，特商法に返品権制度は規定されていなかった。その理由は，通信販売には訪問販売等と異なり不意打ち性といった意思決定を歪める要因が存在しないからである。そのため，現在は返品権が規定されているものの，特約によって排除することができ，また費用は消費者負担という点で，クーリング・オフと比べて消費者の自律性を尊重するものとなっている。

この違いは次のように理解することができる。非対面の取引において返品が不可能であれば，消費者は届いた商品が自分の欲しかったものではない可能性を考慮するため，取引において支払ってもよいと思う価格は低くなるだろう。これは販売業者にとっても望ましいことではない。それに対して返品が可能であれば，消費者は実際に商品を手に取ってから返品するかどうかを決めることができ，望まないものを買ってしまうおそれはなくなるので，より高い値段を支払ってもよいと考えることになる。つまり返品権は，消費者が非対面の取引において商品の情報を取得して不確実性を解消するための，両当事者にとって合理的な仕組みと言えるのであり，特商法が定める返品権は，合理的な当事者が合意すると考えられる内容にほかならない。そうであるとすれば，少なくとも非対面性という観点からは，返品権を望まない当事者に対してそれを強制する理由はない。また，費用を消費者の負担とすることによって，返品のためのコストが返品によって生じる利益を上回る場合にまで消費者が過剰に返品権を行使する事態を防ぐことができる。

⑵ ノークレーム・ノーリターン特約

返品権に関する規定が任意規定であるとしても，一切返品に応じないという特約は認められるのだろうか。次のケースのような**ノークレーム・ノーリターン特約**の効力が問題となる。

CASE 11-1

Aはあるインターネット・ショッピングサイトで中古のパソコンを８万円で購入した。この商品の紹介ページには，「中古品につきノークレーム・ノーリターンでお願いします。」と書かれていた。ところが，届いたパソコンは故障しており使いものにならなかった。

（参照条文）民法572条，消契法８条１項１号・２号

まずは，このような特約が販売業者のどのような責任を免除しようとするものなのかを確定しなければならない。返品権を排除するほかに，目的物が契約内容に適合しないものであった場合の売主の責任（民562・563条等）を免除する趣旨も含むことが考えられる。そのような場合にも特約の効力が認められるだろうか。

返品権に関する特商法の規定は任意規定であるから，特約によって排除することが可能である。ただし先に見たように，排除特約は顧客が容易に認識でき

る方法によって表示されなければならない（特商規24条3号・44条）。

契約不適合責任の免責は，販売業者が商品に欠陥等があることを知りながら取引をした場合には認められない（民572条）。また，消費者契約においては，損害賠償義務の全部を免除したり，事業者の故意・重過失による場合の責任を一部でも免除したりすることは，原則として認められない（消契8条1項1号・2号⇒第**8**章③**1**〔128頁〕）。

3　申込み画面の表示に関する規制等

電子商取引においては，通常は販売業者が作成したウェブページ上の表示に従って顧客が申込みを行う。この表示が不適切であると，何をどれだけ購入するのかを確認できないまま申し込んでしまったり，いつの間にか申し込んでしまったりしかねない。例えば，1回きりの購入だと思って申込みのクリックをしたら，小さい文字で**定期購入**契約である旨が記載されており，定期購入契約を締結したことになっていたといった被害は，通信販売において多く見られる。そこで，インターネット通販を含む通信販売においては，事業者側が定めた様式の書面や電子計算機の映像面に表示した手続によって事業者が顧客からの申込み（特定申込み）を受ける場合について，その書面または映像面に表示しなければならない事項と表示してはならない事項が定められている。まず，販売される商品もしくは特定権利などの分量および積極的広告規制の記載事項である価格や支払時期・方法等を表示しなければならない（特商12条の6第1項）。他方で，書面の送付や映像面上での情報の送信が契約の申込みとなることについて誤認させるような表示や，1項で表示しなければならない事項について誤認させるような表示をしてはならない（同条2項）。

これらに違反した場合には主務大臣の指示（同14条1項），業務停止命令（同15条1項），業務禁止命令（同15条の2第1項）という行政的ペナルティが認められるだけでなく，これらの行為によって消費者が所定の誤認をし，それによって申込みの意思表示をした場合には取消権の発生という民事的効果も認められ（同15条の4），罰則も設けられている（同70条2号・72条1項4号）。

また，販売業者は顧客による契約申込みの撤回や解除を妨げるために不実の告知をしてはならない（同13条の2）。例えば，定期購入であるから残り分の代金を支払わなければ解除できないなどといった説明がこれにあたる。

さらに通信販売においては，消費者が意思に基づかない契約を締結してしまうことのないように，顧客の意に反して申込みをさせようとする行為が禁止されており（同14条1項2号，特商規42条1項），以上のような行為はこの規制にも該当しうる。

インターネット取引においては，事業者が申込み画面等のオンライン・インターフェースを巧みに設計して，消費者の意思決定を操作するということが問題視されるようになってきており，一般にダークパターンと呼ばれている。現段階ではダークパターンに対する包括的な規制は設けられておらず，既存の個々の制度を用いうるに過ぎないが，上記の特定申込みに関する規制等はその一つとして一定の役割を果たしうる。ダークパターンについては第**5**章**Column ❾**を参照。

3 電磁的方法による問題に関する諸制度

1 契約成立時期

電子商取引も契約である以上，民法の規律に従って申込みと承諾の合致によって成立する（民522条1項）。そして，申込みや承諾の意思表示は相手方に到達した時点で効力を生じる（同97条1項）。しかし，具体的なルール適用場面になると，電磁的方法によって契約が締結されることによる特殊な問題が生じる。典型的な場面を考えてみよう。まずショッピングサイトに会員登録をして，商品を選んでかごに入れ，注文内容を確認したうえで，「注文確定」ボタンを押す。すると「確定しました」という表示が画面上に現れ，確認のメールが届き，場合によってはさらに発送通知メールが送られてきた後で，数日後に商品が配送されてくる。このようなプロセスの中で何が申込みや承諾にあたるのか。また，例えばメールが承諾であるとしても，販売業者がメールを発信した時点で承諾したことになるのか，それとも送信データが相手方のメールサーバーに記録されたときなのか，あるいは消費者がメールを読んだときなのか。ここではこれらの問題を見てみよう。

(1) 申込みと承諾

CASE 11-2

Aはインターネットのショッピングサイト B において，C がパソコンを 1 台 2,787 円で売りに出しているのを見つけ，3 台を注文する旨の電子メールを送信し，B からの自動返信による受注確認メールを受信した。ところが翌日になって C から，目的物を DVD と表示すべきところ誤ってパソコンと表示されたものであるとのメールが届き，商品は引き渡されなかった。

（参考事例）東京地判平成 17 年 9 月 2 日判時 1922 号 105 頁

（参照条文）民法 522 条 1 項

申込みとは，承諾があれば直ちに契約を成立させることを目的とする確定的な意思表示であり，承諾とは契約を成立させることを目的として特定の申込みに対してなされる意思表示である。具体的場面において何が申込みで何が承諾かについては個別的判断によらざるを得ないが，個別の契約に先立って会員登録などがなされている場合は，その際に同意された利用規約の中に，何をもって申込みまたは承諾とするかが定められていることがある（例えば，ある大手インターネット・ショッピングサイトでは「ご注文の発送」通知が承諾にあたりそれによって契約が成立するという規約が置かれている）。この場合には，利用規約が当事者を拘束するものとして契約内容となっているかということと，その定めをどのように解釈するべきかが問題となりうる。

多くの場合には，規約は**定型約款**にあたると考えられる。そうであるとすれば，定型約款の条項が契約に組み入れられるための要件を満たしていれば，当該規約は契約内容となる（⇒第 **8** 章 **23**〔124 頁〕）。そのうえで当該規約内の条項の解釈として，例えば発送通知が承諾であるという条項は，それ以前に承諾がなされることを否定する趣旨なのかといった問題がありうるだろう。

他方で申込みや承諾に関する規約がない場合もある。そのような場合には個別に判断する必要がある。CASE 11-2 のような事案では，受注確認メールが承諾であれば契約は成立していることになり，そうでないとすればまだ契約は成立していないことになる。参考事例の判決においては，ショッピングサイトによる受注確認メールは注文者の申込みが正確なものとして発信されたかを確認するものに過ぎず，承諾にあたらないとされた。

(2) いつ到達したと言えるか

電磁的方法によって意思表示がなされる場合には，いつの時点で意思表示が到達したと言えるのかも問題となる。「到達」一般の解釈として判例は，到達とは相手方の支配圏内に置かれることあるいは了知可能な状態に置かれることであるとしているが（最判昭和36年4月20日民集15巻4号774頁，最判平成10年6月11日民集52巻4号1034頁［民法百選Ⅰ 24事件］など），電磁的方法による場合はどうなるだろうか。「電子商取引及び情報財取引等に関する準則」Ⅰ-1-1は承諾の意思表示について，相手方が電磁的記録にアクセス可能となった時点を到達時としている。例えばメールによる承諾について，指定されたアドレスや通常用いているアドレスに送信された場合には，メールサーバー中のメールボックスに読み取り可能な状態で記録された時点が到達時であり，指定されていないアドレスに送信された場合は，記録されたことに加えて機器から情報を引き出すことが必要とされている。他方で端末上の操作による承諾については，申込者の端末の画面上に承諾通知が表示された時点を到達時としている。

2 電子消費者契約法３条

電磁的方法によって簡単に契約締結の意思表示をすることができるということは，誤って意思表示をしてしまいやすい状況があることを意味している。ワンクリックで意思表示ができることは，ワンクリックで意思表示をしてしまうことでもある。そこで，このようなクリックミスなどによる誤った意思表示に対処しているのが，**電子消費者契約法**である。

民法の原則によれば，意思表示に対応する効果意思を欠く場合には**錯誤**として意思表示を取り消すことができる（民95条1項1号）。しかし，このようなルールを契約一般について無条件に認めると，相手方は契約が成立したということに対する信頼を著しく害されてしまう。そこで民法は，表意者に重大な過失がある場合には原則として錯誤による取消しをすることができないとしている（同条3項）。ところが，これを電子商取引にもそのまま適用すると，消費者のクリックミスはまさに重大な過失と言われてしまいそうである。そこで，電子消費者契約法3条が民法95条3項の特則を定めている。

電子消費者契約法による解決の方法は，消費者が間違った注文をしないようにするために，消費者の意思を確認するための措置を事業者にとらせるというものである。すなわち，原則として民法95条3項は適用されず事業者は消費者の重過失を主張して取消しを免れることはできないが，事業者が消費者の意思を確認するための措置をとっていた場合や，消費者がそのような措置をとる必要がない旨の意思を表明している場合には，消費者に重過失がある場合には取り消すことができないという民法のルールに従う。そもそも申込みのフォームなどは事業者が設定しているのであるからこのような確認措置をとることは困難ではないと考えられ，それによって多くの注文間違いを防ぐことができるのであれば，合理的な規制であると言えよう。

3 電磁的方法による契約に関するその他の法律

(1) IT書面一括法

契約過程においては，様々な目的で書面の交付が義務付けられている。しかし，電磁的方法による契約においては，書面交付義務は契約締結コストの削減という電磁的方法のメリットを大きく損なうことになりかねない。そこでIT書面一括法は，送信者と受信者があらかじめ合意していることを前提として書面の電子化を認めている。

ただし，そもそも電磁的方法によらない場合には電子化する必要はないし，また，書面によることが重要であり電子化をするべきではないものもある。そういった理由により，一部のものについては例外的に電子化が認められていない。もっとも特商法上の書面交付義務は2021年改正により，電磁的方法による提供によって代えることができることとされた（⇒第**12**章**2**4(2)〔196頁〕）。

(2) 電子署名法

電子商取引は非対面で行われるため，なりすましが生じやすい。なりすましを防ぐためには，本人確認を適切に行う方法が整備されていることが重要である。書面による場合には，署名・押印，特に印鑑証明制度は重要な機能を果たしている。また，民事訴訟法228条4項は，「本人又はその代理人の署名又は押印」に対して文書の成立の真正を推定するという効力を与えている。しかし，電磁的方法によって契約を締結する場合には署名・押印を用いることができない。そこで，電磁的記録について本人確認を可能にするのが電子署名である。

電子署名法は，電磁的記録に本人による電子署名が行われているときは，真正に成立したものと推定されるとして（電子署名法3条），文書に署名・押印がなされたときと同じ効果が与えられている。

一方で，電子署名法上の電子署名であるためには，情報が改変されていないことを確認できるものでもなければならないが（同2条1項），改変されていないことへの推定の効力は定められていない。電磁的記録にどこまでの確からしさを認めるインフラを用意するかについて立法時に議論がなされたが，電子署名法は最低限の効力を認めるにとどまっている。

4 デジタルプラットフォームに関する問題

電子商取引は取引コストを大幅に減少させることによって膨大な数の取引を可能にしたが，それは単に電磁的方法のみによって可能になったのではなく，売主と買主の情報を集積させ，商品を売りたい者と買いたい者が出会うための取引の基盤となる環境を提供する仕組みが現れたことも重大な要因である。このような取引の環境を提供する仕組みを**プラットフォーム**と呼ぶ（以下，プラットフォームを「PF」，デジタルプラットフォームを「DPF」とする）。PF のもっとも重要な特徴は，**間接ネットワーク効果**である。例えば，売主が10社しか登録していない通販サイトAと，1000社以上が登録している通販サイトBを比較してみよう。買主の立場からすれば，通販サイトAよりもBを利用した方が欲しい物がたくさん見つかり，実際に購入できる機会が多いだろう。つまり，買主が得られる利益の大きさが，売主サイドにどれだけの参加者がいるかに依存するのであり，売主にとっても同様のことが言える。このように，一方サイドの参加者や利用回数が増えるほど他方サイドの利用者の利益が増加する効果を間接ネットワーク効果という。これはPFというビジネスモデルの特徴であり，後で見るDPFに関する二つの法律も，この特徴に従ってDPFを定義している。

PF事業者は，間接ネットワーク効果を利用して収益を得ている。この効果の源泉は多数の利用者を抱えているということにあるから，PF事業者には利用者を囲い込もうとする強いインセンティブが働いている。PF事業者の規制を考える際には，この観点を意識することが重要である。

1　利用者の行為に関するプラットフォーム事業者の責任

CASE 11-3

Aは ID 登録をして利用料を支払った上で，B社の提供するインターネット・オークションサービスを利用して，Cの出品する商品を落札した。B社はエスクローサービスと呼ばれる，出品者と落札者の間に専門業者が入って代金や商品を現実に取り次ぐサービスを任意のサービスとして推奨していたが，Aはこれを利用することなくCに代金を支払ったところ，Cが商品を引き渡すことなく連絡不能となった。Aはインターネット・オークションサービスを提供しているB社に対して損害賠償を求めることができるか。

（参考事例）名古屋地判平成 20 年 3 月 28 日判時 2029 号 89 頁

（参照条文）民法 415 条・709 条

私法上議論のある問題として，利用者の行為について PF 事業者が責任を負うかという問題がある。PF を介した取引においては，売買契約自体はユーザー間で行われているに過ぎない。したがって，例えば商品が届かなかった場合にまず責任を負うのは売主である。しかし，買主は PF 事業者に対してなんらかの対処を期待するかもしれないし，PF 事業者は取引の基盤を構築して提供しているのであるから，ユーザー間の取引上の問題を回避するための一定の措置を取りうる立場にある。そこで，PF 事業者が何らかの責任を負わないかということが議論されている。

この問題に関して当初は，PF 事業者はあくまで取引の「場」を提供しているに過ぎず，利用者間取引については責任を負わないとする理解が出発点となっていた。しかし近時は，PF 事業者は利用者間取引によって利益を得ていること，取引環境の提供自体が一定のリスクを生じさせるものであることなどを根拠に PF 事業者に一定の義務を負わせるべきとする見解や，場合によっては PF 事業者と買主の間で直接に契約が締結されていると見ることができるとする見解など，PF 事業者の責任を認めるべきという主張も強くなされている。

参考事例の判決では，PF 事業者と利用者間の利用契約における信義則上，「欠陥のないシステムを構築して本件サービスを提供すべき義務」があり，そのサービス提供当時におけるインターネット・オークションを巡る社会情勢，関連法規，システムの技術水準，システムの構築および維持管理に要する費用，システム導入による効果，システム利用者の利便性等を総合考慮して判断されるとされたが，結論的には義務違反は否定された。なお，エスクローサービスとは，代金を第三者が買主から受け取った上で売主に対して保証し，商品の引渡しが確認できた時点で第三者が代金を売主に支払うサービスであり，インターネット・オークションなどのPF取引でしばしば利用されているシステムである。こうしたシステムを用意しているかどうかも，PF事業者の責任の有無の判断にあたって考慮されうる。

2 その他の問題

その他にも，PFをめぐっては多くの問題が生じている。例えば，売主の供給する商品についてPF事業者が広告を表示している場合に，景表法5条1号の「自己の供給する」商品についての表示にあたるものとして規制の対象となるかという問題や，PF事業者が出品者からの情報をそのまま表示した場合に表示主体性が認められるかという問題がある（⇒第**5**章）。また，販売業者が不当な広告をしている場合にPF事業者は責任を負うかという問題もあり，この点については後述の通り一定の法的対処がなされるに至っている。

また，PFを介した取引の簡便さは，消費者が売主になることをより容易にする。ところが，法制度の多くは販売業者側が事業者であることを前提としているため，消費者間取引においては種々の規制が機能しなくなるおそれがある。例えば，特商法の「販売業者」ないし「役務提供事業者」に該当するか，景表法の「事業者」，消費者契約法の「事業者」に該当するかといった問題が生じうる。また，仮に規制が及ぶとしても，例えば積極的広告表示規制として氏名や住所，電話番号といった情報の表示を個人である売主にどのように義務付けるべきかということも問題となる。

さらにPF事業者は，売主と潜在的な買主のマッチングの精度を高めるためにより効果的な広告を出すなどのきめ細やかなサービスを提供することによって間接ネットワーク効果を強めている。そのためにPF事業者は個人情報を取得しようとする一方で，利用者は個人情報の提供を躊躇したとしても，PFが生活にとって基盤的なものであるほど，PF事業者との取引を拒むことはできない。特に，個人情報は一つの財として取引の対象と考えられるようになってきているため，個人情報をいかに保護し，本人に情報の価値を帰属させるかという問題が生じる。これらの問題に対しては，独占禁止法の優越的地位の濫用規制や，個人情報保護法が対処している。また，個人情報が少数の事業者に集中することによって競争上の優位性が生じうるため，競争政策の観点からも問題を考える必要がある。このように，PF 事業者の規制は，消費者保護政策，個人データ保護政策，競争政策を総合的に考慮して設計されるべき問題である。

3　デジタルプラットフォームに関する法律

DPF について初めての法規制として，「特定デジタルプラットフォームの透明性及び公正性の向上に関する法律」（透明化法）が 2020 年に制定された。この法律は，DPF を利用する販売者の視点から取引の透明性や公正性を確保することを趣旨として，サービスの提供条件などの開示の義務づけ等を定めるものであるが，さらに 2021 年には，**「取引デジタルプラットフォームを利用する消費者の利益の保護に関する法律」**（取引 DPF 法）が成立した。この法律は，透明化法とは異なり消費者の利益を保護することを目的としており，対象たる PF を透明化法 2 条 1 項における「DPF」のうちオンラインモールやオークションサイトなどの「取引 DPF」に限定した上で（取引 DPF 法 2 条 1 項参照），以下のような仕組みを定めている。

まず，取引 DPF 提供者に対して，消費者が販売業者等と円滑に連絡をとることができるための措置等を講じ，それらの措置の概要等を消費者に開示することを求めている（同 3 条 1 項・2 項）。これらは努力義務ではあるが，消費者が適切な内容の開示の有無を確認することによって，取引 DPF の信頼性を評価することが期待されている。第 2 に，著しく事実に反するなど不当な商品表示がなされているものの，販売業者等を特定できないなどの理由により是正が期待できない場合には，内閣総理大臣は取引 DPF 提供者に対して例えば出品の停止などの必要な措置を要請することができ（同 4 条 1 項），取引 DPF 提供者がこの要請に従った結果として販売業者等に損害を与えたとしても，賠償責任は免責される（同条 3 項）。不当な表示に対して措置をとる義務を取引 DPF 提供者に課すのではなく要請に従わせるという仕組みにすることによって，取引 DPF 提供者が販売業者に対して責任を負いかねないという懸念に配慮したものとなっている。さらに，消費者が販売業者等に対する自己の債権を行使するために必要な場合には，販売業者等の情報の開示を取引 DPF 提供者に請求することができる（同5条1項）。また，行政機関だけではなく取引DPF提供者を構成員とする団体や国民生活センター，消費者団体などを構成員とする官民協議会の設置が定められている点も特徴的である（同6条～9条）。規制当局だけでなく取引の当事者を関与させて情報を共有することにより，実効的で機動的な取組みが期待されている。

CHECK

① 電子商取引には，特商法のどの取引形態に関する規律が適用されるか。また，その規律は，その取引形態のどのような特徴に着目してどのような規制を行っているか。具体例を考えながら整理してみよう。

② 電子商取引によって購入したものが思っていたものと違った場合，どのような手段をとることができるだろうか。広告画面と申込み画面に「返品は一切受け付けません」と書かれていた場合はどうか。考えてみよう。

③ DPFをめぐる法的問題にはどのようなものがあるだろうか。また，取引DPF法はどのような内容の規律を定めているか確認しよう。

読書案内 Bookguide

鹿野菜穂子「デジタル市場の健全な発展とプラットフォームに関する消費者関連ルールの形成」現代消費者法48号（2020年）4～13頁

丸山愛博「通信販売をめぐる法規制・被害救済の変遷と課題――情報通信技術の発展に着目して」現代消費者法58号（2023年）52～62頁

カライスコス・アントニオス「デジタルプラットフォームの販売責任」法学セミナー822号（2023年）34～39頁

特商法解説122～177頁〔ウェブ版76～131頁〕

後藤巻則ほか『条解消費者三法〔第2版〕』（弘文堂，2021年）564～705頁［後藤巻則執筆］

CHAPTER

第12章

継続的役務提供型の取引

1 継続的役務提供型の取引とは

1 継続的役務とは

例えば，英会話教室との間で英会話レッスンの受講契約を締結するように，消費者は，一定の**役務**を提供する事業者（以下，「役務提供事業者」）との間で役務の提供を目的とした契約（以下，「役務提供契約」）を締結し，当該役務の提供を受けることがある。役務は教育サービスやエステティックサービス，レジャーサービス，医療サービスのように，「サービス」という用語で言い換えることもできる。「サービス」という用語は，個々の取引業態や取引方法と結びつけて呼称され，これを一義的に捉えることは難しい。「金融商品の販売等に関する法律」（平成12年法律101号）は，現在では「金融サービスの提供及び利用環境の整備等に関する法律」に改称されているが，消費者契約法（消契法）のように，条文の文言には「役務」が用いられていることが多い（消契3条1項2号）。この章では，特に断りのない限り「役務」を用いることにしたい。

役務を提供する取引には，①引越業者による引越作業や自転車屋でのタイヤのパンク修理のように，1回の給付で役務の提供が完了する場合のほかに，②一定の期間にわたって継続的に役務が提供される場合がある。この章では，②

を「**継続的役務**」と呼ぶこととし，継続的役務を提供する取引を「継続的役務提供型の取引」として，その特徴や問題点を明らかにすることにしよう。

2 継続的役務提供型の取引の特徴

継続的役務提供型の取引の特徴として，まず，役務は無形であるので役務の内容を視認することができない点がある（特徴①）。レジャーサービスや運送サービスのように，役務の内容がほぼ定型化されているものを除けば，消費者が事前に役務の内容を特定し，品質や効能を視認することはできない。

次に，役務の効果は役務の提供を受ける消費者の能力や適性によって異なる。そのため，役務の内容を等しく同じ品質に保つことも難しく，消費者が品質を客観的に評価することも困難であり，問題となる役務に契約不適合がみられるかどうかを判断することも難しくなる。したがって，役務の品質を客観的に評価することができない（特徴②）。

継続的役務の提供を目的とする契約が取り消されたり，解除されたりした場合には，すでに提供を受けた役務を物理的に復元し，これを返還することが難しい（特徴③）。このとき，取消しまたは解除がされるまでに受けた利益のうち，どの範囲まで返還しなければならないのかが問題となる。

また，役務の場合，生産と消費が同時に行われることが多く，役務を貯蔵することができない（特徴④）。さらに，消費者に代金の前払いを求めるものである場合には，役務の提供と代金の支払いを厳密に同時履行の関係にすることは困難である（特徴⑤）。

3 何が問題となるのか

継続的役務提供型の取引では，役務提供契約の締結時から数か月が経過したときに，①消費者が契約締結時に思い描いていた役務の内容とは異なっていたので，役務提供事業者に解約を申し入れたところ，役務提供事業者から法外な解約手数料が要求される場面や，②役務提供事業者が経営不振により倒産する事態となってしまった場合に，顧客が前払いした代金の返還を求める場面で問題が生じやすい。継続的役務提供型の取引で生じる問題には，上述の特徴との関係で物（有体物たる動産）の提供を目的とする取引とは異なる面がみられる。

特徴①によれば役務が無形であり，特徴②によって品質の客観的な評価が困難である上に，例えば，美容整形による施術によって期待していた結果が伴わなかったとしても，明らかにそれと分かる場合でない限り，消費者が役務提供事業者の債務不履行責任を追及するのは難しい。また，特徴③および特徴④により，特に数回にわたって施術を必要とする場合，仮に施術がすべて完了する前に契約を解除することができたとしても，施術前の状態に戻すことも至難である。さらに，特徴⑤により，高額な代金を現金による前払いで支払うことができないために，消費者がカード会社や信販会社等の「信用購入あっせん業者」から信用供与を受けることがある。このとき，消費者が役務提供契約を中途解約する場合や，役務提供事業者が，例えば，消費者庁の行政処分として業務停止命令を受けている間に倒産してしまった場合にも，信用購入あっせん業者に対して代金の後払いを停止したり，既払金の返還を請求したりすることができるかが問題となる（⇒第**14**章3〔230頁以下〕）。

4　自主規制

以上のような問題が生じる場面や状況を想定して，個々の役務提供事業者または同業種の役務提供事業者で構成される組織が独自に安全基準や行為準則を定めたガイドラインやモデル契約書を公表するといった自主的な取組みが行われている。いわゆる「**自主規制**」である（⇒第**3**章6**1**〔45頁〕）。こうした自主規制は，法規や行政指導に基づいて行われるだけでなく，役務提供事業者自身からも自発的に行われている。しかし，こうした自主規制と行政規制との関連性には濃淡がみられ，例えば，「不当景品類及び不当表示防止法」に定める公正競争規約（⇒第**5**章**Column ❼**〔80頁以下〕）であれば，これに違反する場合には何らかの形で行政規制が発動されるのに対して，自主規制がなされていてもこうした違反に対して行政規制が関与しないものもあり，その実効性は上記の組織（以下，「自主規制機関」）に対する事業者の加盟率，自主規制機関の能力や権限等に左右される。また，事業者による自主規制は，公正な取引市場の形成という観点からも歓迎されるべきであるが，自主規制機関に加盟しない事業者にはそうした規制が及ばず，野放しになってしまうといった根本的な課題もある。こうした自主規制は，運用しだいでは競争制限となるおそれもあるので自主規制の基準の妥当性や運用の適切さが重要となる。

2 特定継続的役務提供に対する規制

1 何が「特定継続的役務提供」に当たるのか

継続的役務提供型の取引のうち，「特定商取引に関する法律」（特商法）で「**特定継続的役務提供**」として規制の対象とされているものがある（特商41条）。これに当たるのは，「特定商取引に関する法律施行令」（特商令）別表第4の期間と対価の要件を満たす，①エステティック，②美容医療，③語学教室，④家庭教師，⑤学習塾，⑥パソコン教室，⑦結婚相手紹介サービスである（特商令24条・25条。図表12.1）。これらは特にトラブルが多い取引類型として特商法の改正を経て規制対象とされた。一方，これらの取引類型に該当しない取引については特商法の適用がなく，民法や消契法のような他の法律の法規制に委ねられるが，その効果は十分ではない（⇒3）。そのため，特定継続的役務提供を上記の類型に限定することの合理性に対する批判がみられる。

Column ⑰ 特定商取引法に定める指定役務

特商法に定める指定役務は，実際に消費者トラブルとして問題になっている類型を特に拾い上げたものではあるが，必ずしも網羅的なものではない。例えば，特商令別表第4によれば，図表12.1の「エステティック」は人の皮膚を清潔にし，もしくは美化し，体型を整え，または体重を減ずるための施術を行うことと解されているところ（特商令別表第4の1の項），発毛・育毛にかかるサービスは特商法の「特定継続的役務提供」には当たらない。また，図表12.1の「学習塾」とは，入学試験に備えるため，または学校教育の補習のための小学校，中学校，義務教育学校，高等学校，中等教育学校，特別支援学校もしくは高等専門学校などの児童，生徒または学生を対象とした学力の教授と解されているが（特商令別表第4の5の項），ピアノ，絵画，習字等の技芸については，通常これに該当しないと解されている。しかし，このような狭い解釈では今後もいっそう多様化する役務の内容に対応できない。例えば，発毛・育毛にかかるサービスについては，端的に「エステティック」に当たると解釈する，または新たな項目として追加することが考えられるべきだろう。

図表 12.1 特商法の「特定継続的役務提供」（特商令24条・25条・別表第4）

特定継続的役務	特定継続的役務提供の期間	相手方が支払う金銭
エステティック	1か月を超えるもの	50,000円を超えるもの
美容医療		
語学教室	2か月を超えるもの	
家庭教師		
学習塾		
パソコン教室		
結婚相手紹介サービス		

2 広告規制

CASE 12-1

Aは，半年後に海外で商談を行う予定であった。現地スタッフとのコミュニケーションが少しでも円滑になればと思い，語学教室Bとの間で，レッスン受講契約（30回60分，計30万円）を締結した。Bの広告には「いつでもネイティブ講師との本格プライベートレッスンOK」と宣伝されていた。ところが，最初の数回こそネイティブ講師によるレッスンを受講できたものの，その後Bから，講師の都合があわないという理由で，残りのレッスンはすべて海外在住経験のない日本人講師によるレッスンを受講してもらうとの連絡を受けた。

（参照条文）特商法43条

役務提供事業者は，特定継続的役務の提供条件等について広告をするときは，その役務の内容や効果等について，著しく事実に相違する表示をし，または実際のものよりも著しく優良であり，もしくは有利であると人を誤認させるような表示をしてはならない（特商43条）。もっとも，特定継続的役務提供の場合，広告に示された情報だけで消費者が契約を締結するか否かを判断するわけではない。そのため，特定継続的役務提供には通信販売における広告の表示義務（同11条）に関する規定（⇒第**11**章**21**〔174頁以下〕）は定められていない。特定継続的役務の内容や効果のほかに何が表示規制の対象に当たるのかについては，特商法施行規則（特商規）103条に定められている（**図表12.2**）。

何が虚偽または誇大な広告に当たるかは，「著しく事実に相違する表示をし，又は実際のものよりも著しく優良であり，若《も》しくは有利であると人を誤認させ

図表 12.2　特商規 103 条に定める「特商法 43 条の主務省令で定める事項」

①　役務または権利の種類または内容（1 号。これには，役務を直接提供する者に関する事項〔施術者，講師等の資格や能力等〕も含まれるとされている〔通達〕）
②　役務の効果または目的（2 号）
③　役務もしくは権利，役務提供事業者もしくは販売業者または役務提供事業者もしくは販売業者の行う事業についての国，地方公共団体，著名な法人その他の団体または著名な個人の関与（3 号）
④　役務の対価または権利の販売価格（4 号）
⑤　役務の対価または権利の代金の支払いの時期および方法（5 号）
⑥　役務の提供期間（6 号）
⑦　特定継続的役務提供等契約の解除に関する事項（7 号）
⑧　役務提供事業者または販売業者の氏名または名称，住所および電話番号（8 号）
⑨　特商規 37 条 4 号に定める金銭以外の特定継続的役務提供受領者等の負担すべき金銭があるときはその名目およびその額（9 号）

るような表示」（特商 43 条）が基準となる。何が「著しく」に当たるかは個々の広告から判断される。通達（経済産業省「特定商取引に関する法律等の施行について」）によれば，「一般消費者が広告に書いてあることと事実との相違を知っていれば，当該契約に誘い込まれることはない」などの場合は「著しく」に当たると解されている。したがって，CASE 12-1 の場合，毎回ネイティブ講師によるレッスンを受講できないのであれば，A はレッスン受講契約を締結しなかったであろうから，B の広告は特商法 43 条に違反すると考えられる。役務提供事業者が特商法 43 条に違反するときは，罰則（100 万円以下の罰金。同 72 条 1 項 1 号）のほかに，指示（同 46 条。法違反状態を解消するために必要な措置をとるよう主務大臣が指示できる）や業務停止命令（同 47 条。指示に従わないときに主務大臣が業務停止を命令できる）を受けることになる。

3　不当な勧誘行為の禁止

CASE 12-2

A は，エステティックサロン B の広告を見て，B の店舗を訪ね，その場で肌の状態に関する無料チェックを受けることになった。その際，B の従業員に「乾燥肌を放置しておくと皮膚に大きなダメージを与えてしまい，病院で長い治療を受けることになります。今すぐケアをすべきですね。数回のケアを受けるだけで肌に潤いが戻り，ツルツルになります。」と言われ，AはBとの間でエステティックサービス契約を締結し，3か月間いつでもケアを受けることができるチケット10回分として合計5万円を支払った。また，基礎化粧品の購入も勧められたので，あわせてこれも購入し，5,000円を支払った。Aは数回Bの店舗に通ったものの，乾燥肌が一向に改善することはなく，購入した化粧品の塗布により肌の状態が悪化した。
（参照条文）特商法44条，消契法4条

役務提供事業者が，消費者に対し，特定継続的役務の提供に関する契約（以下，「特定継続的役務提供契約」）の締結について勧誘するときに，一定の事項について**不実告知**をしてはならない（特商44条）。この規制の趣旨は，虚偽の説明による勧誘によって，消費者の意思決定過程が歪められ，適正な判断ができないままに契約を締結し，また，クーリング・オフの行使が妨げられる事態を防止することにある。CASE 12-2では，Bによる勧誘行為が消契法4条1項に定める不実告知（⇒第**7**章**2**❶（**1**）〔105頁以下〕）に当たれば，特商法44条と消契法4条の双方が適用される可能性がある。しかし，特商法44条1項7号によれば，契約の締結を必要とする事情についての不実告知が禁止され，消契法4条1項による取消しが認められない不実告知についても取消しが可能となる。CASE 12-2のように，「皮膚に大きなダメージを与えてしま」うなどと告げる行為は特商法44条1項7号に定める禁止行為に当たり，取消しが認められる（特商49条の2）。特商法44条に違反する場合には，**2**と同様に，罰則（3年以下の懲役または300万円以下の罰金に処され，またはこれを併科される。同70条1号）に加えて，指示（同46条）や業務停止命令（同47条）を受けることになる。

4　書面交付義務・財務内容開示義務

(1)　規定内容

特商法には，役務提供事業者の書面交付義務に関する規定がある。それによれば，役務提供事業者は，①契約を締結しようとするときは，取引の概要について記載した書面すなわち「**概要書面**」を役務受領者に交付しなければならない。また，②契約を締結したときは，契約内容を明らかにする書面すなわち「**契約書面**」を役務受領者に交付しなければならない（特商42条1項・2項。書面の記載事項の詳細については，同条2項，特商規92条～96条）。

役務提供事業者がこれらの書面を交付することで，①の概要書面の場合，取引対象を確定し，十分かつ適正な情報に基づいて役務受領者の自由な意思決定を確保すること，また，②の契約書面の場合，当該契約に基づく当事者の権利義務を明確にし，後日のトラブル発生を防ぐことができる。特商法42条1項～3項に違反する場合には，罰則（特商71条1号）に加えて，指示（同46条）や業務停止命令（同47条）の対象となる。また，契約書面が交付されない場合や，記載事項に欠落があったり，虚偽記載が認められたりした場合には，クーリング・オフの権利行使期間の起算日が進行しないため，申込み・契約からの期間の経過にかかわらずクーリング・オフ（⇒**5**。同48条）ができる。

開示規制として，特商法42条に定める書面交付義務のほかに，財務内容を開示する義務が定められている。すなわち，役務提供事業者は，特定継続的役務提供に先立って，その相手方から5万円を超える金銭を受領する特定継続的役務提供に係る取引を行う場合は，業務・財産状況を記載した書類を事務所に備え置かなければならず（同45条1項，特商規105条），相手方はその書類の閲覧を求め，または役務提供事業者の定める費用を支払って謄本もしくは抄本の交付を求めることができる（特商45条2項）。

(2) 特定商取引法等における書面交付義務の電子化

2021年6月16日に，「消費者被害の防止及びその回復の促進を図るための特定商取引に関する法律等の一部を改正する法律」（令和3年法律72号）が公布された（2022年施行）。これによれば，事業者が交付しなければならない契約書面等について，相手方である消費者の承諾があった場合には，電子メールの送付等による電磁的方法で行うことが可能となる（書面交付義務の電子化）。デジタル社会やオンライン取引が進む中，書面交付義務の電子化が特商法（および「預託等取引に関する法律」）においても議論され，書面の電子化の対象が訪問販売など特商法に定める各取引類型と共に，特定継続的役務提供についても拡大されることとなった（特定継続的役務提供については，特商42条4項・5項）。

書面交付義務の電子化については，特商法が書面交付義務を定めたことによる消費者保護機能が十分に果たされなくなるとの批判がある。一般に，契約書面には，当事者が合意した契約内容を一覧できる状態で情報提供を受け，確認できる「確認機能」があり，その後も債務の履行状況について債務不履行または契約適合性を契約条項に照らして判断する手がかりとする「保存機能」がある。さらに，特定継続的役務提供の場合，役務提供事業者が，契約内容を正確に記載した書面を交付することで（特商42条2項），消費者に冷静に考え直す機会を与えて契約締結の判断の適正さを確保する「警告機能」がある（これにより，消費者は，交付された書面により契約内容を冷静に確認した上で，その契約を維持するか解消するかを判断する機会が与えられる）。

継続的役務提供型の取引においては，長期間の契約関係が継続することが多く，契約締結後しばらくして契約内容と履行状況の適合性が問題となる事態が生じやすい。そこで，書面交付義務により消費者が契約内容を手元に保存しておくことができ，債務不履行や契約不適合の有無等を判断する資料を確保できることにメリットがある。特商法は，次に説明するクーリング・オフ期間の経過後も，契約関係継続途中に理由を問わない中途解約権を強行規定として消費者に付与し，違約金の上限規制も設けているが（同49条など），書面交付にはこのような中途解約権の存在を告知する意義もある。したがって，書面交付義務の電子化によってこれらの機能を等閑視するおそれがあり，消費者取引にも及ぼす影響が大きい。そのため，2023年に，概要書面や契約書面に記載すべき事項を電磁的方法によって提供する場合について，これに関連する規定の解釈等に関する「契約書面等に記載すべき事項の電磁的方法による提供に係るガイドライン」が消費者庁で公表されている（⇒第**9**章③**3**(2)(c)〔146頁〕）。

5　クーリング・オフ

特定継続的役務提供の場合にも**クーリング・オフ**が認められている。これにより，特定継続的役務を受領する消費者は，権利行使期間として定められた期間内であれば，特定継続的役務提供契約について書面によって無条件かつ無理由でその契約を解除することができる（⇒第**9**章③**3**(2)〔144頁以下〕）。特定継続的役務提供の場合，クーリング・オフが可能な権利行使期間は，書面受領日から8日以内（特商48条1項）である。また，消費者がクーリング・オフをすると，役務提供事業者は，損害賠償や違約金の支払いを求めることができない（同条4項）。消費者に対して当該特定継続的役務の対価等の支払いを求めることもできない（同条6項）。役務提供事業者は，入会金等，受領した金銭を速やかに返還する必要がある（同条7項）。特定継続的役務提供の場合，特定継続的役務提供等契約についてクーリング・オフを行使することができる（同条1項）ほかに，その特定継続的役務に関連する商品の販売契約についてもクーリング・オフを行使することができる（同条2項）。CASE 12-2 の基礎化粧品の購入についてもクーリング・オフが可能である。

6 中途解約権と損害賠償額の規制

CASE 12-3

Aは，語学教室Bのレッスンを1年間利用可能なチケット50枚を15万円で購入し，また，別途CD等の教材費として5万円を支払っていた。チケットを20枚使用した時点で中途解約をすることになった。

（参考事例）最判平成19年4月3日民集61巻3号967頁［消費者法百選53事件］

（参照条文）特商法49条1項・3項

一般に，継続的役務の場合にはその効果を最初から予測することは難しい。そこで，効果が契約当時に思い描いていたものと異なる場合には，**中途解約**をする権利が受領者に認められる。これは，クーリング・オフができなくなる，契約書面受領日から8日を経過した後（特商49条1項・3項）に有効な手段となる。継続的役務提供の場合，契約期間が長期にわたることから，契約期間中に継続的役務の提供を受ける消費者の側に事情変更が生じ，その後も引き続き役務の提供を受けることが困難となる状況（転居など）も生じうる。そこで，クーリング・オフ期間が経過した後においても将来に向かって特定継続的役務提供契約の解除を認める中途解約権が定められ（同条1項），中途解約に伴い事業者が請求しうる損害賠償等の額の上限が定められている（同条2項。**図表12.3**）。

特商法49条については，語学教室（以下，「教室」）の受講契約における中途解約時の清算規定（以下，「本件清算規定」）について判断を示した CASE 12-3 参考事例がある。受講契約によれば，受講生が事前にポイントを購入し，そのポイントを用いてレッスンを受けることができ，ポイントを大量に購入すればするほど割引率が高くなり，ポイント単価が安くなる仕組みとなっていた。また，本件清算規定には，契約時に支払われた代金総額から使用済ポイントの対価額を控除した額を返還し，使用済ポイントの対価額の算定は契約時単価によるのではなく，それより高い単価（使用済ポイント数に相当するポイント数を購入

図表 12.3 損害賠償等の額の上限

【契約の解除が特定継続的役務の提供の開始前であるとき】

契約の締結および履行のために通常要する費用の額として，特商令 31 条・別表第 4 の「契約の締結及び履行のために通常要する費用の額」欄に掲げる額（特商 49 条 2 項 2 号。下表参照）

エステティック	20,000 円
美容医療	20,000 円
語学教室	15,000 円
家庭教師	20,000 円
学習塾	11,000 円
パソコン教室	15,000 円
結婚相手紹介サービス	30,000 円

【契約の解除が特定継続的役務の提供の開始後であるとき】

次の①と②を合算した額（特商 49 条 2 項 1 号）

① 提供された特定継続的役務の対価に相当する額（同号イ）

② 解除によって通常生ずる損害の額として，特商令 30 条・別表 4 の「契約の解除によって通常生ずる損害の額」欄に掲げる額（同号ロ。下表参照）

エステティック：次の(a)(b)のいずれか低い額
(a) 20,000 円 (b) （当該契約に係る役務の対価の総額一提供された役務の対価相当額（契約残額））×10/100
美容医療：次の(a)(b)のいずれか低い額
(a) 50,000 円 (b) （当該契約に係る役務の対価の総額一提供された役務の対価相当額（契約残額））×20/100
語学教室：次の(a)(b)のいずれか低い額
(a) 50,000 円 (b) （当該契約に係る役務の対価の総額一提供された役務の対価相当額（契約残額））×20/100
家庭教師：次の(a)(b)のいずれか低い額
(a) 50,000 円 (b) 当該契約における 1 か月分の役務の対価相当額
学習塾：次の(a)(b)のいずれか低い額
(a) 20,000 円 (b) 当該契約における 1 か月分の役務の対価相当額
パソコン教室：次の(a)(b)のいずれか低い額
(a) 50,000 円 (b) （当該契約に係る役務の対価の総額一提供された役務の対価相当額（契約残額））×20/100
結婚相手紹介サービス：次の(a)(b)のいずれか低い額
(a) 20,000 円 (b) （当該契約に係る役務の対価の総額一提供された役務の対価相当額（契約残額））×20/100

した場合のポイント単価）による旨が規定されていた。

数百ポイントを購入した受講生が，その3分の2程度を使用し終わった頃に受講契約を中途解約し，未使用ポイントに相当する代価の返還を求めた。清算について，受講者側が，契約時単価をもとに未使用ポイント代価を算出すべきとしたのに対し，教室側は，本件清算規定に基づいて使用済ポイントの対価額を算出すべきであるとして争った。

最高裁は，解除があった場合にのみ適用される高額の対価額を定める本件清算規定は，実質的には，損害賠償額の予定または違約金の定めとして機能するもので，特商法49条の規定趣旨に反して受講者による自由な解除権の行使を制約するとして教室側の主張を退け，本件清算規定が特商法49条2項1号に違反して無効であるとした。

CASE **12-3** の場合，**図表 12.3** の **【契約の解除が特定継続的役務の提供の開始後であるとき】** の「**語学教室**」であるから，契約の解除によって通常生ずる損害額は5万円または（当該契約に係る役務の対価の総額－提供された役務の対価相当額（契約残額））×20/100のいずれかの低い額である。具体的には，チケット1枚あたりの金額は15万円÷50枚＝3,000円，チケットの既使用分は3,000円×20枚＝6万円で，契約残額の2割は（15万円－6万円）×20/100＝18,000円となり，これは5万円より低い金額であるから，18,000円が契約の解除により通常生ずる損害額とみなされ，これに提供された役務の対価分6万円を加算した78,000円が，BがAに請求できる解約手数料の上限となる。教材費の5万円については，Aが教材を返還した場合には通常の使用料を，返還しない場合には販売価格である5万円をBが請求できることになる。

3 民法・消費者契約法による規制

特商法の「特定継続的役務提供」の対象となる取引は限定的であり，特商法の適用対象外となる継続的役務提供型の取引については民法または消契法による規制に委ねられることになる。例えば，中途解約時の前払金不返還条項が問題になっている場合，消費者は，同条項は実質的には損害賠償額の予定・違約金条項であるとして，消契法9条1項1号に基づき，「平均的な損害」を超える部分は無効であると主張し，平均的な損害額を超える部分の額の返金を請求する。他方，前払金不返還条項を損害賠償額の予定・違約金条項と捉えることに批判的な見解からは，役務提供型の契約では解除の自由が認められ（民641条・651条参照），未提供役務部分の対価は返還されるべきところ，前払金不返還条項は未提供役務部分の対価の保持を事業者に認めるものであり，任意規定に比して消費者の権利を制限し，かつ信義誠実の原則に反して消費者の利益を一方的に害するものとして，消契法10条により無効となると主張し，提供済役務相当額を差し引いた前払金の返還を求める法律構成も考えられる（⇒第**8**章3**4・5**〔132頁以下〕）。

Column ⑱ 民法改正における役務提供契約をめぐる議論

民法典には，役務提供型の契約類型として雇用，請負，委任および寄託（民623条〜666条）があり，これらの類型に該当しない役務提供契約は準委任（同656条）に含めるという構成がなされている。わが国の民法典の起草者の構想によれば，役務提供契約は請負（労務の成果に対して対価を支払うもの）と雇用（労務そのものを目的とするもの）のいずれかに分類されると考えられていた。その後，労働基準法等で「労働契約」の概念が形成され，学説によって使用者の指揮命令に従って労務を提供する「使用従属性」の要素が雇用にも取り込まれることとなったため，請負でも雇用でもない役務提供契約が存在することになった。そこで，「準委任」（民656条）を事務処理契約一般に関する規律であると理解して，役務提供契約一般を「準委任」に含めるという構成がとられることになった。しかし，準委任に関する規定や，準委任に準用される委任に関する規定のすべてが，役務提供契約一般に適合するわけではない。判例では「有償双務契約としての性質を有する私法上の無名契約」と性質決定することで，委任に関する規定の適用を回避するもの（最判平成18年11月27日民集60巻9号3437頁［消費者法百選44事件］）もみられた。2017年の民法改正作業では受け皿的な規定として役務提供契約の総則規定を設けることが提案された。そうした規定の創設はかえって役務提供契約の理解を混乱させるとの批判もあり，立法は見送られたが，デジタル化社会が進む今日では「物品」と「役務」の線引きもますます難しくなっている。したがって，「役務を提供する契約」とは何かを改めて考える必要があるだろう。

Column ⑲ サブスクリプション・サービス（サブスク）による契約

近年，サブスクリプション・サービス（サブスク）による契約（商品やサービスを定期的に購入するもの。「定期購入契約」ともいう）をめぐる消費者トラブルが数多くみられる。特に，消費者が「初回無料」「お試し」「いつでも解約可能」といった表示につられ，契約内容を十分に検討することなく安易に契約を締結しやすい反面，解約に関して細かい条件が付されているなど解約手続が複雑で困難であるため，中途解約もままならず消費者が不当に契約に拘束されるといった問題が生じている（定期購入契約に関する特商法の規制については⇒第**11**章**23**〔179頁以下〕）。アフィリエイト広告やターゲティング広告（⇒第**5**章**43**〔81頁以下〕）によって，パソコンのウェブサイトやスマートフォンのアプリにおいて定期購入に誘導するようなボタンが配置されるなど，それらの表示やデザインそのものに問題があることも多い。2022年の消契法改正により，消費者の求めに応じて，消費者契約により定められた当該消費者が有する解除権の行使に関して必要な情報を提供する義務が事業者に課されることになった（消契3条1項4号）。しかし，これは事業者の努力義務にとどまっており，消費者の実効的な救済にはほど遠く，解決すべき課題はなお残されている。

CHECK

① 継続的役務提供型の取引において継続的役務の特徴を原因として生じる問題について，具体例を考えながら整理してみよう。

② 特商法に定める「特定継続的役務提供」の法規制について，クーリング・オフや中途解約権といった具体的な制度を念頭に置きつつ，説明してみよう。

③ 継続的役務提供型の取引における民法や消契法による規制について，特商法の「特定継続的役務提供」による規制と比較し，こうした取引に対する法規制の課題を考えてみよう。

読書案内　Bookguide

丸山絵美子『中途解除と契約の内容規制』（有斐閣，2015年）

手嶋豊「役務提供契約」安永正昭ほか監修『債権法改正と民法学Ⅲ 契約(2)』

（商事法務，2018 年）299 ～ 326 頁
池本誠司「特定商取引法および特定商品預託法の書面交付義務の電子化の提案についての検討」現代消費者法 50 号（2021 年）64 ～ 71 頁
永岩慧子「役務提供をめぐる法規制・被害救済の変遷と課題」現代消費者法 59 号（2023 年）93 ～ 101 頁
川村尚子「デジタル・サブスクリプション」法学セミナー 827 号（2023 年）19 ～ 24 頁
特商法解説 334 ～ 396 頁〔ウェブ版 288 ～ 350 頁〕

CHAPTER

第13章

連鎖販売取引（マルチ商法）

1 連鎖販売取引とは

CASE 13-1

20代のAは，マッチングアプリで知り合った同世代のBに，100億円の資産家で，かつて芸能界にいたというCを紹介された。Cは有名人にメンタル強化の方法を教えていたと言い，「皆で金持ちになれる」と自身がリーダーを務めるプライベートコミュニティーへAを誘った。メンバーは120人くらいで，毎月勉強会と称する集まりがある。Cは30代半ばで魅力的な人物であったため，Aは話を聞けば聞くほど引き込まれてしまった。Aは，「入会金は80万円だが，人を紹介すると30万円がもらえる。2人紹介して60万円を手にした人もいる。君もこのビジネスをやるべきだ」と言われ，ATMで80万円を下ろし，50万円はCに，30万円はBに渡したが，契約書や領収書はもらっていない。しかし，株のデータが無秩序に入ったアプリケーションを自分で読み込めと言われただけで，勉強会も初回以外はとりとめもなく雑談をしている。Aは，儲からないので返金してほしいと思っている。

（参照条文）特商法33条・37条・40条・40条の2・40条の3

1　連鎖販売取引の定義と仕組み

(1)　定　義

連鎖販売取引（一般的に「**マルチ商法**」と呼ばれることが多い）を規律する代表的な立法としては，「特定商取引に関する法律」（特商法）があり，関連する規定は，同法の33条から40条の3に置かれている。連鎖販売取引の定義規定である33条1項を見ると，長文で分かりにくい内容となっている。これによると，連鎖販売取引とは，物品の販売または有償で行う役務（サービス）の提供の事業であって，販売の目的物である物品（「商品」）の再販売，受託販売もしくは販売のあっせんをする者，または同種役務の提供もしくは提供のあっせんをする者を，特定利益を収受し得ることをもって誘引し，その者と特定負担を伴うその商品の販売もしくは販売のあっせん，または同種役務の提供もしくは提供のあっせんに関する取引をするものをいう。

つまり，この定義規定によると，連鎖販売取引は，次の四つの要素によって構成されるのである。①物品の販売または有償での役務の提供に関する事業であること，②再販売，受託販売もしくは販売のあっせん，または役務の提供もしくはそのあっせんをする者（加入者）を誘引するものであること，③これらの者（加入者）を，特定利益が得られるとして誘引すること，④これらの者（加入者）と，特定負担を伴う取引（取引条件の変更を含む）をするものであることの四つである。

上記のうち，③の「特定利益」とは，例えば，加入者を獲得した場合に得られる紹介料や，自分の獲得した加入者が商品を販売した場合に得られるマージン等のことである。連鎖性を伴うものでなければならないため，単に購入者を勧誘したことによる売上利益は，これに該当しない。また，④の「特定負担」とは，商品を仕入れるための売買代金や，加盟金等のことである。特定負担の下限は設けられておらず，1円以上であれば要件を満たす。

(2)　仕組み

連鎖販売取引の仕組みは，概ね次の通りである。連鎖販売取引の「連鎖」のトップにいる者は，他の者に対して製品やサービスを販売した上で，これらの者を販売組織に加入させる。そして，今度はこれらの者が他の者に対して製品やサービスを販売し，勧誘して新たに加入させると，これらの者に紹介料やマージン等といった名目で利益を与え，このことが連鎖的に拡大していくのである。

連鎖の上位にいる者は，自分の系列（自分の下位）にいる者が増えるほど収入が増えやすく，その内のごく一部は利益を上げることができる。これに対し，他のほとんどの者は，損失を被ることが多い。また，新たな加入者を探す際に，友人や後輩など，つながりがあり，かつ断りにくい人間関係にある者を勧誘することが多いため，身近な者に損失を与えたり，執拗な勧誘や不信感などから人間関係に悪影響が出たりすることが少なくない。連鎖販売のスキームでは，被害者である者が加害者にもなるという特徴が見られるのである。このように，交流関係や人間関係を利用する傾向にあることから，大学内で展開され拡大することがよくある。また，最近の動向として，SNS を通じた勧誘が多く見られること，インターネット上で顔と名前を出して発信している人（YouTuber 等）によって誘われる事案が生じていること，商品ではなく，投資や儲け話などに関するいわゆる「モノなしマルチ商法」に関する被害や相談が増加していることが挙げられる。モノなしマルチ商法の特徴は，物品以外の，権利や役務を対象とする違法なものだということにある。さらに，初めは，儲かると勧誘して借金をさせて高額な商品などを購入させ，相手がその返済に困っているところに特定利益の話を持ち出すいわゆる「後出しマルチ商法」もよく見られる。

連鎖販売取引は，様々な組織の仕方があるが，少なくとも**図表 13.1** のようにピラミッド型に展開されるものは，これに加入する人が無限に増えない限り加入者が自己の投下した金額を回収できないことになるため，どこかの時点で必然的に破綻する。後述する無限連鎖講（ねずみ講）についても同様である。

CASE 13-1 の事例では，プライベートコミュニティーにおける勉強会という役務の提供について，そのあっせんをすることを A に提案しており，紹介料等の特定利益が得られるとして誘引し，入会金の支払いという特定負担を負わせているため，連鎖販売取引に該当する。そこで，A がこれをキャンセルするためにどのような手段を有するのかについては，後述する規制手段の内容を見る必要がある（⇒ ②）。

図表 13.1 マルチ商法

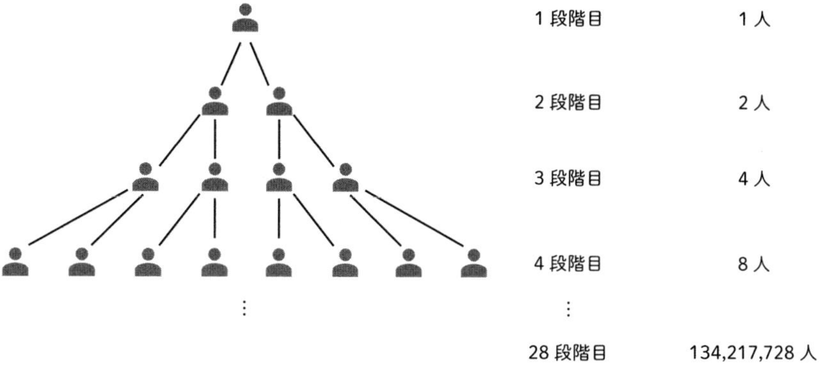

各加入者が 2 人勧誘していく場合の組織。各加入者が 2 人勧誘していく場合でも，28 段階目で日本の総人口に達することが分かる（3 人以上勧誘していくと，より早い段階で総人口に達する）。

2 無限連鎖講（ねずみ講）との違い

(1) 無限連鎖講とは

CASE 13-2

A は，SNS に「学生でありながら稼いでいる。」という書き込みがあったので投稿者に仕事の内容を聞いたところ，登録申請するための URL や利用規約が送られてきた。稼ぐためには登録をする必要があり，登録料 20 万円ぐらいが必要であること，この事業を人に紹介すると 1 人につき数万円の紹介料がもらえること，登録後も仕事の不明なところはいつでもサポートをすることを説明された。A は，サイト上で登録申請を行い，約 22 万円をクレジットカードで決済した。その後，事業の内容の詳細は動画で確認するようにと URL が送付されてきた。契約後，業者にシステムの不明な点を問い合わせたところ，「動画を見ろ」とまったくサポートをしてくれず，今後どのように作業したらよいか分からないので，A は解約をしたいと考えている。

（参照条文）無連法 5 条・6 条・7 条，民法 90 条・121 条の 2

仕組みが連鎖販売取引に類似する取引形態として，**無限連鎖講**がある。無限連鎖講は，一般的に「**ねずみ講**」と呼ばれることが多く，これを規制する特別法として，「無限連鎖講の防止に関する法律」（無連法）が存在する。同法 2 条の定義規定によると，無限連鎖講とは，金品を出捐《しゅつえん》（拠出）する加入者が無限に増加するものであるとして，先に加入した者が先順位者，以下これに連鎖して段階的に２以上の倍率をもって増加する後続の加入者がそれぞれの段階に応じた後順位者となり，順次先順位者が後順位者の出捐する金品から自己の出捐した金品の価額または数量を上回る価額または数量の金品を受領することを内容とする金品の配当組織をいう。

この定義規定によると，無限連鎖講は，次の四つの要素によって構成される。①金品を配当する組織であること，②加入者が無限に増加するものであること，③加入者が２倍以上に増加していくこと，④加入者による，自己の出捐した金品の価額または数量以上の配当の受領を内容とするものであることの四つである。なお，ここでいう「金品」は現金に限定されず，有価証券，商品券やプリペイドカードなども含まれる。

例えば，SNSで出会って交流するようになった者から，その者がすでに会員になっているネットワークに会費を払って会員になれば，今度は自分が誰かをそのネットワークに入会させるたびに配当が増えていく，と誘われたような場合のネットワークの仕組みである。

⑵ 連鎖販売取引との違い

ここまで，連鎖販売取引と無限連鎖講の基本的な構造を紹介してきたが，それぞれに対する規制を見ると，連鎖販売取引は禁止されておらず，後述する厳格な規制に服するのに対し，無限連鎖講は明示的に禁止されている。そこで，これら二つの仕組みの違いがどこにあるのかを理解する必要がある。まず，共通点として，いずれも人を介して展開され，一般的にピラミッド型に展開されることが挙げられる。これに対して，その違いは，端的に，それぞれの仕組みの目的にある。連鎖販売取引では，実体のある製品の販売やサービスの提供が目的になっており，金銭とこのような商品のやり取りが行われる。一方で，無限連鎖講の目的は金品の配当と受領にあり，金品だけがやり取りされる。そのため，無限連鎖講は，詐欺的な内容のものに発展しやすい傾向にあり，禁止されているのである。理論的にはこのように整理することができても，現実ではこれら二つの間の境界線は必ずしも明確ではない。なぜなら，実体のない商品を取り扱うようなものであったり，紹介料等を中心として組織されていたりするような場合には，たとえ「マルチ商法」と名付けられている場合であっても，

図表 13.2 ねずみ講とマルチ商法の違い

無限連鎖講 （ねずみ講）	連鎖販売取引 （マルチ商法）
金品のやり取りのみ	商品に関する取引あり
禁止 （無連法）	厳格に規制 （特商法）

無限連鎖講に該当することになるからである。

これら二つの類型のほかに，いわゆる「**マルチまがい商法**」（「**マルチ商法まがい**」とも呼ばれている）というものもある。これは，従来は，実質においては連鎖販売取引と同じであるにもかかわらず，法令上の規制を免れるために，連鎖販売取引の定義に該当しないように装うものであった。例えば，かつて，連鎖販売取引の定義のうち「特定負担」については，2万円以上のものでなければならないと規定されていたため，この金額を下回る特定負担のものは，他のすべての要素が連鎖販売取引の要件を満たす場合であっても，連鎖販売取引に該当しなかった。しかし，2000年の特商法改正により特定負担は1円以上であればよいこととなったため，それまでマルチまがい商法として位置づけられていたものも連鎖販売取引に該当するようになった。現在では，無限連鎖講や投資詐欺などを，マルチ商法に見せかけて適法であるとの印象を与えようとするものについても「マルチまがい商法」という用語が使われている。

CASE **13-2** を見ると，形としては事業が存在しているが，その実態は不明確であり，実際には登録料の支払いとそこからの加入者への紹介料を中心として構成されている。そして，他の要素においても前記の無限連鎖講の定義に当てはまるものであるため，これに該当する。

(3) 無限連鎖講の規制

無連法3条によると，無限連鎖講の開設や運営，これへの加入や加入の勧誘，さらにはこれらの行為を助長する行為をしてはならない。このように，無限連鎖講は全面的に禁止されているのである。

それでは，無限連鎖講の禁止に違反した場合の効果は，どのようなものだろうか。まず，無連法では，次のような罰則が設けられている。無限連鎖講を開設または運営した者は，3年以下の懲役もしくは300万円以下の罰金（あるいは，これらの併科）（無連5条），業として無限連鎖講に加入することを勧誘した者は，1年以下の懲役または30万円以下の罰金（同6条），無限連鎖講に加入することを勧誘した者は，20万円以下の罰金（同7条）に処されるのである。

一方，無限連鎖講の禁止に反して締結された契約の効力については，特別の規定が置かれていない。そのため，その効力は，民法90条に定められている公序良俗違反の枠組みにおいて判断されることになる。法により禁止され，刑罰の科される取引形態である以上，これに関する契約は公序良俗に違反して無効となる（例えば，無限連鎖講入会契約が公序良俗に反し無効とされた長野地判昭和52年3月30日判時849号33頁を参照）。また，加入者は，状況によっては不法行為に基づく損害賠償請求権（民709条）を有することもある。

CASE 13-2 のAは，締結した契約が無効であるとして，民法90条および121条の2に基づいて登録料の返還を請求できる。また，違法なこの事業の開設，運営，これへの勧誘を行った者には，刑罰が科される。

2 連鎖販売取引の規制

1 規制の対象となる主体

連鎖販売取引について特商法で規制対象となっている主体は，次の通りである。

(a) 統括者

連鎖販売業を実質的に統括する者である。連鎖販売業に係る商品に自己の商標を付し，もしくは連鎖販売業に係る役務の提供について自己の商号その他特定の表示を使用させ，連鎖販売取引に関する約款を定め，または連鎖販売業を行う者の経営に関し継続的に指導を行う者などが想定される。

(b) 勧誘者

統括者が，統括する一連の連鎖販売業に係る連鎖販売取引について勧誘を行わせる者である。

(c) 一般連鎖販売業者

統括者または勧誘者以外の者であって，連鎖販売業を行う者である。連鎖販売業の加入者のうち誰が「連鎖販売業を行う者」に該当するのかは，連鎖販売業の組織によって異なる。契約の締結を組織の中心となる者が集中的に行う場合には，通常，その組織の中心になる者が「統括者」かつ「連鎖販売業を行う者」であり，組織の各加入者は「連鎖販売業を行う者」には該当しないと考えられる。また，本部は最上位のランクの者との間でのみ契約を締結し，以下のランクの者は自己の直近上位の者との間で特定負担を伴う取引を行う場合には，最下位のランクの者を除いて，それぞれのランクの者が「連鎖販売業を行う者」となり得る（経済産業省「特定商取引に関する法律等の施行について」）。

2　規制の内容

(1)　広告規制

統括者，勧誘者または一般連鎖販売業者は，連鎖販売取引について広告するときは，広告に，連鎖販売業に関する次の事項を表示しなければならない。つまり，①商品または役務の種類，②連鎖販売取引に伴う特定負担に関する事項，③連鎖販売業に関する特定利益について広告するときは，その計算の方法，④その他，省令で定められている事項である（特商35条）。

さらに，誇大広告は禁止されており，統括者，勧誘者または一般連鎖販売業者は，連鎖販売取引について広告するときは，連鎖販売業に関する商品の性能や品質，施設を利用する権利や役務の提供を受ける権利，役務の内容，連鎖販売取引に伴う特定負担，連鎖販売業に関する特定利益その他の事項について，著しく事実に相違する表示をしたり，実際のものよりも著しく優良であり，もしくは有利であると人を誤認させるような表示をしたりしてはならない（同36条）。

(2)　勧誘規制

連鎖販売取引に関する勧誘規制としては，次のものが設けられている。

(a)　氏名等の明示

統括者，勧誘者または一般連鎖販売業者は，連鎖販売取引をしようとするときは，勧誘に先立って，相手方に対し，統括者，勧誘者または一般連鎖販売業者の氏名または名称，特定負担を伴う取引の契約締結について勧誘をする目的である旨および勧誘に関する商品または役務の種類を明らかにしなければならない（特商33条の2）。

(b) 勧誘の際の禁止行為

連鎖販売取引の勧誘に際しては，下記の通り，不実のことを告げたり，威迫して困惑させたり，閉鎖的な場所で勧誘したりすることが禁じられている。

①統括者または勧誘者は，連鎖販売取引の契約締結について勧誘するに際し，または連鎖販売取引についての契約の解除を妨げるため，特定負担や解除等の一定の事項につき，故意に事実を告げず，または不実のことを告げる行為をしてはならない（特商34条1項）。②一般連鎖販売業者は，連鎖販売取引の契約締結について勧誘するに際し，または連鎖販売取引についての契約の解除を妨げるため，特定負担や解除等の一定の事項につき，不実のことを告げる行為をしてはならない（同条2項）。③統括者，勧誘者または一般連鎖販売業者は，連鎖販売取引についての契約を締結させ，または連鎖販売取引についての契約の解除を妨げるため，人を威迫して困惑させてはならない（同条3項）。④統括者，勧誘者または一般連鎖販売業者は，特定負担を伴う取引の契約締結について勧誘するためのものであることを告げずに営業所や代理店等において呼び止めて同行させるなどの方法により誘引した者に対し，公衆の出入りする場所以外の場所において，その契約の締結について勧誘してはならない（同条4項）。

(c) 未承諾者に対する電子メール広告の提供の禁止

①統括者，勧誘者または一般連鎖販売業者は，一定の場合を除き，連鎖販売取引について，相手方となる者の承諾を得ないで電子メール広告をしてはならない（特商36条の3第1項）。②電子メール広告に関する承諾を得たりなどしている統括者，勧誘者または一般連鎖販売業者は，連鎖販売取引電子メール広告の相手方から連鎖販売取引電子メール広告の提供を受けない旨の意思の表示を受けたときは，相手方に対し，連鎖販売取引電子メール広告をしてはならない（同条2項）。③統括者，勧誘者または一般連鎖販売業者は，連鎖販売取引電子メール広告をするときは，連鎖販売取引電子メール広告をすることにつき相手方の承諾を得，または相手方から請求を受けたことの記録を作成し，保存しなければならない（同条3項）。④統括者，勧誘者または一般連鎖販売業者は，連鎖販売取引電子メール広告をするときは，連鎖販売取引電子メール広告に，相手方が連鎖販売取引電子メール広告の提供を受けない旨の意思の表示をするために必要な事項を表示しなければならない（同条4項）。

(3) 書面交付義務

(a) 契約締結前の書面交付義務

連鎖販売業を行う者は，連鎖販売取引に伴う特定負担をしようとする者と特定負担についての契約を締結しようとするときは，契約を締結するまでに，連鎖販売業の概要について記載した書面（書面および相手方による承諾があった場合の電磁的方法による提供のいずれも含む。以下同じ）をその者に交付しなければならない（特商37条1項・3項）。

(b) 契約締結後の書面交付義務

CASE 13-3

Bは，化粧品，美容機器等の販売等を目的とする会社であり，連鎖販売取引の方法で美容機器付音響機器等を販売している。Aは，Bと，連鎖販売取引の一環として4回にわたって美容機器付音響機器等の売買契約を締結し，Bに1300万円を支払った。契約締結後にBがAに交付した書面には，会員の「左ライン」および「右ライン」の売上によって昇格の可否が決められること，「育成ボーナス」が支給されることに関する記載があったが，これらの意味は説明されていない。Aは，この書面の交付を受けてから1か月後に，クーリング・オフをしようと決断した。

（参考事例）名古屋地判平成31年4月16日判時2426号47頁

（参照条文）特商法37条2項・40条

連鎖販売業を行う者は，連鎖販売取引についての契約を締結した場合において，連鎖販売契約の相手方が連鎖販売業に関する商品の販売・あっせんまたは役務の提供・あっせんを店舗等によらないで行う個人であるときは，遅滞なく，特定利益や特定負担，クーリング・オフによる解除の仕組みなどの一定の事項について連鎖販売契約の内容を明らかにする書面をその者に交付しなければならない（特商37条2項，特商規79条・80条）。

後述するように，連鎖販売取引におけるクーリング・オフ期間は，契約締結後の書面を受領した日あるいは商品の最初の引渡しを受けた日の遅い方から開始するが，契約書面の適切な交付がない場合には，この期間は開始せず，クーリング・オフ権は失われない。書面への法定の掲載事項は大別して12項目あり，詳細な記載が求められる。CASE 13-3の場合，新規加入者において特定利益の内容が理解できるように記載されていないため，書面不備がありクーリング・オフ期間が進行していないので，Aはクーリング・オフをすることができる。

なお，契約締結前の書面および契約締結後の書面のいずれについても，①書面の内容を十分に読むべきことを赤枠の中に赤字で記載し（特商規78条2項・80条2項），②8ポイント以上の大きさの文字および数字を用いなければならない（特商規78条3項・80条3項）。

3 契約の解消

(1) クーリング・オフ

連鎖販売業者が連鎖販売契約を締結した場合における相手方（加入者）は，契約締結後の書面を受領した日（連鎖販売取引に基づいて購入した商品の最初の引渡しを受けた日の方が後であるときは，その日）から**20日以内**であれば，書面または電磁的記録により連鎖販売契約の解除（**クーリング・オフ**）を行うことができる（特商40条1項）。クーリング・オフの期間が一般的に8日であるのに対し，連鎖販売取引についてはこのようにより長い期間が設定されている理由としては，加入者がその実態を把握しにくいことなどが挙げられる。書面の交付がなかった場合，クーリング・オフ権は消滅しない。CASE 13-3もそうだが，交付書面における記載の有無を厳格に評価し，法定書面の交付がなかったとの結論を導く裁判例が多くみられる。

業者が，クーリング・オフに関する事項について不実のことを加入者に告げ，または加入者を威迫したことにより，加入者が告げられた内容が事実であると誤認し，あるいは困惑して，これらによって20日間を経過するまでにクーリング・オフをしなかった場合には，加入者は，引き続きクーリング・オフをすることができる。この場合，クーリング・オフ権は，クーリング・オフができる旨を業者が記載して交付した書面を加入者が受領した日から20日を経過したときに消滅する（特商40条1項）。

連鎖販売契約のクーリング・オフは，これを行う旨の書面を発した時に，効力を生じる（発信主義。同条2項）。クーリング・オフがされると，業者と加入者は，互いに元の状態を回復させる義務（原状回復義務）を負う。この場合，業者は，連鎖販売契約の解除に伴う損害賠償または違約金の支払いを請求することができない（同条1項）。また，連鎖販売契約に係る商品がすでに引き渡されているときは，その引取りに要する費用は，業者が負担しなければならない（同条3項）。40条1項〜3項の規定に反する特約で加入者に不利なものは，無効となる（同条4項）。

(2) 取消権

すでに述べたように，連鎖販売取引の勧誘にあたっては，商品の内容，特定利益や特定負担等についての不実告知や故意の事実不告知が禁止されており，違反行為は罰則の対象となる。同時に，これらの違反行為は，民事的効果も導くものとなる。つまり，勧誘者が連鎖販売契約の締結について勧誘をするに際し，不実のことを告げ，または故意に事実を告げなかった場合においては，加入者は，告げられた内容が事実であると誤認し，またはその事実が存在しないと誤認したことによって連鎖販売契約の申込みまたは承諾の意思表示をしたときは，これを取り消すことができる（特商40条の3）。

取消しの効果として，契約は初めから無効であったものとみなされ（民121条），当事者は原状回復義務を負う（同121条の2第1項）。したがって，加入者は，すでに会費，登録料や取引料などを支払っている場合には，その返還を請求できる。連鎖販売契約の取消しについては，訪問販売に関する規定が準用されている（特商40条の3第2項・9条の3）。そのため，取消権は，加入者が追認できる時（誤認をしていることに気づいた時）から1年で時効によって消滅する。売買契約または役務提供契約の締結の時から5年を経過した場合も，同様である。

(3) 中途解約権

連鎖販売取引については，クーリング・オフとは別に，**中途解約権**についても規定が置かれている。加入者は，クーリング・オフ期間を経過した後においては，将来に向かって連鎖販売契約の解除（中途解約）を行うことができる（特商40条の2第1項）。クーリング・オフの場合と同様，理由の如何は問われない。また，特商法40条の2の1項〜5項の規定については，これらに反する特約で加入者に不利なものは，無効となる（同条6項）。

(a)　商品の販売に係る契約の解除

中途解約がされる前に，連鎖販売業者が加入者に対し，すでに，連鎖販売業に係る商品の販売を行っているときは，加入者（連鎖販売契約を締結した日から1年を経過していない者）は，次に掲げる場合を除き，商品の販売に係る契約の解除を行うことができる（特商40条の2第2項）。つまり，①商品の引渡しを受けた日から90日を経過した場合，②商品を再販売した場合，③商品を使用し，またはその全部もしくは一部を消費した場合，④自らの責任で商品を滅失またはき損した場合が除かれる。

(b)　連鎖販売業者による金銭支払請求の制限

連鎖販売業者は，連鎖販売契約が中途解約されたときは，損害賠償額の予定または違約金の定めがあるときにおいても，契約の締結および履行のために通常要する費用の額（下記①および②の場合には，各場合について定められている額を加算した額）にこれに対する法定利率による遅延損害金の額を加算した金額を超える額の金銭の支払いを加入者に対して請求することができない（特商40条の2第3項）。

①　連鎖販売契約の解除が連鎖販売取引に伴う特定負担に係る商品の引渡し後である場合は，次の額を合算した額。(イ)引渡しがされた商品の販売価格に相当する額。(ロ)提供された特定利益その他の金品に相当する額。

②　連鎖販売契約の中途解約が連鎖販売取引に伴う特定負担に係る役務の提供開始後である場合は，提供された役務の対価に相当する額。

(c)　商品販売者による金銭支払請求の制限

連鎖販売業に係る商品の販売を行った者は，上記(a)の特商法40条の2第2項に従い商品販売契約が解除された場合は，損害賠償額の予定または違約金の定めがあるときにおいても，次の額にこれに対する法定利率による遅延損害金の額を加算した金額を超える額の金銭の支払いを加入者に対して請求することができない（特商40条の2第4項）。

①　商品が返還された場合または商品販売契約の解除が商品の引渡し前である場合は，商品の販売価格の10分の1に相当する額。

②　商品が返還されない場合は，商品の販売価格に相当する額。

4　行政処分，罰則，差止請求

(1)　行政処分と罰則

前記 **2** までの規制（広告規制，勧誘規制，書面交付義務）に違反した者に対しては，業務改善指示（特商 38 条）や業務禁止命令（同 39 条の 2）などの行政処分が課される。また，違反者は，罰則の対象にもなる。近時の例として，消費者庁は，2023 年 7 月に，学生など若者を相手にマルチ商法を展開した者に対して，利益が出ることが確実かのように勧誘したりしたとして，連鎖販売取引の一部等を 15 か月間停止するよう命じたほか，再発防止策を講ずるとともに，コンプライアンス体制を構築することなどを指示した。業務の遂行に主導的な役割を果たした他の 4 名に対しても，行政処分を行った。

(2)　差止請求

適格消費者団体（⇒第 **10** 章 2**2**(**3**)〔159 頁〕）は，統括者，勧誘者や一般連鎖販売業者が，不特定かつ多数の者に対して次に掲げる行為を現に行い，または行うおそれがあるときは，それぞれの者に対し，行為の停止・予防または行為に供した物の廃棄・除去，その他の行為の停止・予防に必要な措置をとることを請求できる（特商 58 条の 21）。

①契約の締結について勧誘をするに際し，または契約の解除を妨げるため，故意に事実を告げず，または不実のことを告げる行為，②契約を締結させ，または契約の解除を妨げるため，威迫して困惑させる行為，③広告をするに際し，著しく事実に相違する表示をし，または実際のものよりも著しく優良であり，もしくは有利であると誤認させるような表示をする行為，④連鎖販売取引につき利益を生ずることが確実であると誤解させるべき断定的判断を提供して契約の締結について勧誘する行為，⑤消費者に不利な特約，契約解除に伴う損害賠償額の制限に反する特約を含む契約の申込みまたはその承諾の五つである。

Column ⑳　マルチ商法と言っても，色々

一言で「マルチ商法」と言っても，その内容やこれに対する法対応は国によって色々である。欧州連合（EU）では，ピラミッド型のマルチ商法は，これにおける償金（日本法における特定利益）が商品の販売や消費によってではなく，主として他の消費者をそのスキームに引き入れることによって獲得される場合には，禁止されている。アメリカ合衆国では，連邦取引委員会（FTC）が，マルチ商法が違法となる基準を示している。FTCは，ピラミッド型のマルチ商法が危険である理由について，「必然的に崩壊するもの」であることを指摘している。

東南アジア諸国は，これまでマルチ商法に比較的寛容であった。日本の市場についても指摘されていることではあるが，東南アジア諸国ではより一層，特定の商品に対する自分の評価よりも，他人の評価を気にする他人軸の価値観が，欧米諸国と比べて強いと言われている。このような国民性等も相まって，口コミなどの評判が広がりやすく，これに影響されやすい。他方で最近は，マルチ商法への規制が強まっており，例えばタイでは，ここ数年，マルチ商法詐欺事件（仮想通貨に関連するものなど）に関する調査や摘発が目立っていたが，コロナ禍による不景気でマルチ商法自体は再び盛んになったようである。

中国では，マルチ商法のハイテク化が注目を集めた。特定のマルチ商法のスキームが広く支持されていると見せるためにチャットログ生成器等を用いて偽のチャットログや購入ログを作成したり，大勢に対して勧誘を行うために，スマートフォンを振るだけで近隣のユーザーとつながる機能やGPS偽装ツールを利用したりしていたという。若者が加入して，最終的には死に追いやられた事例も報道されている。また，マルチ商法が投資詐欺の内容の上位にあるマレーシアで問題視されていたSNSへの投資のマルチ商法の手法が，日本でも行われて摘発されるというマルチ商法の「輸出入」も見られる。

CHECK

① 連鎖販売取引とはどのようなものなのか，具体例を挙げながら説明してみよう。

② 連鎖販売取引，無限連鎖講，マルチまがい商法の違いを整理してみよう。

③ 連鎖販売取引における広告規制，勧誘規制と書面交付義務の概要はどのようなものなのか，述べてみよう。

④ 連鎖販売契約を解消するための手段を，その違いを指摘しながらまとめてみよう。

⑤ 連鎖販売取引に対する行政や消費者団体の介入として，どのようなものがある

のか列挙してみよう。

読書案内　**Bookguide**

村千鶴子『消費生活相談員のための消費者3法の基礎知識〔第2版〕：消費者契約法・特定商取引法・割賦販売法』（中央経済グループパブリッシング，2024年）

坂東俊矢「連鎖販売取引をめぐる法規制と被害救済の課題」現代消費者法59号（2023年）74～81頁

特商法解説〔各関係条文箇所を参照〕

CHAPTER

第14章

消費者信用取引(1) 割賦販売法

1 消費者信用取引の仕組み

1 消費者信用取引とは

消費者が商品や権利（以下,「商品等」）を購入し，または有償で役務（サービス）の提供を受けるには，その対価として代金を支払わなければならない。このとき，代金額に当たる現金（紙幣や硬貨）をその場に持ち合わせていない場合，どのような方法でその代金を支払うことができるだろうか。ひとつは，クレジットカード等を用いてその代金を支払う方法（①）であり，もうひとつは，貸金業者等からお金を借りてその代金を支払う方法（②）である。いずれも消費者の将来の返済能力を「**信用**」する者（これを「与信者」「信用供与者」という）が消費者に利益（具体的には金銭）を与えることで成立する。これらの方法による取引は総じて「**消費者信用取引**」と呼ばれ，さらに①は「販売信用取引」，②は「消費者金融取引」と呼ばれている。この章では①について扱う（②については⇒第**15**章）。

近年，情報通信技術の進化に伴い，様々な決済方法がみられる（「決済」とは，売買や金銭消費貸借によって生じた債権債務関係を，買主や借主が自らの支払義務を果たして消滅させることをいう）。例えば，クレジットカードやデビットカードによる決済のほかにも，少額で，かつ高度なセキュリティにより情報が流出するリスクが低い決済方法として交通系・交通系以外の電子マネーによる決済やスマートフォン決済（スマホ決済）などがある。これらは総称して「キャッシュレス決済」という。

キャッシュレス決済の多様な決済方法がみられる（⇒ **Column ㉑**）今日においても，なお EC（電子商取引）サイトにおける通販等で利用頻度が高いのはクレジットカードによる決済である。そこで，この章では，まずは「消費者からみた」クレジットカード決済を用いる販売信用取引の仕組みについて説明した後に，これを「包括信用購入あっせん」（⇒ 2 **1** **(2)**）として定義する「割賦《かっぷ》販売法」（割販《かっぱん》法）について 2 で取り上げることにする。割販法の内容は非常に複雑多岐にわたる。そこで，3 では，割販法が定める民事ルールである抗弁の対抗などを中心に説明することにしたい。

Column ㉑ キャッシュレス決済による決済方法の多様化とその問題点

最近ではキャッシュレス決済による決済方法のうち，交通系・交通系以外の電子マネーに加えてスマートフォンによる決済も増えている。スマートフォンによる決済には「○○ Pay（ペイ）」と呼ばれる，非接触型 IC チップを用いた決済サービスや QR コード・バーコードを用いたコード決済が含まれる。

コンビニエンスストア等で立替払型の後払決済ができる方法もある。これは「立替払型の後払決済サービス」といい，1 か月あたりの一定の与信額が認められ，商品等が手元に届いた後で支払うことを可能にする。立替払型の後払決済サービスは，通常，消費者，加盟店および後払決済サービス事業者による三者間取引で構成されており，後払決済サービス事業者は，消費者に代わって商品等の代金の立替払いをし，後に消費者にその代金の支払いを請求することになる。クレジットカードを保有していない消費者でも利用できるメリットがあるが，立替払型の後払決済サービスには割販法や「資金決済に関する法律」（資金決済法）が適用されず，現状では，過剰与信防止や加盟店調査等については後払決済サービス事業者による自主規制に委ねられている。そこで，近年は，こうした決済法制の断片的な法規制の現状を克服するために，総合的な法規制の枠組みを構築する議論も展開されている。

図表 14.1 クレジットカード決済を用いる販売信用取引の仕組み

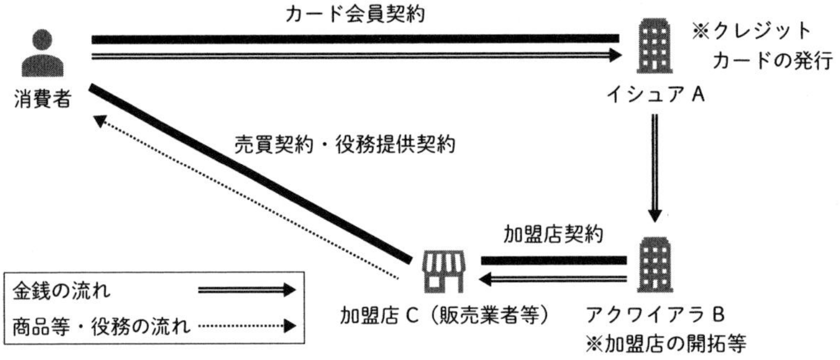

2　クレジットカード決済を用いる販売信用取引の仕組み

⑴　取引主体

クレジットカード決済を用いる販売信用取引では，クレジットカードを発行する取引主体Ａがいなければならない。これを「**イシュア**」という。また，Ａ発行のクレジットカードによる決済を導入する「**加盟店**Ｃ」となる販売業者および役務提供事業者（以下，「販売業者等」）の開拓等を行う取引主体としてＢも必要であり，その中でも「立替払取次業者」としての役割も果たす者を「**アクワイアラ**」という。これらの取引主体により構成されたビジネスモデルにおいて，消費者はＡとカード会員契約を締結することで，Ａの会員としてＣの商品等を購入し，または役務の提供を受けるための決済を行うことが可能となり，消費者は，その代金を後払いでＡに支払うことになる（図表 14.1）。

⑵　三者間の取引から四者間（またはそれ以上の当事者間）の取引へ

従来，わが国では，クレジットカードを発行し，かつ加盟店を開拓するといった，カード発行と加盟店開拓の役割を備えたカード会社が多かったため，消費者，カード会社Ａ，加盟店（販売業者等）Ｂによる三者間取引（オンアス取引）が支配的であった（図表 14.2）。

消費者は，日本国内だけではなく，海外の販売業者との間でもクレジットカード決済を利用することがある。このように，国境を越えてクレジットカードを利用できるようにするための電子決済ネットワークを構築し，運営するの

図表 14.2 三者間取引

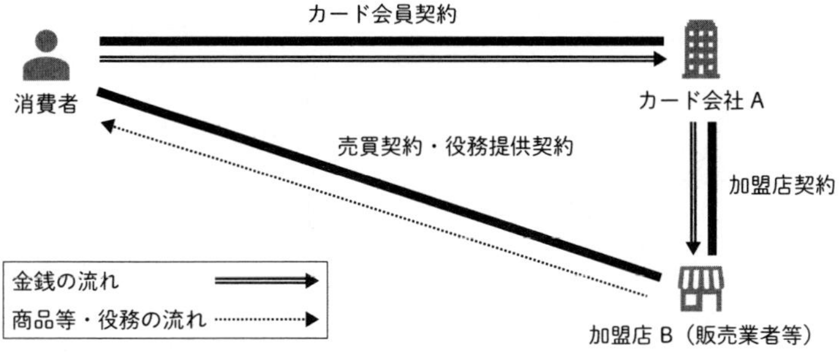

が VISA 等の「**国際ブランド**」である。国際ブランドは，世界中にあるカード会社と提携関係を結ぶことで，そのカード会社は自社の加盟店を開放し，相互に利用することを認めている。これにより消費者が国内のカード会社によって発行されたクレジットカードを用いて，海外の販売業者等で決済することなどが可能となる。したがって，国際ブランドを介して，カード発行の役割と加盟店開拓の役割がイシュアとアクワイアラという別個の取引主体によって行われる四者間取引（オフアス取引）が現れることとなっている。さらに，アクワイアラとの間で包括代理契約等を締結し，加盟店の審査・管理業務を代行する「決済代行業者」と呼ばれる事業者 D が介在することもある（図表 14.3）。

⑶ メリットとデメリット

クレジットカード決済を用いる販売信用取引は，現金を持ち合わせていない消費者にとって都合がよい。また，商品等や役務を提供する加盟店としても，クレジットカードを利用可能とすることで消費者に購入意欲を促すだけでなく，消費者による不払いリスクを回避し，債権管理の負担軽減にもつながる。カード会社も，加盟店から手数料収入を得ることができる。このようなメリットが各当事者にみられる一方で，消費者に次のようなデメリットがある。例えば，売主の不履行によって商品が指定した日に送られてこなかった場合や，商品の種類・品質・数量が売買契約の内容に適合しないものであった場合などには，消費者（買主）は契約を解除してその取引から離脱することができる。しかし，このように売買契約の効力が否定される事態に陥ったときに，これがカード会社と消費者との間の法律関係に影響を及ぼさないということになれば，消費者

図表 14.3 四者間（またはそれ以上の当事者間）の取引

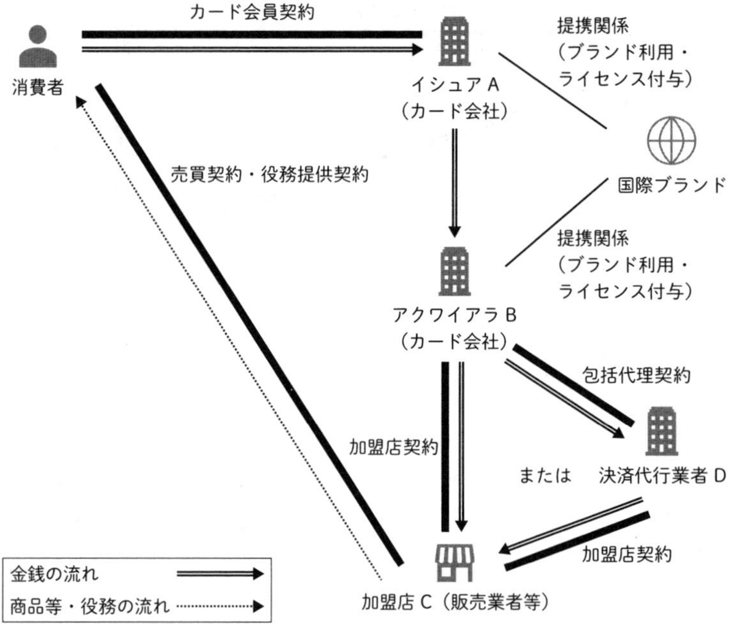

の利益が大きく損なわれることになる。消費者は期待していた商品等を手に入れることができないにもかかわらず，カード会社に立替金を支払い続けなければならないからである。また，四者間取引では，消費者が悪質な販売業者等から商品等を購入し，被害に遭ったとしても，そうした販売業者等を管理するアクワイアラやその決済代行業者の連絡先等を消費者が知っていることは稀である。結局，消費者にはカードを発行したイシュアに被害を伝える手段しか残されていない。したがって，カード会社，特にアクワイアラには，不誠実な販売業者等を加盟店とすることがないように適切な加盟店管理が求められている。

2 割賦販売法による規制(1)

1 割賦販売法が適用される取引

(1) 割賦販売など

割販法は，制定当時（1961年），主に割賦販売（割販2条1項・3条以下）を規制する法律として機能していた。**割賦販売**は，販売業者等が自ら与信する（「自社割賦」）二者間取引である。販売業者等は，商品等や役務を販売する際，その代金を，消費者から分割（2か月以上かつ3回払い以上）による後払いで受け取ることになる。**ローン提携販売**（同2条2項・29条の2以下）は，金融機関と販売業者等との提携により販売業者等が商品等や役務の販売を行うものであり，消費者が分割（2か月以上かつ3回払い以上）して返済することを条件に，金融機関から販売業者に代金が支払われ，販売業者等がその消費者の金融機関に対する借入金債務を保証することになる（**図表14.4**）。前払式《まえばらいしき》割賦販売（同11条以下）や前払式特定取引（同2条6項・35条の3の61以下）も割販法の適用を受ける。なお，金融機関が消費者に代金相当額を融資し，これを販売業者等に交付するにあたって信販会社が保証する「提携ローン」と呼ばれるものもあるが，提携ローンはローン提携販売ではなく「個別信用購入あっせん」（後述）に該当すると解されている。

(2) 包括信用購入あっせん／個別信用購入あっせん

割販法が適用される取引で特に重要であるのは，消費者と加盟店以外の第三者が与信をする「**信用購入あっせん**」である。信用購入あっせんには①「**包括信用購入あっせん**」（割販2条3項・30条～35条の3。包括クレジット）と②「**個別信用購入あっせん**」（同2条4項・35条の3の2～35条の3の35。個別クレジット）がある（**図表14.5**）。①は，カード会社（割販法では「包括信用購入あっせん業者」と定義される）のクレジットカードなどの利用を前提とするものである。最近では，プラスチックカードのような物理的なカードによる決済の他に，ID番号とパスワードを付与して利用するカードレスの決済もみられる。①を定義す

図表 14.4 割賦販売／ローン提携販売

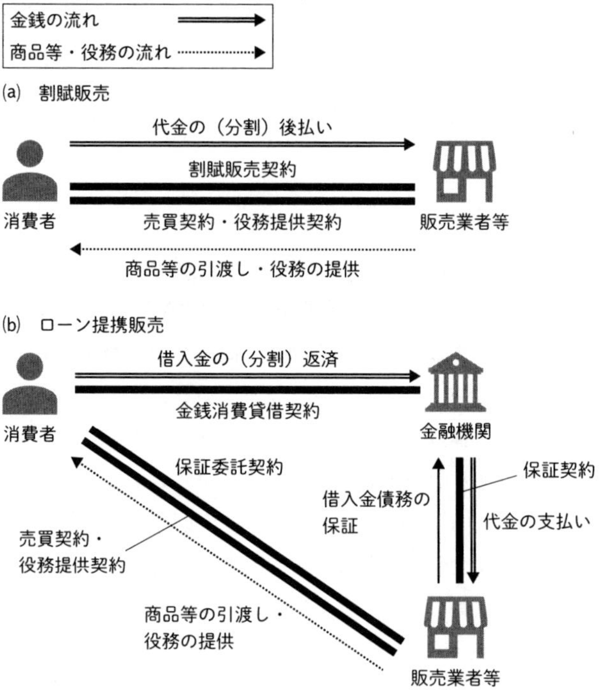

る割販法2条3項では「カードその他の物又は番号，記号その他の符号」との文言になっている。また，カードではなくスマートフォンに決済機能が付与されたものもあり，これも番号や記号などを付与する方法に含まれる（以下では，これらを含めて「カード等」とする)。

②の場合，消費者が商品等を購入し，または役務の提供を受ける際，そのつど信販会社との間で立替払契約を締結するので四者間取引とはならない。①および②は，かつて「支払いについての期間要件と分割要件」(2か月以上かつ3回払い以上）を満たすものが割販法の適用対象とされていた。しかし，2008年の割販法改正以降，約定の支払期間（カード等による決済の場合，会員がカード等を利用し，カード会社に対して完済するまでの約定期間）が2か月を超えるもの以外にも，カード等については上記約定の支払期間が2か月未満の短期支払い（翌月一括払い，いわゆる「マンスリークリア」）についても割販法に定める一部の規定が適用されることとなっている（割販35条の16・35条の17)。

図表 14.5　包括信用購入あっせん／個別信用購入あっせん

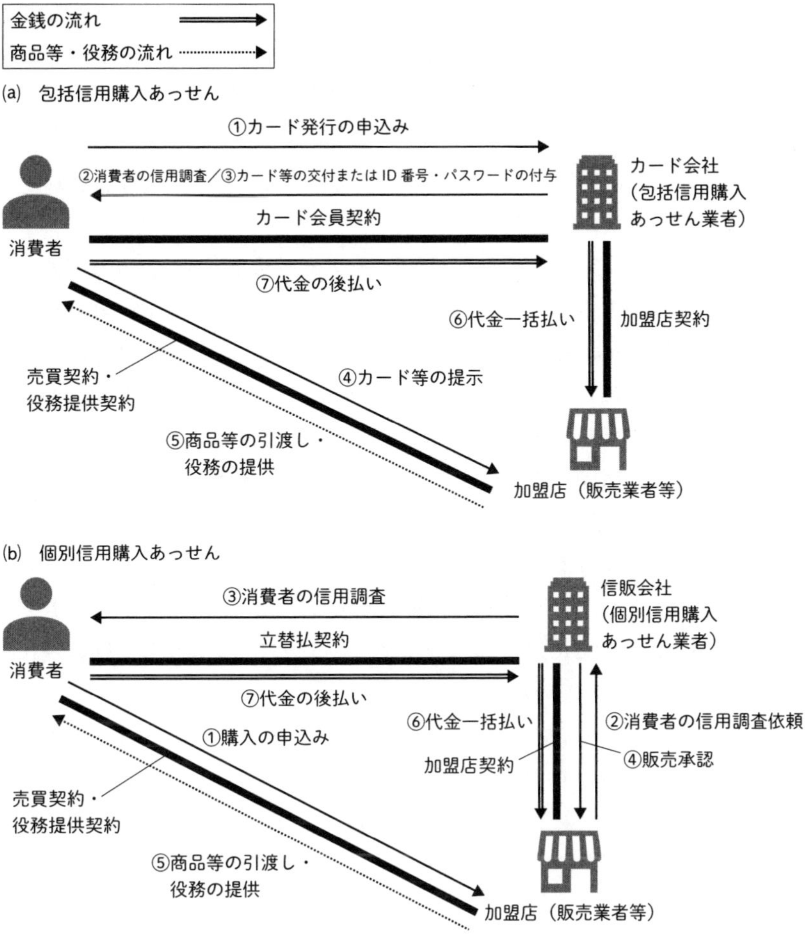

2　書面の電子化

2020 年の割販法改正以前は，包括信用購入あっせんの場合，①カード等を発行する時または極度額（契約上，借り入れることのできる限度額）を増加する時に取引条件を表示した書面の交付義務や，②カード等によって代金が決済された時の契約書面の交付義務，③支払遅延による契約解除または残金の一括返済が請求された時（以下，「期限の利益喪失」）に 20 日以上の相当期間を定めた書面による催告が規定されていた。このうち，②の契約書面の交付には，消費者が代金決済の明細を確認すると同時に，第三者の不正利用による請求がないかどうかを確認するといった「確認機能」があり，③の書面による催告は，契約解除や期限の利益喪失といった不利益を受ける前に消費者に気づかせ，支払再開の機会を与えるといった「警告機能」があると考えられている。

2020年の割販法改正により，①から③までの書面交付について，それぞれ書面の電子化が推進されることとなった。

①の書面交付義務については，包括信用購入あっせん業者は，カード等交付時または極度額増加時に原則として情報提供義務を負うが（割販30条1項・2項），その提供方法は，割販法施行規則（以下，「規則」）36条1項2号によれば，利用者の事前の承諾がなくても書面または電子データ（「電子情報処理組織を使用する方法その他の情報通信の技術を利用する方法」）のいずれでもよいことになった。ただし，利用者から書面の交付を求められたときは書面交付義務を負う（割販30条3項）。電子データによる提供方法は電子メール・SMS等の送信などが考えられる（規則36条2項・3項参照）。電子メール等の本文に電子データを記載し，または添付ファイルに記載する方法のほか，電子メール等の本文にURLを記載し，そのURLにアクセスするとウェブページに情報が掲載される方法でもよいと解されている。

スマートフォンやパソコンですべてが完結する形態の決済（以下，「スマホ・パソコン完結型の決済」）の場合には完全電子化が認められ，書面交付は必要とされていない（割販30条3項ただし書，規則37条の2第2項参照）。認定包括信用購入あっせんおよび登録少額包括信用購入あっせんの場合（⇒Column ㉒）も同様である。これらの場合には，消費者がスマートフォンやパソコンの画面を通じて契約内容や催告内容を確認することになるので，上述の確認機能や警告機能が十分に働かないのではないかとの懸念が示されている。

②の代金決済時の契約書面については，包括信用購入あっせん業者は代金決済時に原則として情報提供義務を負う（割販30条の2の3第1項・2項）。消費者による事前の承諾がなくとも，カード会社は書面または電子データのいずれかによる情報提供を選択できる。ただし，消費者等から書面の交付を求められたときは書面交付義務を負う（同条4項）。スマホ・パソコン完結型の決済の場合には，購入者等の請求を受けても書面交付は不要である（同項ただし書，規則53

条の2第2項1号)。認定包括信用購入あっせんおよび登録少額包括信用購入あっせんの場合も同様の規定が適用される。

③の契約解除等における催告書面については,原則として書面による催告(同30条の2の4第1項)は維持されるが,消費者等の承諾を得た場合は電子化を認め,スマホ・パソコン完結型の決済の場合には完全電子化が認められている(同30条の2の4第1項かっこ書,規則55条の3第1項)。加盟店の契約書面および登録少額包括信用購入あっせん業者の催告書面の完全電子化も同じ要件である(規則55条の2第2項1号・68条の6第1項1号)。カードを発行してカード決済とオンライン決済を併用する場合,カードの番号をオンラインで入力して決済に利用する場合,または,カードの番号をスマートフォンにひも付けてQRコード等で決済する場合などは,完全電子化の対象とはならない。

Column ㉒ 認定包括信用購入あっせん業者・登録少額包括信用購入あっせん業者

カード会社は,利用者の包括支払可能見込額(=年収(+預貯金)−クレジット債務−生活維持費)の調査を通じて与信審査を行うのが通例となっている。しかし,AIやビッグデータを活用して,クレジット決済の利用実績や返済実績,取引履歴などの情報を分析し,与信審査を行う方法を可能とするために,2020年の割販法改正では,事前・事後チェックによる過剰与信防止措置を前提に,従来の包括支払可能見込額調査に代わる与信審査方法によることを許容する「認定包括信用購入あっせん業者」が認められることになった(割販30条の5の4以下)。これにより,包括信用購入あっせん業者のうち,行政庁による事前審査を受けて「認定包括信用購入あっせん業者」の認定を受けた者が,AI等を活用した与信審査方法(利用者支払可能見込額調査)を採用することが可能となった。また,カード等による決済は,比較的高額な商品等やサービスを購入するために用いられることが想定されているが,最近では,カード等が日常の買い物にも利用される機会が増え,少額の後払決済サービスが拡大することとなっている。そこで,2020年の割販法改正により,極度額10万円以下のカード等を発行する「登録少額包括信用購入あっせん業者」が登場した(同35条の2の3以下)。これらの業者に対しては,利用者支払可能見込額の算定,書面の電子化,催告期間の短縮等に関する規定が割販法に複数設けられている。

3 行政規制

割販法は，①取引の公正の確保，②消費者が受けることのある損害の防止，③クレジットカード番号等の適切な管理等に必要な措置を講ずることといった観点（割販1条）から，同法および規則に行政規制と民事規定を設けている。例えば，包括信用購入あっせんについては，行政規制として，①登録制（同31条），②取引条件表示義務（同30条），③支払能力調査義務（同30条の2第1項），④指定信用情報機関が保有する特定信用情報の使用義務（同条3項），⑤個人信用情報の保護（同30条の5の2），⑥契約書面交付義務（同30条の2の3第4項），⑦苦情の適切処理（伝達）義務（同30条の5の2），⑧加盟店に対する調査・措置義務（同35条の17の8）などがある。

3 割賦販売法による規制⑵

1 抗弁の対抗

CASE 14-1

Aは，電器店Bで，大型冷蔵庫甲をC社のカードを用いて翌々月からの5回払いにして購入した。その際，Bは，万が一故障が生じた場合，その修理について責任をもって行うとAに確約していた。3か月後に甲が故障した。Aは，Bに修理を依頼したところ，Bがこれに応じようとしない。AはBとの間の売買契約を解除した。Aの解除が有効であるとして，AはCからの残りの月の割賦金の支払請求を拒むことができるか。

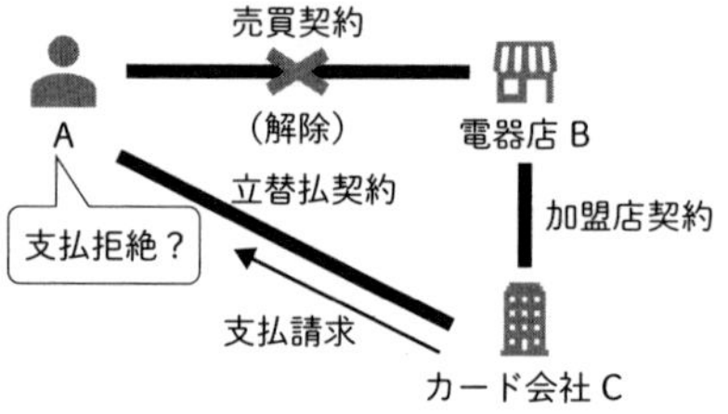

（参考事例）最判平成2年2月20日判時1354号76頁
（参照条文）割販法30条の4（包括信用購入あっせんの場合）・35条の3の19（個別信用購入あっせんの場合）

Aは，Bと売買契約を締結し，さらにCとの間で立替払契約を締結している。そして，AB間の売買契約上，Bに対して代金支払いを拒むことができる事由，すなわちCASE 14-1では契約解除による契約関係の消滅が存在するときに，そのことをCに対抗できるか，つまり割賦金の支払いを拒むことができるかが問題となる（この問題を「**抗弁の対抗**」または「**抗弁の接続**」という）。判例は，立替払契約と売買契約は法的には別個の契約であり，1984年の割販法改正により，割賦購入あっせん（2008年の割販法改正により「信用購入あっせん」に改称される前のもの）について新設された割販法30条の4は，購入者保護のために「特別に」抗弁の対抗を法定したものであるとして，抗弁の対抗が同条の適用対象外の取引についてまで当然に認められるものではないとの立場をとっている（CASE **14-1** 参考事例。ただし，1984年の割販法改正前の事案）。学説では当時からこのような判例の立場に対して強い批判がみられ，現在でもなお争いがみられる。

もっとも，今日では立法的な対応により，当時と比べてより広い範囲において，法律上，抗弁の対抗が認められている。包括信用購入あっせんであれ，個別信用購入あっせんであれ，購入者は販売業者等に対して生じている事由をもってカード会社や信販会社の支払請求を拒絶できる（割販30条の4・35条の3の19など）とされ，ここにいう「事由」には売買契約の不成立，無効，取消しのほかにも，解除による契約関係の消滅，販売業者等に対する同時履行の抗弁権も含むものと解されている。

2 既払金の返還

CASE 14-2

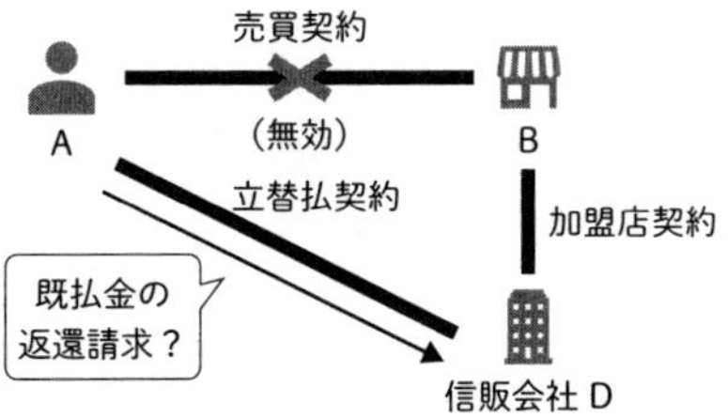

Aは，Bの新作バッグについて意見が欲しいとの連絡を受け，カフェでBの社員Cによるインタビューを受けた。Cは，Aに好意を寄せているかのような態度を取りつつBの商品甲（50万円）の購入を勧めた。Aは甲が高額であることに戸惑ったが，信販会社Dとの間で立替払契約を締結して，翌々月からの10回払いにして甲を購入した。しかし，7回目の分割払いを済ませた後，甲が購入価格の50分の1に満たない模造品であることがわかった。Aは，Dに対し，これまで払い続けてきた既払金の返還を請求できるか。

（参考事例）最判平成23年10月25日民集65巻7号3114頁［消費者法百選38①事件］

（参照条文）割販法35条の3の10～35条の3の16

CASE 14-2は，AがBとの間で売買契約を締結するにあたって，与信審査を経てDと立替払契約を締結した個別信用購入あっせんの例である。甲の売買契約が，Cへの淡い恋心を相手に抱かせ，これにつけ込む「デート商法」によって締結されたものであるから公序良俗に反し，無効である（民90条）とされた場合には，Aは，Dの未払金支払請求に対し，売買契約の無効を対抗してこれを拒むことができる。もっとも，民法90条によれば，どのような場合に意思表示が無効になるかは明らかではなく，消費者の救済手段として十分なものとは言いがたい。2018年の消費者契約法（消契法）改正により，消費者契約の特性を踏まえ，「困惑」を要件としつつ，それと結びつく事業者の不当性の高い行為を類型化することで，明確かつ具体的な要件をもって消費者の意思表示の取消しを認める規定が新設された（消契4条3項4号〔2022年の消契法改正により，消契4条3項6号に繰り下げられた〕）（⇒第7章3〔110頁以下，114頁〕）。しかし，これを超えて，Aは，売買契約と立替払契約の一体性を主張し，前者の無効により後者も無効になるとして，既払金の返還を請求できるかが問題となる。

CASE 14-2参考事例は2008年の割販法改正前の事案ではあるが，公序良俗違反を理由として売買契約が無効とされる場合であっても，その無効を当然に立替払契約に及ぼすことについて慎重な態度を示している。

2008年の割販法改正により，個別信用購入あっせんに該当する一定の場合において，立替払契約のクーリング・オフ（割販35条の3の10・35条の3の11），過量販売解除（同35条の3の12）または取消し（同35条の3の13～35条の3の16）による既払金の返還請求が認められることとなった。他方，カード等を用いる包括信用購入あっせんの場合，既払金返還請求権は認められていない。もっとも，国際ブランドには，「**チャージバック制度**」という紛争解決の自主的なルールが認められる。これによれば，イシュアとアクワイアラとの間の調整を目的として，カード利用者からの苦情申出が国際ブランドの定めるチャージバック理由に該当する場合に，イシュアが，アクワイアラに対して，加盟店等への事実関係の確認を要請し，一定期間内にチャージバック理由にあたらないとの調査結果の回答がなければ，クレジット決済がキャンセル処理されることになる。

3　名義貸しの立替払い

CASE 14-3

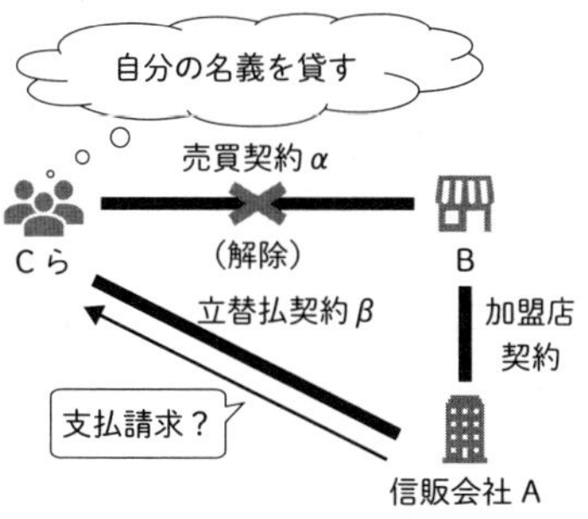

信販会社Aは貴金属の卸小売等を業とするBとの間で加盟店契約を締結した。Cらは，Bに頼まれて，名義貸しによる架空の売買契約α（この契約は，「特定商取引に関する法律」〔特商法〕2条1項に定める訪問販売に係る契約であった）をBとの間で締結し，その購入代金についてAとの間で立替払契約βを締結した。Bはβの締結をCらに勧誘する際に，ローンを組めない高齢者を助けるための契約締結であり，当該高齢者との売買契約や商品引渡しが実在することを告げ，支払いについてもBが責任をもって行うので迷惑はかけない旨を告げていた。Cら名義の口座から口座振替の方法でAに対してβに基づく支払いが行われ，当初Bは支払金相当額を当該口座に振り込んでいたが，後にBが営業を停止し，破産手続開始の申立てをし，同決定を受けた。Aは，Cらに対し，βに基づく未払金の支払いを求めることができるか。

（参考事例）最判平成29年2月21日民集71巻2号99頁［消費者法百選59事件］
（参照条文）割販法35条の3の10～35条の3の16

CASE 14-3のように，名義貸しの立替払いが問題となる事例では，名義貸人（Cら）と信販会社（A）のどちらが名義借人（B）の倒産リスクを負担するのかが問題となる。販売業者等の不実告知等による勧誘行為の責任（⇒第**7**章）は，当該立替払契約の取次や媒介をする販売業者等だけでなく，包括信用購入あっせんであれ個別信用購入あっせんであれ，取引システムの全体を設計・管理し，さらに，このシステムから利益を得ている信販会社にまったく責任がないとは考えにくい。2008年の割販法改正では，個別信用購入あっせんにおける消費者保護の徹底という観点から，信販会社が販売業者等に立替払契約の勧誘・申込書面の取次を行わせているという実態に着目して，消契法4条・5条の特例として割販法35条の3の13～35条の3の16が新設された。**CASE 14-3**参考事例は，2008年の割販法改正により割販法35条の3の13第1項による立替払契約の取消しの規定が導入された趣旨を踏まえて，改正前の契約者についても，立替払契約締結の媒介行為を行う販売業者等の不実告知によって名義貸しを行った場合，消費者は販売業者等に利用されたとも評価することができるため保護に値しないということはできないとした。CASE **14-3** のように，消費者が名義貸しという不正行為に関与したように見える場合であっても，販売業者等の不実告知により誤認して協力したようなときには，抗弁の対抗による保護が排除されない，つまり，Aはβに基づく未払金の支払いをCらに求めることはできないということになる。

4　クーリング・オフ

2008年の割販法改正により，個別信用購入あっせんにおいて，信販会社に書面交付義務（割販35条の3の9）を課すとともに，消費者は特商法が定める訪問販売，電話勧誘販売，連鎖販売個人契約，特定継続的役務提供および業務提供誘引販売個人契約の5類型による売買契約について立替払契約を締結した場合についても，クーリング・オフができるとした（割販35条の3の10・35条の3の11）。これにより，個別信用購入あっせんにおいて，立替払契約の交付書面の記載に不備があれば，立替払契約について消費者がクーリング・オフを行使することができ，信販会社が消費者に対し既払金を返還する責任を負うことになった（⇒**2**）。クーリング・オフの詳細については，第**9**章③**3**(2)（144頁以下）を参照されたい。

5　過量販売解除

個別信用購入あっせんを利用した販売業者等による過量販売行為を防止するため，2008年の特商法改正で訪問販売による契約に過量販売解除（特商9条の2）が導入された。これに合わせて，割販法でも，個別信用購入あっせん業者は売買契約が過量販売契約に該当するおそれがあると認めるときは，個別信用購入あっせん契約を締結してはならないと定めるとともに（割販35条の3の20，規則93条），消費者は，売買契約が過量販売解除に当たるときは，これに利用した立替払契約も同時に解除できるものとした（割販35条の3の12）。過量販売解除の詳細については，第**7**章④**2**（117頁），第**9**章③**3**(5)（150頁）を参照されたい。

6 不実告知等に基づく取消し

個別信用購入あっせんにおいて，立替払契約を利用した訪問販売等の販売行為が不実告知や不告知に当たる場合，売買契約について取消しができるだけでなく，立替払契約も取り消すことができる（割販35条の3の13～35条の3の16）。個別信用購入あっせんでは，支払条件等の交渉や申込書面の作成など契約締結の媒介行為を加盟店（販売業者等）に委託して事業活動が展開されることから，加盟店である販売業者等は「媒介者」（消契5条）に当たる（⇒第**7**章*6*〔120頁以下〕）。そこで，割販法35条の3の13は，媒介者である販売業者等が不実告知等の不当勧誘行為を行った場合，消契法5条の考え方を活用して，消費者は信販会社に対して立替払契約の取消しを主張できる旨を定めている。

CHECK

① カード等による決済のメリットとデメリットについて，本文で指摘した内容をふまえて，具体例を考えながら整理しよう。
② 割販法による各規制について，それぞれの法制度の趣旨を理解しながら，具体的に説明してみよう。
③ キャッシュレス決済で期待される機能について，考えてみよう。

読書案内 **Bookguide**

千葉恵美子編『キャッシュレス決済と法規整』（民事法研究会，2019年）
後藤巻則ほか『条解消費者三法〔第2版〕』（弘文堂，2021年）1371～2011頁［池本誠司執筆］
阿部高明『逐条解説 割賦販売法Ⅰ〔第2版〕』，同『逐条解説 割賦販売法Ⅱ〔第2版〕』（青林書院，2023年）
寺川永「ネット上の取引におけるキャッシュレス決済とその安全性への課題」法学セミナー827号（2023年）25～30頁
松苗弘幸「クレジットカード加盟店管理責任」現代消費者法61号（2023年）119～123頁

CHAPTER

第15章

消費者信用取引(2) 貸金業法

1 金銭消費貸借契約の基本

消費者金融取引とは，消費者が現金の融通を受ける，すなわち借金をする取引である。借金は貸し手が借り手の将来の弁済能力を信用することによって実現する取引であるから，消費者金融取引は消費者信用取引の一分野に位置づけられる。

借金をする契約は，民法典における典型契約のうち「消費貸借」契約（民587条）に該当する。「当事者の一方」つまり借り手が，「種類，品質及び数量の同じ物」つまり同額の金銭を返還することを約する，**金銭消費貸借契約**である。金銭消費貸借契約は無利息が原則であるが，当事者の合意によって利息付きの金銭消費貸借契約を締結することができる（同589条1項）。

それでは，利息付き金銭消費貸借契約を締結した場合，返済はどのようになるだろうか。例えば，100万円を1年後に利息を付して返すという契約をしたとする。弁済期がくると元本100万円に加えて利息を返済しなければならないが，当事者間で利率を定めたときはその約定利率に依り，定めなかったときは法定利率に依る（同404条1項）。ここでは約定利率が定められていなかったとして法定利率である年3%（同条2項）に基づき算出すると，利息3万円を元本とあわせて弁済しなければならないことになる。もし弁済期に元本と利息の合計103万円を返済できなかったら，債務不履行（履行遅滞）であるから損害賠償義務（遅延損害金）が発生する。金銭債務の債務不履行については民法419条の特則があり，遅延損害金は約定利率または法定利率に依る（同条1項）。

このように，利息付き金銭消費貸借契約が締結された場合，弁済期に元本債務と利息債務を弁済しなければならず，それらが弁済できなかった場合には遅延損害金債務も発生するところ，民法は利息債務・遅延損害金債務ともにその利率を合意により定めることができるとしている。当事者が合意により約定利率を自由に設定することができるのは，契約自由の原則による当然の帰結である。しかし，このことは，貸し手が借り手の窮状につけこむことで異常に高い利率が合意され，貸し手が暴利をむさぼることを可能としてしまう。そこで，特別法によって利率の上限を定める**上限金利規制**がなされることとなる。

利率の上限を定めるのは，「利息制限法」（利限法）と「出資の受入れ，預り金及び金利等の取締りに関する法律」（出資法）の二つの法律である。この二つの法律をめぐる上限金利規制には，「**グレーゾーン金利**」と呼ばれる問題がかつて存在しており，深刻な**多重債務問題**を引き起こしていた。消費者金融市場をめぐる法規制の展開は，グレーゾーン金利をめぐる判例と学説そして立法による貸金業者との攻防の歴史にほかならない。そこで，以下ではまずグレーゾーン金利の問題をひもとき，その上で2006年**貸金業三法改革**後の現行法について解説する。

2　グレーゾーン金利の問題

1　グレーゾーン金利とは何か

2006年改正前の利限法および出資法は，貸付利率の上限を次のように定めていた。まず，利限法1条1項において，利率の上限を，元本が10万円未満の場合は年20%，元本が10万円以上100万円未満の場合は年18%，元本が100万円以上の場合は年15%と定めた上で，約定利率がこの上限を超えたときはその超過部分が無効となるとしていた。他方，出資法5条2項は，貸金業者との間でなされる貸付契約の利率上限を年29.2%とし，これを超過したときは懲役・罰金の刑事罰を科していた。このように，利限法と出資法とでは上限

図表 15.1 グレーゾーン金利

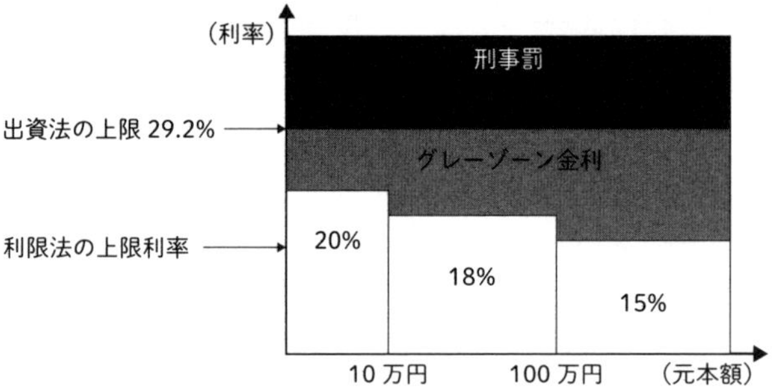

が異なり，かつ，違反の効果も異なるため，利限法の上限を超えており私法上無効となるが，出資法の上限は超えていないため刑事罰に処されることはないという「グレーゾーン」の金利帯が存在した（**図表 15.1**）。さらに，利限法1条2項は，約定利率が同条1項の上限を超えて私法上無効であるにもかかわらず，債務者が超過部分の利息を任意に支払ったときは返還請求できないと定めていた。このため，グレーゾーン金利帯で出資法の上限に張り付いた約定利率を設定して，刑事罰を回避しつつ約定利息を支払わせるべく過酷な督促や取立てをなすことが横行した。

2 判例法理による解決策(1)

この問題に対し，貸金業三法改革による立法的解決をみるまでの間，判例法理による解決の道が模索された。

CASE 15-1

Aは貸金業者Bとの間で，貸付利率年29%，遅延損害金利率年29%，利息は年払い・複利，元本の弁済期は10年後の定めで，10万円を借りる契約を締結した。Bから「約定利息29,000円を毎年の期日までに払わないと，遅延損害金が29,000円発生し，これらが元本に組み込まれ，翌年は元本158,000円に29%を積算して45,820円の利息が発生する。」と説明されたAは，債務がふくらむことを恐れ，毎年29,000円を利息として支払い続けた。結果，10年間で元本の弁済金とあわせて合計39万円を支払った。

（参照条文）旧利限法1条1項・2項，民法489条・705条

まず，最大判昭和39年11月18日民集18巻9号1868頁は，強行法規たる

利限法1条1項により上限を超過した部分は無効であるからその部分の債務は存在せず，したがって当事者間での合意による充当指定は無意味であるから，「民法491条〔現行の489条〕の適用により」法定充当される結果，利限法の上限超過払い分は「残存元本に充当」されるとした。CASE 15-1 では，利限法の上限は年18%であるからAが1年目に支払うべき利息は18,000円であるのに29,000円を支払っているので，払いすぎた11,000円は元本に充当し残元本が89,000円となる。

次に，このような超過払い分の元本充当を繰り返していくと，ある時点で元本が完済され，なお払いすぎとなる場面が発生する。CASE 15-1 では，6年目に超過払い分を元本充当すると元本債権が消滅するが，以降もAは支払いを続けたため合計219,864円の払いすぎとなる。このとき，債務者が任意に支払ったときは返還請求できないと定める利限法1条2項が存在することから，**過《か》払《ばら》い**分について返還請求できないのかが問題となる。これについて，最大判昭和43年11月13日民集22巻12号2526頁は，元本債権の存在しないところに利息発生の余地はなく利息の超過払いということもあり得ないのだから，利限法1条2項は「元本債権の存在することを当然の前提」としているところ，超過部分の元本充当により計算上元本が完済となった後は元本債権が存在していないのだから利限法の適用はなく，「債務が存在しないのにその弁済として支払われた」非債弁済（民705条）として不当利得返還請求できるとした。

3　みなし弁済規定

以上の判例法理の展開により，利限法1条2項は空文化され，貸金業者にとってのグレーゾーン金利のうまみとも呼べる部分はその意味をそぎ落とされた。しかし，1983年に「貸金業の規制等に関する法律」（貸金業規制法）が制定される際，開業規制や業務規制のいわば見返りとして，同法43条に「**みなし弁済規定**」が置かれることとなった。みなし弁済規定とは，①貸金業者が貸金業規制法17条および18条の書面交付義務を履行し，かつ，②債務者が超過利息を任意に支払った場合には，超過部分に対する「有効な利息の債務の弁済とみなす」ものである（貸金業規制法43条1項）。すなわち，原則は利限法1条1項により上限超過部分の約定利率は無効であるが，書面交付要件と**債務者の任意性**要件という二つの要件を充たせば，例外的に約定利息に対する有効な弁済とみなす。これにより，貸金業者は，債務者に超過利息を支払わせてしまえば不当利得返還請求を受けることはないという，グレーゾーン金利のうまみを得ることが再び可能となった。しかも，それは貸金業規制法43条というお墨付きを得たのである。

4 判例法理による解決策(2)

貸金業規制法43条が適用されなければ，利限法1条1項の原則に戻り上記**2**の判例法理が妥当する。そこで，貸金業規制法43条の適用を阻止する方策が判例法理により展開された。まず，43条の適用要件の一つである書面交付要件が厳格に解釈された。例えば，返済期日前に送付された振込用紙は「弁済を受けたとき」に「その都度，直ちに」書面を交付しなければならないと定める18条1項の書面交付要件を充足したとは言えないとし（最判平成16年2月20日民集58巻2号380頁），また，交付書面には17条1項所定の事項すべてが記載されていなければならないとした（最判平成16年2月20日民集58巻2号475頁）。

しかし，これらは貸金業者が書面交付の形式を整えることによって容易に対応できる。そこで，43条適用のもう一つの要件である「債務者の任意性」の解釈が争われることとなった。最判平成18年1月13日民集60巻1号1頁［消費者法百選56①事件］は，「**期限の利益喪失特約**」が付されている下での超過払いにつき債務者の任意性を否定した。期限の利益喪失特約とは，「債務の一つでも期限に支払わなかったときには，すべての債務について全額を直ちに支払わねばならない」旨を定めた契約条項である。債務者は本来，期限（弁済期）が到来するまでは債務の履行を請求されないという利益を有しているところ，履行期の到来していない債務について期限の利益を喪失し全債務を一括して返済しなければならないと約するものである。このような特約は，利限法の上限超過部分の支払いを怠った場合に期限の利益を喪失するとする部分については，利限法1条1項の趣旨に反するため無効となる。したがって，債務者は支払期日にあくまで元本と利限法上限額の利息を支払いさえすればよく，超過部分の支払いを怠ったとしても期限の利益を喪失することはない。しかし，この特約は，約定利息を支払わなければ期限の利益を喪失し元利金の一括返済および遅延損害金が発生することになるとの誤解を債務者に与える。最判平成

18年1月13日はまさにこの点を捉えて，債務者に誤解を与えることで約定利息の支払いを「債務者に事実上強制」するものであるから，「債務者が自己の自由な意思によって制限超過部分を支払ったものということはできない」とし，期限の利益喪失特約下での債務者の任意性を否定した。

かくして貸金業規制法43条のみなし弁済規定は適用されず，上記**2**の判例法理に基づく不当利得返還請求が可能となる。そして，この判決が下された当時，貸金業者の大半が期限の利益喪失特約を置いていた。このため，不当利得返還請求をなす訴訟が，払いすぎた利息を取り戻せる「**過払金返還訴訟**」と呼ばれ大量に提起されることとなった。

3 貸金業三法改革

最判平成18年1月13日が追い風となり，貸金業分野を改革する「貸金業の規制等に関する法律等の一部を改正する法律」が2006（平成18）年12月13日に成立した。同法は，貸金業規制法を抜本的に改正し「**貸金業法**」と名称変更するのみならず，利限法，出資法の改正も伴う大改革であった。改革は多岐にわたるが，以下では，グレーゾーン金利問題の解決策である①金利体系の適正化，これに関連して多重債務問題に関わる②過剰貸付けの抑制，③ヤミ金融対策の強化をとりあげる。

1 金利体系の適正化

まず，出資法5条2項の上限金利を29.2％から20％に引き下げ，利限法の上限と同水準にすることでグレーゾーン金利帯を消滅させた。このとき，元本10万円以上の部分については依然としてグレーゾーンが残存（出資法と利限法との間隙が2％と5％分存在）するが，貸金業法は，貸金業者がこの残存部分の金利帯で利息の契約および利息を受領することを禁止し（貸金業12条の8第1項・4項），違反したときは行政処分の対象となる（同24条の6の3・24条の6の4第1項2号）。そして，過酷な督促や取立てを誘発する元凶とも言える，債務者が任意に超過部分の支払いをしたときには不当利得返還請求できない旨を定めていた利限法1条2項および貸金業規制法43条のみなし弁済規定は，それぞれ削除された。また，グレーゾーン金利は貸付利率のみならず遅延損害金の利率についても存在していたところ，上記と同様に，利限法の上限金利を引き下げる（利限7条1項）と共に利限法4条2項と貸金業規制法43条を削除した。以上により，グレーゾーン金利の問題は解決をみることとなった。

なお，貸金業者が109.5％を超える利息の契約をした場合には，利限法超過部分のみが無効となるのではなく金銭消費貸借契約全体が無効となる（貸金業42条1項）。

2　過剰貸付けの抑制

グレーゾーン金利下では，貸金業者は債務者に任意に返済させてしまえば不当利得返還をなさずにすむというまみを食い尽くすために，そもそも返済能力のない債務者に対しても貸付けを行い，他の貸金業者，時にはヤミ金から借入れをさせてでも返済を迫るということを行っていた。本章冒頭でも述べたように，消費者金融取引は，本来は貸し手が借り手の将来の弁済能力を信用することにより成り立つ取引である。しかし，借り手の弁済能力を最初からあてにせず，他から借入れをさせ返済を迫り，債務者はその借入先からの借金返済にあてるためにさらに別の借入れを行うという自転車操業に陥り，果ては多重債務者となる仕組みが作り上げられていた。

そこで，貸金業者に，貸付けを行う際に，債務者の収入・収益そのほかの資力，信用・借入れの状況，返済計画そのほか返済能力に関する事項を調査することを義務づけた（貸金業13条1項）。そして，その調査によって，新たな貸付けによる借入残高が当該債務者の年収の3分の1を超える「過剰貸付契約」（同13条の2第2項）にあたると判明したときには，貸金業者は当該貸付契約の締結をしてはならず（同条1項），違反したときは行政処分の対象となる（同24条の6の3・24条の6の4第1項2号）。

この新規貸付けが既存の債務残高とあわせて年収の3分の1を超えてはならないとする規制は，当該個人の借金の総額すなわち総債務の量を制限するものであるため「**総量規制**」と呼ばれる。収入と借入残高とのバランスに鑑みて，返済が不可能な人には貸付けをしてはならないとすることによって，債務者を多重債務に陥らせる仕組みから保護しようとしたのである。

Column ㉓ 借金を我慢できない人への借入れ規制──総量規制の正当化根拠

総量規制によって，債務者本人は借金がしたいのに貸金業者から借入れを断られる場面が発生する。これは法により当該債務者を消費者金融市場から排除するものであって私的自治の原則に反するのではないかとの疑問が浮かぶ。この疑問に対し一つの手がかりを与えるのが，行動経済学により明らかにされた「現在バイアス・近視眼バイアス（present bias）」という人間の持つ心理的傾向である。

現在バイアスとは，遠い将来の相対的に大きな利益よりも現在の相対的に小さな利益を重視する性質をいう。例えば，「10 年後に 1 万円を受け取るのと 11 年後に 15,000 円を受け取るのとどちらを選ぶか」という質問で後者を選択した人が，「今日 1 万円を受け取るのと 1 年後に 15,000 円を受け取るのとどちらを選ぶか」と問われると前者を選ぶという現象が観察されている。2 つの質問は，受け取りが 1 年間遅れる補償として 5,000 円もらえるという同じ条件にもかかわらず，10 年後の受け取りか 11 年後の受け取りかという遠い将来の選択であれば 1 年間の遅れを待てるのに，今日か 1 年後かという近い将来の選択では同じ 1 年間の遅れを待てないと回答したことを意味する。現在バイアスは，将来に関する最適計画をたてても計画の実行時点になると計画を破棄してしまうという「時間非整合」的行動を引き起こす。先ほどの例で，10 年後に 1 万円を受け取るのと 11 年後に 15,000 円を受け取るのとどちらにするか今日決めるよう求められて後者を選択した人が，時が経過して 10 年後を迎えると，今日の 1 万円か 1 年後の 15,000 円かという選択では前者を選好するので，過去の選択を破棄して変更したい誘惑にかられるのである。

借入れとは，現在の消費を増やす代わりに借入金返済のため将来の消費を減らす，消費の前倒しである。現在バイアスの強い人は，現在消費が増えることを重視するため，利息が高い，つまり将来の返済額が大きく将来消費が大幅に減る場合でも，借入れを行う。そして，借入れ時点では，返済を含めた将来の消費計画を最適に設計して借入れの選択をなしたが，いざ返済日が訪れると，再び現在消費に大きな価値を置くため，返済にあてる予定だった給与を消費したり新たに借入れをしたりしてしまうのかもしれない。実際，わが国の自己破産等の債務整理（⇒ 5）経験者は現在バイアスが強いことが，行動経済学者のなした調査により明らかにされている。

現在バイアスの強い人にとっては，将来に関する最適計画を変更できないよう，今日の自分が決めた最適計画に自分を拘束（コミット）することが利益をもたらす。自身がバイアスを有していることを認識し計画を反故にする可能性を自覚している「思慮深い（sophisticated）」人は，自分を拘束するために様々なコミットメント手段を活用できるが，バイアスを有していることを認識しておらず自分は計画を遂行できると思っている「単純な（naive）」人は自分ではコミットすることができない。このため，後者のタイプに対しては外在的な制約によりコミットさせることが望ましい。多重債務者の多くが「単純な」タイプであるとするならば，今日たてた将来に関する最適な消費計画を，返済日が訪れると変更して新たに借入れをしてしまうことができないよう，外在的に制約するコミットメント手段が有用となる。年収の3分の1を超えた新規借入れを規制する総量規制は，外在的コミットメント手段の一つとみることができる。

3　ヤミ金融対策の強化

貸金業を営むには「登録」を受けなければならず（貸金業3条1項），無登録営業は禁止されている（同11条1項）。登録を受けずに貸金業を営む違法な貸金業者を「**ヤミ金・闇金融**」という。開業規制である登録制は旧法である貸金業規制法の立法時に導入されたものであるが，ヤミ金は後を絶たなかった。登録をしないヤミ金業者は貸金業法の規制および監督官庁である金融庁・各地方財務局の監視が及ばず，その実態を把握することが困難となる。

そこで，2006年の貸金業三法改革で，無登録で貸金業を営んだ者に対する罰則について，その最高刑を懲役10年と罰金3,000万円に引き上げた（貸金業47条2号）。また，出資法5条3項に「超高金利罪」を新設し，貸金業を営む者が年109.5%を超える利息の契約の締結および利息を受領したときは，10年以下の懲役もしくは3,000万円以下の罰金またはこれらが併科されることとなった。以上の規定により，ヤミ金業者を逮捕して刑事罰に処することが可能となっている。

4 保証人・保証契約

CASE 15-2

Aは，日頃世話になっている先輩Bから「融資が受けられないとうちの工場は倒産だ。」「絶対に迷惑をかけないから。」など懇願され，Bがローン会社Cから融資を受けるに際して保証人になることを引き受けた。しかし，その後Bは一家で夜逃げをして行方をくらましてしまった。Cから保証債務の履行を求められたAは，Bに代わって返済するために急遽サラ金（主に会社員・サラリーマンを対象とした消費者金融である「サラリーマン金融」の略語）で借金をし，今はその返済に追われている。

1 保証人のリスク

借金と密接な関係にあるのが保証人・保証契約である。保証契約は債権者と保証人との間で締結され，保証人は債務者が債務を履行しないときに債務者に代わって履行をなす責任を負う（民446条1項）。これは，保証人は，債務者の負う債務と同等の内容を給付する**保証債務**を，債務者とは独立別個に債権者に対して負うことを意味する。連帯保証の場合には，通常の保証人に比べて連帯保証人の負担は重くなる。すなわち，通常の保証人は，①債権者から保証債務の履行を求められたとき，先に債務者に履行を催告するよう要求できる「催告の抗弁権」（同452条）と②債務者に資力があり執行が容易であることを理由として債務者の財産に執行するよう求める「検索の抗弁権」（同453条）を有しているが，連帯保証人はこれらの抗弁権を有しない（同454条）。また，保証人は，保証債務を履行したときには債務者に対する求償権（同459条以下）を有するが，債務者が行方をくらますことや，そもそも債務者の資力を見込めないこともある。CASE 15-2のように保証人になったがために自らが借金をするはめになり，そしてそれをきっかけに多重債務者となる場合もある。このように，保証人になる・保証契約を締結することはリスクを伴う行為である。

しかし，わが国では，債務者との義理や人情を重んじる風潮から，保証契約を締結する意味を十分に理解せぬままに保証が引き受けられることも多い。また，中小事業者が事業用運転資金を借り入れる際に，当該事業用貸金債務を担保するために個人保証人をたてることで信用補完をなすことがしばしばなされるが，事業用運転資金の借入れは相対的に高額であり保証人のリスクが大きい。さらに，事業用運転資金の借入れはしばしば繰り返し継続的になされるため，その都度保証契約を締結するのではなく一定額（極度額）の範囲まで保証することを約する**根《ね》保《ほ》証《しょう》契約**の形態をとることが多いが，根保証契約は，保証対象となる主債務の額が不確定であり，かつ保証期間が相対的に長期にわたるため，保証人のリスクが大きくなる。

2 保証人保護の仕組み

そこで，民法は保証人保護のための様々な規定を設けている。まず，あらゆる保証契約は書面でしなければ効力を生じない（民446条2項）。加えて，個人根保証契約は極度額を書面で定めなければ無効であり（同465条の2第2項・3項），さらに事業用貸金債務の個人保証・根保証契約は，保証契約締結に先立ち公証人が保証人になろうとする者の意思確認をし「保証意思宣明公正証書」を作成しなければ無効である（同465条の6第1項）。以上は，保証のリスクを十分に自覚せぬまま保証人になることを防止するために設けられている。次に，個人保証人を根保証のリスクから保護すべく，主債務の額が不確定であるリスクを減じるために主債務の元本確定事由を定める（同465条の4）ほか，保証期間が長期にわたるリスクを減じるために個人貸金等根保証契約に関して主債務の元本確定期日の制限（同465条の3）を設けている。

また，貸金業法においても，保証のリスクを理解して保証契約がなされるよう，貸金業者に書面交付義務を課している。第1に，保証契約の締結前と締結時に，保証契約の内容を明らかにする書面を保証人に交付しなければならない（貸金業16条の2第3項・17条3項）。特に連帯保証の場合には，連帯保証人が催告の抗弁権と検索の抗弁権を有しないことを記載しなければならない（同16条の2第3項5号・17条3項）。第2に，保証契約締結時に，債務者と貸金業者との間で締結される貸付契約の内容を明らかにした書面を，保証人に交付しなければならない（同17条4項）。以上の書面交付義務違反は刑事罰に処せられる（同48条1項3号の2・4号）。

5 多重債務の解消

1 債務整理の方法

続いて，多重債務に陥った場合の救済策として，多重債務の解消手段である債務整理の方法を簡単に紹介する（⇒第**10**章④〔167頁〕）。債務整理の方法には，①自己破産，②個人再生，③特定調停，④任意整理がある。

①**自己破産**は，破産法に基づく「破産手続」と「免責手続」によって債務者の財産と債務を清算する方法である。破産手続は，破産管財人が「支払不能」状態にある債務者の財産と債務を調査し，財産を債権者に配当する手続である。免責手続は，配当後に残った債務を免除するための手続であり，債務者に「**免責不許可事由**」（破産法252条1項各号）がないか破産管財人が調査する。消費者金融取引による多重債務者にあっては，免責不許可事由のうち，多重債務に陥った原因が浪費やギャンブルの場合（同項4号）や，過去7年以内に破産免責許可を得た場合（同項10号）に該当する状況がまま見受けられるが，該当行為の程度や破産手続開始に至った事情等を斟酌して，裁判所が免責を許可するか否か判断する。免責が許可されれば，債務者は財産も債務もゼロからの再出発を切ることになる。

②**個人再生**は，裁判所が認可した「再生計画」に従って，債務を減免しつつも，債務者に経済活動を継続させ，その収益・収入によって債務を返済させるという民事再生法に基づく手続である。再生計画は，債務者が無理なく遂行できるよう，3か月に1回以上のペースでの分割払い返済（民事再生法229条2項1号），弁済期間は原則3年間，最長で5年間（同項2号）と定められているほか，住宅ローンに関する特則（同196条以下）があり，住宅を保持したまま再建することが可能である。ただし，本手続を利用できるのは，無担保債務の総額が5,000万円以下の個人であることや，将来において継続的・定期的収入を得る見込みのある者でなければならない等の一定の条件がある。

③**特定調停**は，「特定債務等の調整の促進のための特定調停に関する法律」に基づき簡易裁判所に調停を申し立て，調停委員の仲介により，債務の猶予や一部を免除する返済計画について債権者らとの合意形成を目指すものである。

合意に至り調停が成立すれば調停調書が作成され，これに従って債務者は弁済を続ける。

④**任意整理**は，裁判所を通さずに貸金業者と和解交渉を行い，債務の免除や猶予について和解契約を締結することによって債務を整理する方法である。

2 相談窓口

以上の債務整理手続は債務者自身で行うことができる。しかし，手続に必要な書類の作成が複雑なものもあれば，上記 2 の判例法理に基づく利息の引き直し計算をして過払金が発生していないかも含めて債務・財産状況について調査し，いずれの債務整理方法が適切かの判断も必要となる。そこで，専門家の助言を得ることや専門家に委任して手続を代理してもらうことが有用である。弁護士または司法書士に委任した場合，「債務整理受任通知」が貸金業者に送付されると貸金業者は債務者に直接取立てをすることができなくなるため（貸金業 21 条 1 項 9 号），平穏な生活を早期に取り戻せるというメリットもある。

相談窓口として，公益財団法人日本クレジットカウンセリング協会，日本司法支援センター（法テラス），国民生活センター・消費生活センター，全国クレサラ・生活再建問題被害者連絡協議会等があり，これらにまずアクセスすれば法律専門職につないでもらうことが可能である。また，各都道府県の弁護士会・司法書士会で無料相談会が開催されることもある。一人で抱え込まずに相談することが大切である。

6 新たなヤミ金の登場

過払金返還訴訟や貸金業三法改革が奏功し，自己破産件数は減少した。しかし，経済的に苦しい状況に置かれている人は依然として存在し，こうした資金需要者をねらった新たなヤミ金の仕組みが業者によって次々と開発されている。

(1) 給与ファクタリング

CASE 15-3

Aは緊急でお金が必要となったが，サラ金からの借入れも勤務先からの給与の前借りも断られてしまった。インターネットで検索していると，「給料を支給日前に受け取れる」「給料の前借りと同じ」などと書かれた，給与債権を買い取ってくれるという業者Ｂのウェブサイトを見つけた。さっそくＡは，15日後に支給される給与のうち，額面額10万円分の給与債権の買取りを申し込んだ。すぐにＢから，買取手数料４万円を差し引いた買取代金６万円がＡの預金口座に振り込まれた。その後，給与日に勤務先から給与の支給を受けたＡは，Ｂの預金口座に買取債権額面額の10万円を振り込んだ。

まず，CASE **15-3** のような給与債権を買い取ることで資金提供すると称する「**給与ファクタリング**」業者が登場した。本件取引は，Ａが６万円の借入れをして15日後に10万円を返済したのと同義であるから，買取手数料４万円は利息に相当し，年利に換算すると約1622％となる。これを業者は給与債権の買取りという「債権譲渡」（民466条）であって「金銭の貸付け」（貸金業法２条１項，出資法５条）ではないから，貸金業法・出資法による上限金利規制は適用されないと主張する。しかし，労働基準法24条１項に基づき給与は使用者が労働者に直接支払わなければならないため，業者は譲り受けた給与債権の履行を使用者に対して求めることはできず，労働者から資金回収を図るよりほかない。そうすると，給与ファクタリングは，給与日に労働者から業者へ金銭が引き渡されることを前提に業者から労働者へ金銭の交付がなされるものであって，借主が返済を約したことを信用して貸主が資金提供をなす「貸付け」と経済的に同様の機能を有している。そこで，2020年３月に金融庁が給与ファクタリングは貸金業法２条１項の「貸付け」にあたるとの見解を示し，さらに，最決令和５年２月20日刑集77巻２号13頁も，給与ファクタリングは貸金業法・出資法上の「貸付け」にあたるとの判断を下した。

⑵　後払い現金化

このように給与ファクタリングが規制対象となると，今度は「**後払い現金化**」という手法が登場した。これは，「レビューを投稿すると協力金として報酬を受け取れる」などとうたい，購入商品のレビュー投稿に対する謝礼や宣伝協力費として現金を融通するものである。例えば，商品を後払いで購入する売買契約が締結され，業者は購入者が投稿したレビューに対する謝礼として１万円を購入者に振り込み，後日（給与日等），購入者は売買代金３万円を支払うということが行われる。しかし，①売買目的物がインターネットにおいて無料でダウンロードできる風景写真等の商品としては無価値なものであって，売買契約は形式的なものであり，②業者が商品購入者に１万円をまず交付して後日購入者が３万円を支払うという金銭の移転は，経済実態としては，申込者が利息２万円を付して３万円を返済することを約して業者が１万円を交付しているのであって，貸付けとみることができる。

(3) 先払い買取り現金化

さらに後払い現金化の亜種として「**先払い買取り現金化**」も登場している。まず，利用者が売主で業者が買主として売買契約を締結するが，商品が実際には引き渡されないことを前提に業者は売買代金を利用者に先払いする。そして，商品引渡債務の履行期限が到来すると，業者が利用者の引渡債務の不履行を理由として契約を解除し，代金の返還に加えて高額な違約金の支払いを求める。ここでは，業者が先払いした売買代金が貸付元本に，契約解除後に利用者が負う代金返還債務の履行が元本に対する返済に，違約金が利息の徴収に，それぞれ相当する。

以上のように，業者は，債権譲渡や売買の法形式を装うことで「貸金業」「貸付け」にあたらないように取引の仕組みを構築し，貸金業法・出資法の適用逃れを画策する。ヤミ金を含め消費者金融市場をめぐる法規制と業者との攻防は今もなお続いているのである。

CHECK

① 消費貸借契約（民 587 条）の成立に必要な「要素」は何か，民法（債権各論）の教科書を読んで復習しよう。

② 2006 年貸金業三法改革前の，上限金利規制をめぐる三つの法律とそれぞれの規制内容を整理しよう。続いて，現行法の利限法・貸金業法の条文を参照し，旧法下での規定が削除されていることを確認しよう。

③ もし多重債務者になってしまったらどこに相談したらよいか，あなたの住んでいる地域の具体的な相談先を調べてみよう。

読書案内 **Bookguide**

大森泰人＝遠藤俊英編『Q&A 新貸金業法の解説〔改訂版〕』（金融財政事情研究会，2008 年）
山下純司ほか『法解釈入門〔第 2 版〕』（有斐閣，2020 年）210 ～ 222 頁
井手壮平『サラ金崩壊』（早川書房，2007 年）

CHAPTER

第16章

金融商品・投資取引

1 貯蓄から投資へ

日本銀行が調査・作成する「資金循環」統計によれば，2023年9月末時点で，わが国の個人金融資産は約2,100兆円であり，かつ，その内訳は現金・預金が52.5％と過半数を占めるという偏った資産構成となっている。個人の預貯金という余剰資金が投資によって成長産業・新規産業へ資金供給されれば，当該産業の発展により日本経済が活性化するのみならず，資金の出し手である個人は，企業価値向上による果実（例えば株式における配当）を享受することによって，資産の増加および資産構成の平準化による安定的な資産形成が可能となる。そこで，国は，1996年に金融システム改革の着手を宣言して以来，「**貯蓄から投資へ**」と個人金融資産の転換を図るための法政策を打ち出し続けている。

国民に投資を促すためには，投資家が安心して市場に参加できるよう，投資家保護の法整備が必須である。そもそも投資取引は，貯蓄（預貯金）と異なりリスクが伴うものであり，自身でリスクとリターンを踏まえて投資判断を行うべきもの，つまり**「自己決定―自己責任」の原則**が妥当する。しかし，個人投資家と投資のプロである金融商品取引業者との間には，情報量・投資経験・判断力の点で格差があり，かつ，金融商品は仕組みが複雑であり理解が容易でないものも多い。このため，個人投資家が投資に関する自己決定をなすためには，投資の判断に必要となる情報の提供や金融商品に関する説明が十分になされる必要がある。また，仮に自己決定が阻害された場合には，自己責任を問う基盤を欠くのであるから何らかの救済を付与することが正当化される。

したがって，投資家保護の法整備とは，投資家の自己決定を可能にするための**事前の環境整備**と，自己決定が阻害され自己責任を問えない場合の**事後的な救済制度**との二側面から考えることができる。前者を担っているのが「金融商品取引法」（金商法）であり，前者に加え後者も担っているのが「金融サービスの提供及び利用環境の整備等に関する法律」（金サ法）である。

以下では，投資取引をめぐって多くみられるトラブルの態様ごとに，どのような投資家保護の法整備がなされているのか，2023年改正金商法・金サ法を基に解説する。

2 説明義務

CASE 16-1

Aは，B証券会社で数年の投資経験があり，外貨建て海外公社債取引で為替リスクによる損失を被ったことから為替リスクのない投資商品を希望していたところ，B社従業員からEB債（他社株転換可能債）を勧められて購入した。その際，EB債とは現金償還と株式償還の2種類の償還方法があり一定条件によって株式償還が義務づけられることについては説明がなされたが，株式償還される場合は償還株式の価格が下落しておりEB債の購入額との差額分の損失を被ることになる点や，この株式償還リスクの対価として現金償還の際の金利が高く設定されている点について説明はなかった。結局，本件EB債は株式償還されることとなり，Aは取得した株式の株価と債券券面額との差額2,000万円の損失を被った。

（参考事例）大阪地判平成15年11月4日判時1844号97頁［金商法百選25事件］
（参照条文）金商法37条の3第1項，金サ法4条1項

(1) 説明義務が課される理由

個人投資家たる顧客が自身でリスクとリターンに鑑みて投資判断をなし得るためには，十分な情報を持ちリスクを理解した上で取引に臨むことが可能でなければならない。しかし，金融商品・投資取引は，仕組みが複雑で理解が困難

なものも多い。これに対して，勧誘・販売をなす業者はプロであり，情報量・知識・経験ともに相対的に高い立場にある。したがって，顧客の自己決定を可能とし自己責任を問い得るだけの環境を整えるべく，業者に当該投資取引に先立って当該商品についての説明・情報提供をなす義務を課すことが妥当と考えられることになる。

(2) 説明義務の法制化

このような考えから，裁判例では信義則（民1条2項）に基づき説明義務を課し，同義務違反を債務不履行または不法行為と構成して損害賠償責任を認めてきた。こうした裁判例を踏まえて，金サ法4条1項は「金融商品の販売が行われるまでの間に……重要事項」について説明をしなければならないという**重要事項説明義務**を業者に課し，そして同項に反して重要事項を説明しなかったときには損害賠償責任を負うと定める（金サ6条）。この重要事項説明義務は，顧客が投資取引を行うか否か，契約を締結するか否かを判断するにあたって一般的に影響を及ぼすと考えられる基本的事柄として，業者が最低限説明しなければならない事項を明定したものである。具体的には，①元本欠損が生ずるリスクがあること（同4条1項1号・3号・5号の各イ，3項），②元本を上回る損失が生ずるリスクがあること（同条1項2号・4号・6号の各イ，4項），③上記①②のリスクを生じさせる要因（同条1項1号～6号の各ロ），④取引の仕組みのうちの重要な部分（同条1項1号～6号の各ハ，5項），⑤権利行使または契約解除が可能な期間の制限（同条1項7号）を説明しなければならない。

さらに，金商法37条の3第1項（令和7年5月までに施行予定）が，金サ法の重要事項説明義務と同内容のものを，「情報提供義務」として業法上も明文化しており，必要に応じて業務改善命令（金商51条）等の行政処分を下すことが可能となっている。

(3) CASEの検討

CASE 16-1で問題となっているEB債とは，必ず現金で償還される一般の社債と異なり，債券の発行者とは異なる会社の株式（他社株）に転換されて株式償還される可能性がある債券である。すなわち，当該他社株の価格があらかじめ決められた価格以上であれば現金償還（債券の券面額と金利が償還）されるが，下回った場合には株式償還するという条件の付された**仕組債**の一種である。株式償還される場合，債券の券面額で他社株を取得したのと同義であるから，転換株価と債券の券面額との差額分の損失を発生させるリスクがある。金利が高く設定されているのは，転換対象株式たる他社株の価格が下落し一定額を下回った場合に，その下落した株式を債券券面額で引き受けなければならないという株式償還リスクの対価としてであり，逆に言うと金利が高いということはそれだけ株式償還リスクが高いことを意味する。CASE 16-1 ではこのような説明がなされていなかったのであるから，①説明義務違反を理由とした民法709条の損害賠償請求，②株式償還による元本欠損のおそれがあること（金サ4条1項1号イ）およびその元本欠損リスクを生じさせる取引の仕組みのうちの重要な部分（同号ハ）の各重要事項説明義務違反を理由とした金サ法6条の損害賠償請求をすることが考えられる。

3 断定的判断の提供

CASE 16-2

Aは B 証券会社で株式取引を開始してから 10 億円を超える損失を出しており，この損失を取り戻したいと考えていた。そんな折り，B 社従業員から，「内部情報であるから絶対に他の人に言わないように。」と口止めされた上で，「C 社は B 社の子会社であり，今は 1 株 2 万円だが内部では確実に 6 万円になるとみている。」と告げられ，C 社の株式購入を強く勧められた。そこで A は C 社の株式を購入したが，その後株価は値上がりしなかった。

（参考事例）東京高判平成 9 年 5 月 22 日判時 1607 号 55 頁［金商法百選 17 事件］

（参照条文）金商法 38 条 2 号，金サ法 5 条

株価の変動にみられる通り，投資取引は価格変動という将来の不確実な事項を本質的に含んでいるところ，将来の相場予測について「絶対」「確実」などと告げて勧誘することは，将来の不確実な事柄をあたかも確実な事柄であるごとく誤解させる。とりわけ，投資のプロである業者がそのような勧誘をなすことは，一般投資家たる顧客の当該投資取引のリスクについての認識を妨げ，投資するか否かの判断をゆがめ自己決定を阻害するものである。

そこで，金商法 38 条 2 号は**断定的判断の提供**をなすことを禁止している。

しかし，同規定は行政取締規定であり，同条違反の効果は業務改善命令（金商51条）等の行政処分であって民事責任を発生させるものではない。そこで，裁判例は，当該勧誘態様が金商法38条2号違反に加えて「社会通念上許された域を超えた」場合には不法行為を構成するとして，損害賠償責任を認めてきた。この裁判例の蓄積を踏まえて，金サ法5条は断定的判断の提供の禁止を定めた上で，5条違反の効果として6条の損害賠償責任を定めている。

それでは，業者の勧誘行為が「断定的判断の提供」にあたると言えるのはどのような場合であろうか。裁判例では二つの視点から総合的に判断されている。一つは，いつ誰がどのような表現を用いて勧誘をしたかという「行為態様」の観点からの評価である。例えば，「絶対」「100％」などの断定的な表現や「6万円まで値上がりする」などの具体性を持った表現がなされていることや，勧誘者・発言者の地位，勧誘の時期・タイミングが考慮されている。もう一つの評価軸は，断定的判断の「根拠となる情報」に関する要素である。単に相場予測を告げるだけでなく，その相場予測を裏付けるだけの根拠となる情報をあわせて提供することは，相場予測の信憑性を高め，本来不確実な事柄をあたかも確実であると誤認させやすい。このため，例えば，相場予測の根拠として提供された情報が内部情報であるか公開情報であるか否かという点などが考慮されている。

CASE 16-2では，具体的な値上がり幅を断定的に告げているのみならず，内部情報であると告げて口止めして子会社であるC社株式の購入を勧めている。このような勧誘手法は，顧客に対し，内部情報であるから情報の確度が高いと思わせ，それにより当該相場予測があたかも確実であると誤解させて投資判断をゆがめるものであると評価できよう。したがって，Aは，①当該断定的判断の提供行為が金商法38条2号違反であるだけでなく，社会通念上許された域を超えて不法行為が成立することを理由とした民法709条の損害賠償請求，②金サ法5条違反を理由とした同法6条の損害賠償請求をすることができる。

4 適合性原則

適合性原則は講学上狭義と広義とに区分可能であり（⇒第**6**章42(**1**)〔94頁〕），

金商法・金サ法の内容を理解するにあたってかかる区分が有用であるため，以下では分けてみていく。

1　狭義の適合性

CASE 16-3

Aは60歳の歯科医であり，父親Bの死去によりその財産を相続し3億円の資産を有することになった。Aは投資取引の経験および関心もなく，資産を積極的に運用して増やしたいという意向もなかったが，Bの保有していた株式の相続手続のためにC証券会社を訪れた際にしつこく勧められ，合計2億円の投資信託商品を購入した。

（参考事例）大阪高判平成20年6月3日金判1300号45頁［消費者法百選62事件］
（参照条文）金商法40条1号，金サ法10条2項1号

(1)　狭義の適合性原則と民事責任

狭義の適合性原則とは，「ある特定の顧客に対しては，どんなに説明を尽くしたとしても一定の商品の販売・勧誘を行ってはならない」とする原則である。これは，投資商品はリスク商品であるため，一定の属性を持つ顧客には，「自己決定—自己責任」の原則をそもそも妥当させるべきでないとして，パターナリスティック（後見的）に保護しようとする思想が背後にある。どんなに説明を尽くしても，また顧客がリスクを承知したとしても販売してはならないため，いわば説明義務の尽きたところで機能する原則である。しかし，顧客を保護するためとは言え，顧客の自己決定の機会を奪い，投資不適格者として市場から排除する論理であるため，同原則の適用には慎重を要する。そのため，金商法40条1号において，「顧客の知識，経験，財産の状況及び金融商品取引契約を締結する目的に照らして不適当」な勧誘の禁止を定めているほか，金サ法10条2項1号において，適合性に配慮した勧誘方針を策定するよう義務を課しているが，これらは行政取締規定であって民事責任を直接に発生させる規定は明文化されていない。

しかし，裁判例においては，金商法40条1号違反を媒介として不法行為責任を肯定するものが蓄積されている。最判平成17年7月14日民集59巻6号1323頁［消費者法百選11事件］は，最高裁判決として初めてその判断枠組み

を示したものであり，「顧客の意向と実情に反して，明らかに過大な危険を伴う取引を積極的に勧誘するなど，適合性の原則から著しく逸脱した証券取引の勧誘をし……たときは，当該行為は不法行為法上も違法となる」とし，そして，不法行為の成否に関し，「顧客の適合性を判断するに当たっては，……具体的な商品特性を踏まえて，これとの相関関係において，顧客の投資経験，証券取引の知識，投資意向，財産状態等の諸要素を総合的に考慮する必要がある」とした。

⑵ CASEの検討

CASE 16-3において販売された投資信託商品とは，投資家から集めた資金を運用の専門家が再投資してその運用によって得られた収益を投資額に応じて投資家に還元する商品である。運用対象が，国債や社債などの公社債を中心としたもの，株式を組み込んだもの，不動産を投資対象としたものなど様々にあり，さらにそれら公社債・株式・不動産が国内に限らず海外対象の場合もあり，これら運用対象によって当該投資信託商品のリスクも異なってくる。したがって，Aに勧誘・販売した投資信託商品が具体的にどのようなものであったか，その商品のリスクとの相関関係において，相続により十分な資産を有するものの投資取引の経験や知識がなく積極的な投資意向のなかったAに対して，当該商品を勧誘・販売したことが，狭義の適合性原則から著しく逸脱し不法行為を構成するか否か検証されることとなる。

2 広義の適合性

CASE 16-4

年金生活者で就業経験のない75歳のAは，夫の死亡により死亡保険金や不動産売却代金など4,000万円の資産を取得したのを契機に，それら資産をゆくゆくは3人の子に分け与えようと考えて資産運用することにした。Aは投資経験がなく，B証券会社で取引口座を開設した後は，担当者に勧められるままに投資信託取引を続けた。あるとき，担当者が交代し，投資信託商品を売却して代わりに外国株式を購入するよう強く勧めてきた。その際，パンフレットを用いて説明がなされたものの，その説明は通り一遍のものであり，Aは為替リスクを理解せぬまま購入を決めた。しばらくして知人から外国株式はリスクが高いと聞かされ，B社に取引状況の確認を求めたところ1,500万円の損失が出ていることが判明した。

（参考事例）東京地判平成15年5月14日金判1174号18頁［消費者法百選60事件］

（参照条文）金商法 37 条の３第２項，金サ法４条２項

(1) 説明義務の実質化

広義の適合性原則とは，「当該顧客の属性に照らして，適合した商品を，適合した方法で勧誘しなければならない」とする原則である。すなわち，その人の知識・経験・財産の状況・投資目的などを考慮して，その人に見合った投資商品を，その人に理解できるような方法および程度で説明・勧誘しなければならないという要請である。通り一遍の説明をすればよいのではなく，当該顧客が理解できるような方法・程度で説明するよう，説明義務をより徹底すなわち説明義務の実質化を図るものであるから，**実質的説明義務**とも呼ばれる。狭義の適合性原則が，顧客の属性に照らして，どんなに説明を尽くしたとしても販売・勧誘すべきでない顧客を，投資不適格者として市場から排除し自己決定の機会を奪うのに対し，広義の適合性原則は，顧客の属性に照らして説明義務をより徹底することで顧客の自己決定の基盤を確保するために機能していると言えよう。

(2) 広義の適合性原則の法制化

このような広義の適合性原則の考え方は，金サ法４条２項と金商法 37 条の３第２項（令和７年５月までに施行予定）にとりこまれている。金サ法は，まず４条１項において，「一般的・平均的な顧客」を前提に投資をするか否かの判断に関わる基本的事柄たる重要事項について説明義務を課し（⇒②），２項において，「前項の説明は，顧客の知識，経験，財産の状況及び当該金融商品の販売に係る契約を締結する目的に照らして，当該顧客に理解されるために必要な方法及び程度によるものでなければならない」として，１項に定めた重要事項説明義務が尽くされたか否かを「当該顧客」を基準に判断することを示している。つまり，１項に定めた重要事項説明義務の履行の有無を判断するにあたっての解釈基準として，広義の適合性原則の考え方をとりこんだのである。そして，この広義の適合性原則に照らして１項に定める重要事項の説明が果たされたとは言えない場合に，同項違反を理由とした６条の損害賠償責任が発生する。

この金サ法の条文構造と平仄をあわせる形で，金商法は，まず 37 条の３第

1項で契約締結前の情報提供義務を課し（⇒②），続く2項で「顧客属性に照らして，当該顧客に理解されるために必要な方法及び程度により，説明をしなければならない」と定めて情報提供義務の実質化を図る。金商法上の広義の適合性原則違反の効果は行政処分である。近年トラブルの増加している仕組債の勧誘に際して，参照指標に係る変動により損失が生ずるおそれがある理由等について顧客属性に照らして当該顧客に理解されるために必要な方法・程度による説明が行われていなかったとして，業務改善命令（金商51条）が出されたものがある（ただし処分当時は広義の適合性原則に関する規定は「金融商品取引業等に関する内閣府令」117条1項1号に定められていた）。

(3) CASEの検討

CASE 16-4 で問題となった外国株式は，国内企業の株式に比べて当該企業の業績見通しなど投資判断に必要な情報を収集して適切な投資判断をすることが困難であり，さらに日本の証券取引市場には上場されていない外貨建て商品であることが多く，その場合為替リスクも存在するため，価格変動リスクと為替リスクの二つのリスクをはらむ投資商品である。このような投資商品を，将来的に3人の子に分け与えるためという長期的で堅実な投資意向を持ち，証券取引口座を開設するまで資産運用の経験はなく口座開設後も投資信託取引の経験しかないAに対して勧める場合，「理解されるために必要な方法及び程度」とは，パンフレットを用いて通り一遍に説明するのみでは足りないであろう。したがって，為替リスクという重要事項（金サ4条1項1号ロ）についての説明義務の履行が金サ法4条2項に照らしてなされなかったとして，1項の説明義務違反を理由とした6条に基づく損害賠償請求が可能である。

5 不招請勧誘

CASE 16-5

Aは60歳の自営業者でありB証券会社で株式取引を始めたばかりである。ある日，B社の担当者が突然Aの自宅兼店舗を訪れ，「Aの保有しているC社の株価が急落して2,000万円の評価損となっている。もっと下落する可能性が高いので今すぐに売りに出さないと損失が拡大する。この損失を回復するためにD社の株式がお勧めである。ただし優良株で値上がりが見込まれるため今日中に買い付けた方がよい。」など告げた。Aは，顧客と電話商談中であるから後にしてくれといったんは断ったが，「今すぐ対応しないと損失が拡大し，またそれら損失を取り戻す機会をみすみす逃すことになる。」とせかされ，すぐにC社の株を売却しD社の株式を購入しなければと思い，取引を決断した。
（参照条文）金商法38条4号，金サ法10条2項2号

不《ふ》招《しょう》請《せい》勧誘とは，顧客から要請・招請されていないにもかかわらずなされる勧誘である。投資取引はリスクが伴うため，取引に臨むにあたっては自己決定を十分になし得る状況であることが必須となる。したがって，不意打ちの訪問・電話等による勧誘，深夜あるいは日中の繁忙時間帯の勧誘など，心理的・時間的余裕がなく顧客が熟慮できないような状況下で勧誘をなすことは，「自己決定—自己責任」の原則の妥当する基盤をゆるがす。

そこで，金商法に，①「勧誘の要請をしていない顧客に対し，訪問し又は電話をかけて，金融商品取引契約の締結の勧誘」をする不招請勧誘の禁止（金商38条4号），②「勧誘に先立って，顧客に対し，その勧誘を受ける意思の有無を確認」せずになす勧誘受諾意思不確認勧誘の禁止（同条5号），③「勧誘を受けた顧客が当該金融商品取引契約を締結しない旨の意思……を表示したにもかかわらず，当該勧誘を継続」する再勧誘の禁止（同条6号）規定が置かれている。もっとも，これら禁止規定の適用は，「投資者の保護を図ることが必要なもの」（上記各号）として政令指定された投資取引，例えば店頭金融先物取引や一定の店頭または市場デリバティブ取引に限定される（金商法施行令16条の4）。また，禁止規定違反の効果は，業務改善命令（金商51条）等の行政処分であって，民事責任を直ちに発生させるものではない。

次に，金サ法は，「勧誘の方法及び時間帯に関し勧誘の対象となる者に対し配慮すべき事項」（金サ10条2項2号）について，勧誘方針を策定（同条1項）し公表（同条3項）する義務を課しており，これらの義務に違反した場合50万円以下の過料が科せられている（同154条）。ただし，義務づけられているのは勧誘方針の「策定」と「公表」であって，どのような方針を定めるかその内容は各業者の自由である。

このように，不招請勧誘については民事責任を直接に発生させる規定は存在しない。したがって，CASE **16-5**のような繁忙時間帯に突然訪問されて勧誘

を受け，せかされるままに取引を行い損失を被ったとしても，不招請勧誘を理由とした民事責任の追及は，現行法の下では困難をきわめる。学説では，民事責任を導く根拠についてプライバシー・平穏生活権の侵害なども議論されており，民事責任法理の構築について進展が期待される。

Column ㉔ 投資の意思決定と行動経済学

投資取引には「自己決定―自己責任」の原則が妥当すると繰り返し述べてきた。しかし，投資家は十分な情報・投資経験・知識がありさえすればリスクとリターンを合理的に判断し投資に関する自己決定を行うことができるのだろうか。行動経済学という分野では，合理的意思決定モデルに対して，認知バイアスを有した不合理な意思決定がしばしば行われることが明らかにされている。その代表的なものは2002年ノーベル経済学賞を受賞したダニエル・カーネマンとエイモス・トヴェルスキーの「プロスペクト理論」である。

プロスペクト理論は，不確実性を伴う状況下では，客観的な「期待値（expectation）」に基づいた合理的意思決定が必ずしもなされず，認知バイアスによる主観的な「見込み（prospect）」に基づいた意思決定がなされることを明らかにする。そして，認知バイアスとして明らかにされたのが，①損失回避性，②感応度逓減《ていげん》性という傾向である。損失回避性とは，人はある金額について，それを得ることによる満足感よりもそれを失うことによる不満足感の方をより強く感じるというものである。同額であっても利益を得た時の喜びよりも損失を出したときのショックの方が大きいと言い表すことができる。感応度逓減性とは，利得や損失の額が小さいときはその増減によって受ける満足感・不満足感の変化が大きいが，利得や損失の額が大きくなるにつれて満足感・不満足感の変化は小さくなっていくというものである。人は利益をあげたときや損失を出したときの衝撃に慣れて鈍感になっていくと言い表すことができる。

投資取引は損失を出すか利益をあげるかという，まさに不確実性下における意思決定である。そこで，プロスペクト理論に則してみると，少額の利益を出した時には満足感が大きく，利益を確定しようとリスク回避的（リスク・アバース）に手堅く行動するのに対し，損失を出したときには大きな不満足感を抱き，損失を確定することを嫌って損失を取り戻せるかもしれない可能性にかけてリスク追求的（リスク・テイカー）に再び投資を行う，という投資家にしばしばみられる行動について説明がつく。

以上を基にすれば，投資家はいったん損失を出した状況下では，その損失を取り戻すべくリスク・テイカーに変貌し投資取引を拡大させようとする心理に陥ること，そしてそれを奇貨として業者がさらなる投資取引を勧めることは投資家の自己決定をいっそうゆがめるものであるから，業者に一定の責任を課すことが適切であるように思われる。まず，取引によって損失が出た直後は，不招請勧誘の禁止や指導助言義務を業者に課すことが考えられる。そして，これらに反して，招請されていないのに勧誘をしたり，リスクの高い商品を殊更に勧めたりした場合には，顧客の自己決定権侵害や指導助言義務違反，さらには「顧客の最善利益・誠実公正義務」（金サ2条1項）違反を構成するものとして，民事責任を導くことが考えられる。

6 投資トラブルをめぐる法規制の特徴

1 金商法と金サ法の関係

以上に見てきた通り，行政取締規定として業者の行為規制をなす金商法と，事後的な救済方法としての民事責任規定を置く金サ法は，業者の不適切な勧誘態様について行政処分と民事責任との両方向から業者の行為規制を図る。もっとも，金商法は業法で金サ法は民事法であるという単純な二分化は適切ではない。第一に，金商法上の行政取締規定を媒介に民法の不法行為責任を導く民事責任法理が構築されることがある。第二に，金サ法は，投資取引をめぐる裁判例で展開・蓄積された民事責任法理を明文化する形で，「民法の特別法」として2000年に立法化されたものであったが，2020年改正と2023年改正において行政取締規定を制定・拡大し，総合的な市場法制へと性質を変容させつつある。金商法と金サ法は，投資市場を重層的に規律するものであり，投資家保護法制の両輪と言える。

2 金サ法における民法の特則性

もっとも，金サ法の定める民事責任規定部分が，民法の特則，具体的には不法行為法の特則規定であることには変わりはない。その特則性をみていこう。

(1) 無過失責任化

民法709条は不法行為の成立にあたって加害者の故意・過失を要求している

が，金サ法６条の損害賠償責任の規定は故意・過失を要求していない。すなわち，業者は，４条１項に定める重要事項について説明をしなかったときや５条に定める断定的判断の提供行為をしたときには，それら行為が無過失によるものであっても損害賠償責任を負わなければならない。これは，①説明義務の課されている重要事項は基本的な事柄であり，金融商品販売業者はプロとして当然知っているべき事柄であること，②断定的判断の提供行為は，顧客の投資判断をゆがめるものでありプロとして当然にしてはならない行為であることから，過失がないからといって免責を許すべきではないからである。

⑵ 損害と因果関係の推定

民法709条に基づく損害賠償請求をなすには，損害と因果関係の存在が必要であり，これら二つの要件について被害者（顧客・消費者）側が主張立証責任を負っている。これに対し，金サ法７条１項は「元本欠損額」を「損害の額と推定」する。すなわち，損害の発生が推定され，かつ，その損害は業者のなした４条ないし５条違反行為と因果関係があるものと推定される。業者はこの推定を覆すべく，損害が発生していないこと，または，因果関係がないことを立証しなければならず，言い換えると，損害要件と因果関係要件について立証責任が転換されている。ただし，推定が及ぶのはあくまで元本欠損額分までであるから，元本欠損額を超えて損害賠償請求をするには，その超えた部分については，民法の原則通り，損害と因果関係要件につき顧客が主張立証しなければならない。

⑶ 業者の直接責任

勧誘行為をなしているのは業者の従業員つまり被用者であるところ，被用者には損害賠償の資力が望めないこともあって，業者に対して民法715条に基づく使用者責任を追及するのが一般的である。しかし，使用者責任の成立には，被用者について一般不法行為（民709条）の成立要件が満たされていることが必要である。また，民法715条には，使用者に選任・監督の過失がないこと等を理由とした免責規定（同条１項ただし書）が存在する（もっとも実際には免責はほとんど認められていない)。これに対し，金サ法６条は，「金融商品販売業者等は……責めに任ずる」として，業者が責任の主体となっている。すなわち，被用者の不法行為責任の代位責任として使用者責任が追及されるという構造になっておらず，業者が直接に損害賠償責任を負う。また業者の免責規定は設けられていない。

3　金サ法と民法・消費者契約法との関係

金サ法上の民事責任規定は，不法行為法の要件を修正・緩和して業者に対する損害賠償責任の追及を容易にするものであるが，説明義務違反と断定的判断の提供の禁止違反の場面に限定されており，かつ，損害賠償請求しかなし得ない。したがって，金サ法4条1項に定める重要事項以外の事柄について説明義務違反を問うには，一般法たる民法に基づいて請求をなすこととなるし，損害賠償以外の救済を望むのであれば，例えば錯誤取消し（民95条）や消費者契約法（消契法）4条に基づく取消しを主張した上で原状回復請求（民121条の2）をなすことが考えられる。このように，民事責任の追及にあたっては，民法・金サ法・消契法が三位一体となって活用されることになる。

CHECK

① 説明義務，断定的判断の提供，狭義の適合性と広義の適合性，不招請勧誘について，それぞれどのような勧誘態様を問責するものであるかを整理しよう。
② 金サ法の説明義務はなぜ重要事項に限られるのか，その理由を考察してみよう。
③ 民法ではなく金サ法に基づいて法的請求をなすメリットとデメリットを比較してみよう。

読書案内　Bookguide

桜井健夫『金融商品取引法・金融サービス提供法』（民事法研究会，2023年）
松尾直彦『金融商品取引法〔第7版〕』（商事法務，2023年）
加藤新太郎＝奈良輝久編『金融取引の適合性原則・説明義務を巡る判例の分析と展開（金融・商事判例増刊1511号）』（経済法令研究会，2017年）

CHAPTER

第17章

不動産取引

1 不動産取引をめぐるトラブルの全体像

「衣・食・住」は人間の生活に欠かせないものであるが，このうち「住」を確保するために必要な不動産取引をめぐっては，世の中に数多くのトラブルが存在する。

例えば，アパートやマンション等の賃貸借契約をめぐるトラブルは，枚挙にいとまがない。また，新築または購入した住宅に実際に住み始めてみると，雨漏り等，施工不良による欠陥があることがわかり，せっかくの新居での生活が暗転し，対応に追われることもある。さらに，長く居住すると経年劣化で住居の修繕が必要となってくるが，そのような状況につけこんだ業者が本来は不要なリフォーム工事をさせるという詐欺的な行為も，しばしば問題となる。このほか，日常生活を離れ，不動産の価値に着目した一種の投資目的での取引をめぐるトラブルも後を絶たない。

以上のような不動産取引をめぐるさまざまなトラブルについて，「日常生活」と「投資」を座標軸の両極において整理したのが，**図表 17.1** である。以下では，これらのうち，特に重要と思われる問題に絞って検討を進めることにしたい。

図表 17.1 不動産取引をめぐる諸問題

［生活］	賃貸借契約	・礼金・権利金・敷金（民法 622 条の 2）をめぐるトラブル ※敷引特約・更新料特約をめぐるトラブル（⇒第 **8** 章） ・原状回復の範囲（民法 621 条，国土交通省ガイドライン）をめぐるトラブル
	欠陥住宅問題	・請負契約・売買契約における責任追及の方法 （品確法，民法の契約不適合責任）
	リフォーム詐欺	・請負契約（特商法 9 条・9 条の 3，消契法 4 条）
	サブリース契約	・契約の性質をめぐる問題（賃貸借契約か否か） ・賃料減額請求の可否（借地借家法 32 条） ・事業者の破綻と融資をめぐるトラブル
［投資］	原野商法	・虚偽説明＝不法行為（民法 709 条） ・二次被害の発生

2 生活に密着した不動産取引をめぐるトラブル

1 賃貸借契約における賃借人の保護・敷金の取扱い

CASE 17-1

Aは，Bが建築した甲マンションの入居説明会の説明を聞き，その内容を記した書面を受けとったうえで，Bとの間で甲を賃借する旨の賃貸借契約を締結し，甲の引渡しを受けるのと引換えに敷金を支払った。この契約には，賃借人が甲を明け渡すときは，甲を原状に復するものとし，さらに，「生活による変色・汚損・破損と認められるもの」の補修費用等をBの指示によりAが負担しなければならない旨の特約が存在した。

① AB間の契約では，契約期間を 2 年間として，その後 1 年ごとに更新されることになっていたが，Bは，2 年後に契約の更新を拒絶した。

② Aは，賃貸借契約を解約して甲をBに明け渡した。その際，Bは，上記の特約に従い，契約締結時に受け取った敷金から，甲の補修費用として通常の使用に伴う損耗（通常損耗）についての補修費用等を差し引いた残額のみを返還した。

（参考事例）最判平成 17 年 12 月 16 日判時 1921 号 61 頁［消費者法百選 23 事件］
（参照条文）民法 622 条の 2

(1) 建物賃貸借契約の更新

CASE **17-1** では，AとBは賃貸借契約を締結している。具体的には，賃貸人（B）は，目的物（甲マンション）の使用および収益を賃借人（A）にさせることを約束し，賃借人（A）がこれに対してその賃料を支払うこと，および引渡しを受けた目的物（甲）を契約が終了したときに返還することを約束している（民601条）。

民法では，賃貸借の存続期間は50年以内とされ，これを更新できるものとされているが，賃貸人はその更新を義務づけられているわけではない（同604条2項）。

もっとも，AB間の契約は，建物である甲の賃貸借であるため，**借《しゃく》地《ち》借《しゃっ》家《か》法**の規定が適用される。同法では，建物の賃貸借について期間の定めがある場合には，当事者が期間の満了の1年前から6か月前までの間に相手に対して更新しない旨の通知をしなければ，それまでの契約と同一の条件で契約を更新したものとみなされる（自動更新。借地借家26条1項）。賃貸人は賃貸借の解約を申し入れることができるが，それは直ちに効力を生ずるわけではなく，解約の申入れの日から6か月を経過することによって終了する（同27条1項）。また，賃貸人による**更新拒絶**の通知または**賃貸借の解約**は，当事者が建物の使用を必要とする事情，賃貸借に関するそれまでの経過，建物の利用状況・現況，賃貸人が賃借人に対して明渡しの条件として立退料の提供を申し出たか否かを考慮して，正当の事由があると認められる場合でなければ行うことができない（同28条）。

したがって，CASE 17-1 の①の場合には，Bの更新拒絶は直ちには認められず，立退料の提供など正当な事由が認められる状況であれば，更新拒絶の通知をして少なくとも6か月を経過すると認められることになる。なお，更新の際に更新料を支払う旨の更新料条項の有効性については，第**8**章③**5**(**1**)(b)（137頁）を参照されたい。

(2) 建物賃貸借契約の締結と「敷金」の意味

建物賃貸借契約では，毎月の賃料のほかに，契約締結時に礼金，権利金，保証金，敷金等の名目で金銭の支払いが行われるのが一般的である。このうち，礼金や権利金は，①営業または営業上の利益の対価，②賃料の一括前払い，③賃借権の譲渡をあらかじめ承諾することの対価等の性質を有し，原則として返還が予定されていないものであると説明される。また，保証金は，居住用の借家ではなく，事務所・店舗等の賃貸借で用いられることが多く，①入居するビルの建設協力金，②早期退室の場合の制裁金，③敷金等の性質を有するとされる（③の場合には，次の敷金に関するルールにより処理される）。

最後に**敷金**とは，賃料債務その他の賃貸借契約に基づいて生ずる賃借人の賃貸人に対する金銭の給付を目的とする債務を担保する目的で，賃借人が賃貸人に交付する金銭をいう。このような実質があれば，名目が異なっても敷金として取り扱われる。これについては，①賃貸借が終了し，かつ，目的物の返還を受けたとき，または②賃借人が適法に賃借権を譲渡したときは，賃貸人は，受け取った敷金の額から上記の債務の額を控除した額を返還しなければならない（民622条の2第1項）。すなわち，賃借人が賃料を未払いである場合や目的物を損傷するなどして損害賠償の義務を負う場合には，賃貸人はその分を差し引いて敷金を返還できる（なお，敷金から一定額を控除して返還する旨の敷引特約の有効性については⇒第**8**章3**5**(**1**)〔135頁〕）。もっとも，賃借人の側から，自らの未払いの賃料や損害賠償として支払わなければならない額を敷金から差し引くように請求することはできない（同条2項）。

礼金，権利金，保証金，敷金等は，地域によってその意味が異なることがある。

(3) 「敷金」がカバーする債務の範囲――通常損耗は対象となるか？

先に述べたように，賃貸借契約では，賃料を支払うことだけではなく借りた目的物を返還することも賃借人の義務となっている。その際，賃借人は，賃借物を受け取った後に損傷が生じた場合には，これを原状に回復する義務（**原状回復義務**）を負う（民621条）。例えば，借りている部屋をアトリエ代わりに使っていて，絵の具が壁や床に飛び散っていた場合には，元通りにきれいにする必要がある。なお，原状回復義務は，賃借人に帰責事由がない場合には発生しない（同条ただし書）。

もっとも，特別な使い方をしていなくても，年数が経てば壁や床は汚れてくる。このような場合に，はたして賃借人はその補修費用を負担すべきなのであろうか。実際，賃貸人から**通常損耗**の補修を含む費用を請求され，それを差し引いた額しか敷金が返還されず，トラブルになるケースも多い。

民法上は，賃借物の通常損耗（通常の使用および収益によって生じた損耗）や経年変化については，原状回復義務を負わないものとされている（同621条かっこ書）。国土交通省が公表している「**原状回復をめぐるトラブルとガイドライン**（再改訂版）」（2011年8月）でも，原状回復を「賃借人の居住，使用により発生した建物価値の減少のうち，賃借人の故意・過失，善管注意義務違反，その他通常の使用を超えるような使用による損耗・毀損を復旧すること」と定義し，その費用は賃借人負担としたうえで，通常の使用による損耗や経年変化等の修繕費用は賃料に含まれるものとして原状回復の対象とはしないことが明記されている。

したがって，CASE 17-1 ②のような通常損耗については，賃貸借契約上は賃貸人が負担するものであって，Bがその補修に要する費用を敷金から控除することは許されない。そのため，Bは，敷金から控除した金額をAに返還しなければならない。

また，AB間の賃貸借契約にはAが通常損耗についても負担する旨の特約が存在するが，以上の点をふまえればその特約自体が不当条項であるとして消契法10条により無効となる可能性が高い（消契法10条については⇒第**8**章）。なお，賃貸借契約においては，これに限らず特約が消契法10条に該当するかどうかが争われることが少なくない。例えば，賃借人が賃料を3か月以上滞納した場合に賃貸人ではなく賃借人の賃料支払の保証をした会社が賃貸借契約を解除できる旨の特約等が消契法10条に該当するとして差止めが認められた事案も存在する（最判令和4年12月12日民集76巻7号1696頁〔⇒第**8**章・第**10**章〕）。

CASE 17-2

不動産業者であり宅地建物取引業者であるAは，甲土地を購入し，建築業者Bとの間で建築請負契約を締結した。Aは，建築設計・工事管理業者Cに設計・管理を依頼し，これに従いBは，乙建物を建築した。その建築中に，Aは，乙を売却することとして広告を出したところ，これを見たDからの連絡を受けて売却の交渉を開始した。Dは，竣工間際の乙の状況を現地で確認したうえで，Aとの間で甲と乙の売買契約を締結した。その後，乙が完成したので，BはAに引き渡し，さらにAはDに引き渡した。

ところが，しばらくして，乙には壁のひび割れが生じ，さらに鉄筋の露出や不足，耐力不足など複数の欠陥（瑕疵《かし》）があることが判明した。また，Dは，乙に居住を始めてから体調が優れなくなったため調査した結果，その内壁には，健康被害を及ぼす素材が使われていることも判明した。そこで，Dは，ABCに対して，この欠陥

（瑕疵）を修補するための費用の支払いとこれによって生じた損害の賠償を求めた。
（参考事例）最判平成23年7月21日判時2129号36頁
（参照条文）民法709条

2　欠陥住宅問題

(1)　欠陥住宅をめぐる問題

住宅を新築し，または建売住宅や中古住宅を購入した場合，これらの引渡しを受けた後に，外観を見ても気がつかなかった不具合や欠陥（瑕疵）があることが判明するケースも少なくない。具体的には，①雨漏りやひび割れのように直接の被害が生じている場合，②現状では特に外見に変化は見られないが，設計や施工に問題があり耐震力等が不足しているため，地震等の災害には耐えられない場合，③いわゆる「シックハウス症候群」のように，施工自体に問題はないが，建築に用いられた素材や塗料等に健康被害をもたらす物質が含まれている場合などが考えられる。以下，順次検討しよう。

(2)　住宅の欠陥により直接の被害が生じている場合

(a)　民法上の契約不適合責任

CASE 17-2 はいわゆる「建売住宅」の売買契約に関する事例であるが，その住宅に雨漏りやひび割れなどの欠陥があることが明らかになった場合（(1)①の場合）には，民法上，**契約不適合責任**の追及が可能である。

売買契約を締結した場合には，売主にはその契約の内容に適合した目的物（住宅）を給付する義務があり，仮に契約に適合していない（契約不適合である）ときは，買主は売主に対して，目的物の修補，代替物の引渡し，または不足分の引渡しによる履行の追完を請求できる（民562条1項）。買主が催告をしても売主が追完に応じない場合やそもそも追完が不能な場合等には，目的物の不適合の程度に応じて代金の減額を請求できる（同563条1項・2項）。また，これらの請求と並んで，債務不履行に基づく損害賠償請求（同415条）や契約の解除（同541条・542条）も可能である（同564条）。逆に言えば，売主はそれらに応じる義務を負う。これが「契約不適合責任」と呼ばれるものである。

この責任は，目的物の引渡し後，買主がその不適合を知った時から1年以内にその旨を売主に通知しないときは，売主が引渡し時に不適合を知り，または重過失により知らなかった場合を除き，買主はもはや追及することができなくなる（同566条）。なお，Aのような宅地建物取引業者が自ら不動産の売買契約の売主となる場合には，契約不適合責任の追及可能期間についてその目的物の引渡しの日から2年以上となる特約をする場合を除き，上記の民法566条に規定するものより買主に不利となる特約をしてはならず（宅地建物取引業法〔宅建業法〕40条1項），それに違反する特約は無効となる（同条2項）。

上記のような民法上の売買契約に関する規定は，いわゆる「注文住宅」の建築請負契約のように，当事者が相互に対価関係にある財産上の支出を行う有償契約にも準用される（民559条）。

(b) 住宅の品質確保の促進等に関する法律（品確法）における特則

もっとも，CASE 17-2のような新築住宅の売買（あるいは建築請負）については，**品確法**が適用される。具体的には，新築住宅の売買契約では，売主は買主に引き渡した時（住宅新築請負契約に基づき請負人から売主に引き渡された場合にはその引渡しの時）から10年間，住宅の構造耐力上主要な部分の瑕疵について契約不適合責任を負うものとされており（品確法95条1項），これに反する特約で買主に不利なものは無効とされている（同条2項）。CASE 17-2では，乙の欠陥（瑕疵）は，住宅の構造耐力上主要な部分の瑕疵といえるので，Dは，Aとの間の乙建物の売買契約に基づき，（このCASEではAとBが住宅新築請負契約を締結しているので）それが請負人Bから売主Aに引き渡されたときから10年間，契約不適合責任の追及ができる。

なお，住宅を新築する建設工事の請負契約でも，請負人は，注文者に引き渡した時から10年間，住宅のうち構造耐力上主要な部分または雨水の浸入を防止する特定の部分の瑕疵について，やはり契約不適合責任の追及が可能となり（同94条1項），やはりこれに反する特約で注文者に不利なものは無効となる（同条2項）。

(c) 民法上の他の責任追及の可能性

このほか，契約不適合責任を追及できる場合には，目的物の品質に錯誤があったとして契約の取消しも主張できる（民95条1項）。

また，宅建業法に基づき，宅地建物取引業者には自らが行う売買や賃貸借等につき，顧客に対して宅地建物取引士による重要事項の説明が義務づけられている（**重要事項の説明義務**。宅建業35条1項）。具体的には，新築建物の場合には完了時の形状や構造，既存の建物の場合には建物状況調査の実施の有無や実施した場合の結果の概要，宅地や建物の契約不適合責任が発生した場合における保証保険契約の締結の有無等を，顧客に伝える必要がある。これに反した場合の民事的な効果を定めた規定はないが，その場合には，不法行為責任（民709条）の追及も可能になると考えられる。

(3) 住宅の外見には直接の被害は生じていないが，耐震力等が欠けている場合

それでは，(1)②のように，外見には特に被害が現れていないが，耐震力等に問題がある場合はどうか。この場合にも，(2)で挙げた契約不適合責任の追及が可能であるが，外見上は特に変化が生じていない場合であっても契約不適合である（あるいは瑕疵がある）といえるか否かについて検討する必要がある。判例は，建物の構造耐力に関わる瑕疵および構造耐力に関わらなくても人身被害につながる危険がある瑕疵は，「建物としての基本的な安全性を損なう瑕疵」に当たるという（最判平成23年7月21日判時2129号36頁〔差戻上告審判決〕）。したがって，CASE 17-2の場合には，民法上の契約不適合あるいは品確法上の瑕疵があると判断されることになろう。

ところで，Dが上記の責任を追及できるのは，直接の契約関係にある売主Aのみであるが，実際の欠陥（瑕疵）の発生には，建築業者Bや建物設計・工事管理業者Cも関わっている。このように直接の契約関係にない者に対しては，不法行為責任（民709条）の追及も可能である（なお，直接の契約関係があるAに対しても同様に不法行為責任の追及は可能であるが，まずは契約関係を前提にした責任を追及することが適切である）。この点については，やはりCASE 17-2の参考事例では，建物の設計者・施工者・工事監理者は，「建物の建築に当たり，契約関係にない居住者等に対する関係でも，当該建物に建物としての基本的な安全性が欠けることがないように配慮すべき注意義務」を負い，これに違反して建築された建物の瑕疵により居住者等の生命・身体・財産が侵害された場合には，居住者等が瑕疵を知って建物を購入した等の特段の事情がない限り不法行為に基づく損害賠償責任を負うと判示されている（最判平成19年7月6日民集61巻5号1769頁［消費者法百選69事件］〔最初の上告審判決〕）。したがって，CASE

17-2 の場合には，上記の特段の事情はうかがわれないため，Dは，B・Cに不法行為責任を追及することが可能となろう。

(4) 施工自体に問題はないが施工に用いた素材に問題がある場合

CASE **17-2** では，施工で用いられた内壁の素材に人体に健康被害を及ぼす素材が含まれていたことによって，Dは体調を崩している。このような場合には，(2)で述べた契約不適合責任や(3)で述べた不法行為責任の追及が可能である。また，CASE **17-2** では登場していないが，素材自体に欠陥があるといえる場合には，それを製造した者（メーカー）に対して製造物責任法に基づく損害賠償責任の追及（製造物3条）も可能となると考えられる（⇒第**18**章）。

3 投資を目的とした不動産取引をめぐるトラブル

1 シェアハウス問題

CASE 17-3

会社員のAは，不動産業者Bから，自らが所有する甲土地に，女性専用のシェアハウス（複数の居住者がそれぞれの自分専用の部屋とともに，共同利用できる共用スペースを有する賃貸住宅）とするためのアパートを建築するよう勧誘を受けた。その際，Bは，Aに次のような説明をした。①アパートはBが建築しそれをAに販売するが，その後Bがそのアパートを一括して借り上げて入居者の募集や賃料の徴収，建物管理等を行う。②アパートが満室になるか否かにかかわらず，BはAに，賃料から手数料等の経費を差し引いたうえで毎月一定額の賃料を支払う。③アパートの建築資金は，Aに若干の自己資金を用意してもらい残りは銀行とローンを組んでもらって調達するが，BがAに支払う金額の中からAがローンを返済しても余剰金が出るので，非常に有利な投資となる。

そこでAは，Bとの間で上記の内容の契約を締結したうえで，Bに紹介されたC銀行に融資を申し込んだ。Cは，Aに十分な資産があるかのようにBが偽造した書類を受け取り，Aが実際に有する自己資金やBが建築するアパートの価値をしっかりと確認しないまま，融資を行うことを決定した。

当初はBからAに対する賃料の支払いは順調に行われていたが，しばらくしてBの資金繰りが悪化し，次第に滞るようになった。その後，Bは債務超過で破産した。そこで，Aは，Cに対してローンの返済の停止を求めるとともに，Cが不正な融資を行ったために損害を受けたとして，その賠償を請求した。

(1) シェアハウス問題の実態

金融緩和政策等で銀行金利が下落していること等を受けて，現在では，さまざまな投資に関心が集まっている。そのうちのひとつが，投資用のマンションである。CASE 17-3のように定期的な賃貸収入を得る目的の場合もあれば，価格がさらに上昇することを見越して転売目的で購入する場合もあろう。

CASE 17-3は，2018年に実際に起こった「**シェアハウス問題**」を素材としている。Bのビジネスモデルは，いわゆる**サブリース**の手法を用いたものである（家賃保証型不動産サブリース契約といわれる）。サブリースとは，不動産業者等が，ある者の所有する土地上に建物を建築し，一括して借り上げ，定額の賃料の支払いを約して建物をそのまま賃貸するというスタイルをとるものである。

この取引は，わずかな自己資金があれば，残りは住宅ローン等の借入れによって購入でき，しかもその借入金は毎月の賃料収入で返済できるし余剰金も出ることをうたい文句にしているため，会社の役職者や公務員など一定の収入を得ている者が，勧誘のターゲットとなることが多い点に特徴がある。もっとも，このうたい文句はあくまで想定通りの入居者が確保でき，また賃料が契約通りに支払われることを前提としたものであり，当然のことながら入居者が順調に確保できなければ賃料の支払いは予定通りに行われず，その結果，当初思い描いていたような利益が得られないことになる。

そもそも，Bのシェアハウスについては，建築されたアパート自体に十分な共用スペースが確保されていないなど，入居者を確保しにくい状況であったうえに，不動産業者が資金繰りに窮して，十分な自己資金を有しない顧客を勧誘し，次々と同様の契約を締結していく自転車操業の状態にあった。それにもかかわらず，融資を行った銀行が顧客の状況や不動産業者が偽造した書類の内容を十分に確認せず，さらに，Bからの見返りのために，銀行員が顧客の預金残高を改ざんしていたこともあって被害者が多数にのぼり，大きな社会問題となった。

(2) トラブル解決のための法理論

CASE **17-3** ではAはC銀行に対して損害賠償を求めているが，その根拠として考えられるのは不法行為責任である。本来，顧客の情報を把握して融資を行うべきであるにもかかわらず，そのために必要な注意を怠った注意義務違反を問うことになろう（このように融資をした金融機関の責任を「**融資者責任**」という）。

なお，AはBの責任を特に追及していないが，Bが会社ぐるみで違法な勧誘を行っていた場合には直接一般の不法行為責任（民709条）を問うこともできるし，実際に勧誘に当たった従業員が不法行為責任を負うことを前提としてBの使用者責任（同715条1項）を問うこともできよう。また，消費者契約法上の不実告知（消契4条1項1号）や断定的判断の提供（同項2号），不利益事実の不告知（同条2項）による取消しをすることも可能である（⇒第**7**章）。

ただし，上述したシェアハウス問題では，返済に行き詰まったオーナーを救済するために，銀行が貸出債権を第三者に売却し，オーナーは第三者にシェアハウスの土地と建物を物納することで借入債務を解消し，差額は銀行が解決金として賠償するという方法が採られた。いわば，法的解決の枠組みを超えた処理が行われたともいえよう。

さらに，(**1**)で述べたようなサブリースをめぐる事件をふまえて，2020年5月に**賃貸住宅管理業務適正化法**（賃貸住宅の管理業務等の適正化に関する法律）が成立した。この法律では，まず，サブリース業者およびサブリースの勧誘を行う者に対して，賃貸住宅管理業者として登録することや（賃貸住宅管理業務適正化法3条以下），その業務内容等を説明する書面を管理受託契約締結前・締結時に交付すること（同13条・14条），支払いを受けた家賃等を分別管理すること（同16条）を義務づける。また，特定賃貸借契約（賃借人が賃貸住宅を第三者に転貸する事業を営むことを目的として締結される賃貸借契約）に関する誇大広告（同28条）や家賃の減額リスク等の重要事項に関する不実告知等の不当勧誘等（同29条）を禁止し，契約締結前・締結時にその内容を説明する書面の交付を義務づけ，これらに違反した場合には，業務停止命令等の行政処分（同34条以下）を課すことができるとしている。

2 原野商法被害と二次被害

CASE 17-4

① Aは，不動産業者Bの従業員であるCの勧誘を受けて，甲土地を購入した。Cによれば，甲は，現在は周囲に建物等のない原野であるが，いずれ新幹線が延伸してくるから，近いうちに必ず値上がりするという説明を受け，本来の時価の1000倍の代金で契約を締結した。その資金は，Bと提携しているD銀行から借り受けることになった。

しかし，実際には仮に新幹線が延伸してきたとしても，甲は原野の斜面の土地であり，現地までの交通機関や付近の集落もなく，開発や値上がりの見込みはまったくないことが判明した。

② ①の取引から25年後に，不動産業者Eの従業員であるFが，Aのもとを訪れて次のような話をした。「甲が転売できそうなので買い取りたいが，このまま売却すると税金がかかるので，節税のためにまずは甲を別の乙土地と交換する必要がある。ただ，乙は甲より200万円高いので，まずはこれを支払ってほしい。この200万円は，甲が売れた際にその代金と一緒に支払う」。この話を信じたAは，Fに対し，200万円を交付した。その際，Fは，重要事項説明書と題する書面を交付したが，そこに説明者として記載されている宅地建物取引士Gは，Eからの依頼で報酬と引き換えに名義貸ししただけで，Aに対する説明は行っていない。

その後，甲が転売できる見込みはなく，また，乙もまったく価値がないことが判明した。

（参考事例）①名古屋地判平成6年9月26日判時1523号114頁／②東京高判令和元年7月2日法ニュース121号220頁

（参照条文）民法709条・719条

(1) 原野商法とは何か

原野商法とは，まったく価値のない原野等の土地を，鉄道や高速道路の開通，あるいは施設の建設によってあたかも価値が上がるかのように言いくるめて，実際の時価よりも相当高い値段で売りつけるというものである。CASE 17-4の①は，まさにそれに当たる。1970年代から1980年代にかけて大きな問題となり，訴訟が頻発した。

このような場合には，原野商法自体が一種の詐欺的な商法であるとして，詐欺による取消し（民96条）や公序良俗違反による無効（同90条），不法行為に基づく損害賠償責任（同709条・715条等），あるいは，契約の前提に錯誤があるとして取消し（同95条）が認められることになろう。

なお，CASE 17-4 ①では，Bと提携しているD銀行が，購入資金の融資を行っている。この点については，「自己が債権回収に力を入れれば，Aらが損害を被ることを認識していたか又は容易にこれを認識しえた」以上，銀行は顧客の損害の発生という「結果の発生を防止すべき高度の注意義務を負っていたにもかかわらず，右義務に違反し」たとして，銀行の不法行為を認めた裁判例がある（名古屋地判平成6年9月26日判時1523号114頁）。

(2) 二次被害とその救済

原野商法については，(1)のような法的解決が図られたが，業者が破綻するなどして十分な救済を受けることができず，また，購入した土地は，もとより価値のないものであるから転売することもできず，購入者の手許に残された。

このような状況に目をつけて，近時，その窮状につけ込んでさらに金銭を詐取しようとする**二次被害**が多発している。具体的には，CASE 17-4 の②のように転売するためにまずは自らが買い取る（下取りをする）と持ちかけて節税対策等の名目で金銭を支払わせる「売買勧誘―下取り型」のほか，土地を購入したい人がいると言って調査費や整地費用等を請求する「売買勧誘―サービス提供型」，さらに，まったく関係がないのに土地の管理費を請求する通知を送りつける「管理費請求型」などがある。この場合においても，もちろん①と同様の責任を追及することが可能である。

ちなみに，CASE 17-4 ②では，Eの依頼に応じて，宅地建物取引士であるGが，契約の重要事項について説明をまったく行っていないにもかかわらず，書面上はあたかもそれをしたかのように見せるために名義貸しを行っている。このような行為は，二次被害を助長する違法行為であることはいうまでもない。そこで下級審裁判例には，違法行為を容易にしたとして宅地建物取引士の共同不法行為責任（民719条1項）を問うもの（東京高判令和元年7月2日法ニュース121号220頁）や違法行為を幇助したとしてその責任を問うもの（東京地判令和元年7月16日法ニュース121号225頁）もある。

Column ㉕ 広告出演者の責任

消費者被害では，芸能タレント等の有名人を起用した広告を用いた勧誘が行われることによって，それを目にした消費者がそのような広告の内容を信用して取引関係に入ってしまうケースがしばしば見られる。

32で取り上げた原野商法をめぐっても，広告に登場した有名俳優の不法行為責任を認めた裁判例がある（大阪地判昭和62年3月30日判時1240号35頁）。裁判所は，「芸能人が……その広告主の事業内容・商品についていかなる調査義務を負うかは，個別具体的に，当該芸能人の知名度，芸能人としての経歴，広告主の事業の種類，広告内容・程度などを総合して決められるべき問題である」としたうえで，俳優の知名度が高いこと，判断材料を持ち合わせていない一般人には有名人の推薦が大きな判断資料となること，原野の販売価格が決して安くないことを俳優も知っていたことを指摘して，調査義務違反を肯定した。

これに対して，不動産取引ではないが，出資をして仮想通貨「円天」を購入すると将来高収益が得られるなどとして投資を募ったマルチまがい商法事件において，広告に出演した歌手の責任が否定された裁判例がある（東京地判平成22年11月25日判時2103号64頁）。この判決では，「芸能人等有名人が，広告に出演する場合に，広告主の事業内容・商品等について，常に調査をしなければならないという一般的な注意義務を認めることは，過度の負担を強いるものであって，相当でない」としたうえで，歌手の知名度は高いもののコンサートに出演しただけで直接広告等を行っていないこと，また，顧客がコンサートを見聞したことと実際に出資したことには直接の関連性がないこと等を理由として，広告主の調査・確認をしなければコンサートに出演してはならないという一般的な法的義務があるとはただちに認められないとした。

上記のように結論は分かれているが，広告に出演する有名人には，その広告主の事業が適正なものであるか否かを慎重に判断することが求められるといえよう。なお，近時も，アメリカの暗号資産の大手交換所が破綻したことにより損害を被った投資家らが，その宣伝広告に登場したスポーツ選手に対して巨額の損害賠償を請求したというケースが報じられている（日本経済新聞2022年11月17日）。

CHECK

① 賃貸建物からの退去をめぐる問題（更新拒絶・敷金の返還等）について，それぞれ具体例をもとに説明できるようにしよう。

② 住宅に欠陥があった場合に建築業者や販売業者に対して追及することができる

法的責任について，具体例をもとに説明できるようにしよう。

③　不動産投資をめぐるトラブル（シェアハウス問題・原野商法等）の法的な問題点とその対応について，具体例をもとに説明できるようにしよう。

読書案内　Bookguide

中田邦博＝鹿野菜穂子編『基本講義消費者法〔第5版〕』（日本評論社，2022年）265～278頁

日本弁護士会連合会編『消費者法講義〔第6版〕』（日本評論社，2024年）379～416頁

CHAPTER

第18章

製造物責任

1 製造物責任の概観

1 製造物責任とは

CASE 18-1

Aは，外国の会社であるBが製造し，日本国内の輸入業者であるCが輸入した普通乗用自動車を販売業者Dから購入した。この自動車のエアバッグは，衝突検知センサーが，車の前方からの中程度以上の衝撃を検知したときに膨張して運転者を受け止めるよう設計されていた。ところが，Aがこの自動車を運転中，信号待ちのために停車している時に，何ら衝撃がないのに運転席側のエアバッグが急に作動して爆発した。この爆発により，Aは，傷害を負って治療を余儀なくされたほか，後遺障害が残った。エアバッグが急に作動して爆発した理由は，明確ではない。Aは，責任追及をしたいと考えている。

（参考事例）東京地判平成21年9月30日判タ1338号126頁［消費者法百選90事件］

（参照条文）製造物責任法2条・3条

CASE 18-1では，自動車のエアバッグが急に作動して爆発したことによって，Aが傷害や後遺障害を負っている。このように，エアバッグという「製造物」の，特に理由なく急に爆発するという「欠陥」により，Aという「他人」の身体障害や後遺障害という「損害」が生じた場合について，エアバッグを「製造」したBやこれを「輸入」したCの責任について定める特別の法律として，日本には「**製造物責任法**」がある。1994年に制定され，1995年に施行された法律であり，製造物責任を意味する英語のProduct LiabilityのイニシャルをPL使って「PL法」と呼ばれることが多い。製造物責任法は，被害者の保護を図り，もって国民生活の安定向上と国民経済の健全な発展に寄与することを目的とする（製造物1条）。

2 民法における責任との比較

(1) 過失責任と無過失責任

製造物責任法は，一般法である民法の特別法として位置づけられる。より具体的には，民法の不法行為に関する規律（民709条以下）が全ての不法行為に適用されるのに対し，製造物責任法における規律は，「製造物の欠陥」による人の生命，身体または財産に係る被害にしか適用されないのである（製造物1条）。CASE 18-1では，製造物責任法に基づく請求のほか，民法に基づく請求権を行使することも可能である。

それでは，民法と製造物責任法のそれぞれに基づく責任には，どのような違いがあるのだろうか。最も根本的な違いは，製造物責任の場合には，責任を負う主体に故意または過失があることを要しないことにある。不法行為に関する民法709条を見ると，他人の権利等を侵害した者に故意または過失があることがその責任の要件となっている。また，債務不履行による損害賠償責任に関する民法415条では，債務者は，自己に帰責事由がないことを証明できれば，免責される。このような「過失責任」に対し，製造物責任法では，故意または過失の有無は責任の要件あるいは免責事由となっておらず，製造物に欠陥があれば責任が成立する（**無過失責任**）。

(2) 立証責任

民法における不法行為責任に関する規定を用いた場合，製造業者の故意または過失を証明する責任は被害者側にあるが，実際に証明をすることは困難である。例えば，CASE 18-1のAが，製造業者であるBの，製造工程におけるどのような内容の故意または過失によってエアバッグの欠陥が生じたのかを証明することは，非常に難しい。輸入業者であるCの故意または過失についても，同様である。世界規模での製造物の流通が加速している今日においては，外国から輸入される製造物が増えているが，外国に拠点を置く製造業者の故意や過失を証明することは，ほぼ不可能であると言えよう。このような困難性は，製造物に関する情報や専門知識について消費者と製造業者との間で一般的に見られる格差によって，一層強まる。製造物責任法が施行される前の事案に関する大阪地判平成6年3月29日判時1493号29頁［消費者法百選〔初版〕80事件］は，カラーテレビが突如発火して，これが設置されていた事務所が全焼したというものである。裁判所は，民法709条の適用について，製品に欠陥のあることが立証された場合には製造者に過失のあったことを推認するという手法を用いて，前記のような立証の困難性に対応した。

(3) 契約関係の有無

契約責任である債務不履行責任との関係では，契約関係の存在が前提となることが，被害者救済において問題となる。今日の社会では，消費者が製造業者から直接商品を購入する場面は多くなく，両者の間に輸入業者や販売業者が介在することがほとんどだからである。そうすると，消費者と製造業者との間には契約がなく，製造業者の債務不履行責任を追及することができない。そして，消費者との間で直接の契約関係にある販売業者（CASE 18-1 のD）の損害賠償責任を追及する場合，製造業者に起因する製造物の欠陥に関して販売業者に帰責事由が認められないような場合には，販売業者は責任を負わない。

3 外国法による影響

製造物責任を無過失責任（厳格責任〔strict liability〕ともいう）として位置づける考え方は，一般的に，1960年頃のアメリカの判例理論を通じて形成されたと言われている。日本の製造物責任法に特に強く影響を与えたのが，1985年に採択された欧州連合（EU。当時は欧州経済共同体〔EEC〕であった）の**製造物責任指令85/374/EEC**である。同指令は，EU加盟国に対し，その内容に従い，製造物に関する製造業者等の無過失責任について立法化することを義務付ける。加盟国は，同指令に定められている目的を達成するための規定をその国内法に設けなければならないため（国内法化），加盟各国の国内法における製造物責任法の共通点が増え，相違点が減ることになる（平準化）。このような平準化がなければ，加盟各国における製造物責任法の相違によって競争が歪められ，域内市場（物や役務〔サービス〕等が自由に流通できるEU加盟国共通の市場）での製造物の移動に悪影響が及ぶ可能性がある。また，製造物によって損害を被った消費者の保護レベルが加盟国ごとに異なる事態が生じるおそれがある（同指令前文(1)）。

日本の製造物責任法は製造物責任指令の影響を強く受けており，多くの類似点が見られる。他方で，製造物責任指令は改正されており，日本の製造物責任法との根本的な違いが生じている。後述するように，製造物責任法の客体は「製造又は加工」された動産であるため（製造物2条1項），製造または加工されない状態の農畜水産物は含まれない。この点は，制定当時の製造物責任指令でも同様であり，「第一次農産物および猟獣肉」が適用範囲から除外されていた（ただし，加盟国は，その国内法において，これらも責任対象に含める選択肢を与えられていた）。しかし，1986年にイギリスで発生したBSE（牛海綿状脳症）問題をきっかけとして食の安全が問われたことを受けて，1999年に同指令が改正された。現行の同指令では，「製造物」とは，「全ての動産」をいうものとされている（2条）。BSEへの感染牛は，2001年に日本でも確認されたが，製造物責任法の適用範囲は特に変更されていない。

なお，EUの製造物責任指令は，消費者保護を主な目的のひとつにしていることを立法理由（前文）で示しており，その条文では，欠陥製品以外の財産的損害については，「主に私的に使用または消費」されるものではない財産が適用範囲から除外されている（9条(a)(ii)）。そのため，事業用の財産に生じた損害については，製造物責任指令を用いてその賠償を請求できない。これに対し，日本の製造物責任法にはそのような除外はないため，事業用の財産に生じた損害の賠償請求も可能であり，実際に，裁判例でもそのような事案がよく見られる。製造物責任という考え方が，元々は消費者保護を目的としたものであることを考えると，製造物責任法はその趣旨に沿った適用範囲および運用となっているのか，違和感の残るところである。

4　製造物の安全性に関する他の法令

製造物の安全性に関する法令は，他にも存在する。主なものとしては，食品による健康被害を防止する食品衛生法，消費生活用製品による消費者の生命や身体に対する危害の発生を防止する消費生活用製品安全法が挙げられる。一度流通した製品を製造者が回収するリコール制度も，重要な役割を果たしている。リコール制度については一律に定める法律はなく，各種製品について異なる法律に根拠規定が置かれている。さらに，安全性に配慮された製品に付けられるマーク（PSC マーク，SG マークなど）も存在する（⇒第**5**章4**2**(2)〔79頁以下〕）。リコール製品や安全基準等を定める法令に違反した製品の出品を削除する取組等に関する，オンライン・マーケットプレイス事業者による「製品安全誓約」が2023年6月に発足したことも，注目される[1]。

2 製造物責任法における責任の範囲

1 責任の主体および客体

(1) 責任の主体

(a) 製造業者等

製造物責任法における責任の主体は，「**製造業者等**」である（製造物3条）。そして，「製造業者等」とは，①製造物を業として製造，加工または輸入した者（**製造業者**），②自ら製造物の製造業者として製造物にその氏名，商号，商標その他の表示をした者もしくは製造物にその製造業者と誤認させるような氏名等の表示をした者（**表示製造業者**および**誤認表示製造業者**），③前記の②に掲げる者のほか，製造物の製造，加工，輸入もしくは販売に係る形態その他の事情から見て，製造物にその実質的な製造業者と認めることができる氏名等の表示をした者（**実質的製造業者**）のことである（同2条3項）。

前記のうち，①の製造業者については，製造等を「業として」行っていることが必要となる。ここでいう「業として」の意味内容については，製造物責任法では特に説明されていないが，一般的に，製造，加工または輸入という行為

notes

[1] https://www.caa.go.jp/policies/policy/consumer_safety/product_safety_pledge（2024年9月1日閲覧）

が反復継続して行われるものであることを意味するものと解されている。行為の営利性は問われない。

(b) 製造業者等のうちの輸入業者について

「製造業者等」の概念に，**輸入業者**が含まれていることの意義は大きい。CASE 18-1 の場合において，外国に拠点を置く製造業者Bに対する損害賠償請求権の行使は，費用や言語等の障壁のために困難となる可能性が高い。そこで，責任主体に輸入業者を加えることで，より容易に被害回復を実現することが可能となる。関連する裁判例としては，輸入食品を原料として製造された加工食品に異臭が発生し回収が行われた事案について，その輸入食品を輸入した輸入販売業者の責任が肯定された東京地判平成25年12月5日判時2215号103頁［消費者法百選74事件］がある。なお，近時，製造業者でも輸入業者でもないデジタルプラットフォームについて，現行法の下では製造物責任を問えないことが問題とされている（該当する事例として，東京地判令和4年4月15日判決裁判所Webおよび東京高判令和5年1月17日公刊物未登載がある）。

(c) 製造業者等のうちの表示製造業者，誤認表示製造業者および実質的製造業者について

前記②の**表示製造業者**および**誤認表示製造業者**が責任を負う理由については，次のように説明されている。つまり，自己が製造業者であるとの表示，あるいは自己が製造業者であると誤認させるような表示を行った者が，購入者等の製品選択の場面において製造物の安全性や信頼性を高める機能を果たしていること（信頼責任），そのような表示をした者は製造物の販売によって利益を受けているのが通常であること（報償責任），製造物の製造業者との関係でも相当の影響力を有しているのが通常であること（危険責任）であるという（東京地判平成30年6月22日裁判所Web）。具体例としては，「製造元」「輸入元」などの表示や，フランチャイズ契約に基づいて，フランチャイジー（権利やノウハウ等の提供を受ける者）によるブランド名の使用を許諾したフランチャイザー（権利やノウハウ等を提供する者）の表示が挙げられる。

前記③の**実質的製造業者**が責任を負うのは，主として，製造物に製造業者またはこれと誤認される表示以外の表示がされた場合であっても，製造物の製造，加工，輸入または販売に係る形態その他の事情により実質的製造業者と認めることができるときは，製造業者または表示製造業者・誤認表示製造業者と同様

の信頼性があり，製造物の購入者等がその表示を信頼して製品選択をすることも多いと考えられることによる（信頼責任）とされている（前掲東京地判平成30年6月22日）。

(2) 責任の客体——製造物

(a) 製造物とは

製造物責任法における責任の客体は，「**製造物**」である。「製造物」とは，製造または加工された動産のことである（製造物2条1項）。動産の定義については，一般法である民法を参照することになる。民法86条によると，土地およびその定着物は不動産であり，不動産以外の物（ここでいう「物」は，有体物に限定される〔民85条〕）は全て動産である。「製造又は加工」された動産のみが対象となるため，未加工の農畜水産物は適用対象に含まれない。また，引き渡された時点で動産でありながら，その後不動産の一部となった物は，製造物責任法の「動産」に含まれる。例えば，東京高判平成26年1月29日判時2230号30頁［消費者法百選92事件］は，ビルに設置されて独立した動産ではなくなったエスカレーターが製造物に該当することを認めた。さらに，コンピュータなどのソフトウェアやデータ自体は無体物であるため製造物に含まれないが，これがコンピュータに組み込まれた場合には，そのコンピュータは有体物に該当することから，製造物責任法の適用対象となる。血液製剤も，血液に保存液や抗凝固剤が加えられて加工されたものであるため，製造物に該当する。

(b) 製造と加工

「製造」と「加工」の概念は，製造物責任法で定義されていない。これらの概念について判断した裁判例として，東京地判平成14年12月13日判時1805号14頁［消費者法百選76事件］がある。この事案は，魚をあらいや兜焼きなどにした料理を食べてシガテラ毒素を原因とする食中毒に罹患《りかん》した客が，個人で割烹料亭を経営するとともに調理に従事した者に対して損害賠償請求権を行使したものである。判決では，「**製造**」は原材料に人の手を加えることによって新たな物品を作ることであり，「**加工**」はその本質を保持させつつ新しい属性ないし価値を付加することであるとされた。そして，同事案について裁判所は，原材料に加熱，味付けなどを行ってこれに新しい属性ないし価値を付加したといえるほどに人の手が加えられていれば「加工」に当たるとした上で，イシガキダイという食材に手を加えて客に料理として提供できる程度にこれを調理する行為は「加工」に該当すると判示した。

2 責任の要件——欠陥

製造物責任法における責任の要件は，①製造業者等が製造物を自ら引き渡したこと，②欠陥の存在，③他人の生命，身体または財産の侵害，④損害の発生，および⑤欠陥と損害との間の因果関係である（製造物3条）。以下では，これらのうち，②の欠陥についてより詳細に見ていきたい。

(1) 欠陥とは

製造物責任法における「**欠陥**」とは，製造物の特性，通常予見される使用形態，製造業者等が製造物を引き渡した時期その他の製造物に係る事情を考慮して，製造物が通常有すべき安全性を欠いていることをいう（製造物2条2項）。一般的に，欠陥には，①設計上の欠陥，②製造上の欠陥，③指示・警告上の欠陥（表示上の欠陥）があるとされている。①は，設計自体が安全性を欠く場合に関するものである。②は，設計自体には問題がないが，設計や予定された仕様と異なる製造がされた場合に関するものである。そして，③は，適切な指示や警告がされていない場合に関するものである。

新種の抗癌《がん》剤であるイレッサの投与を受けた後に副作用の間質性肺炎によって死亡した肺癌患者3人の遺族が，イレッサに設計上の欠陥および添付文書の記載における指示・警告上の欠陥等があるとして，製薬会社に対し損害賠償請求権を行使した最判平成25年4月12日民集67巻4号899頁［消費者法百選80事件］は，副作用である間質性肺炎については「警告欄」ではなく「重大な副作用欄」に記載があり，致死的となりうることは示されていなかったが，処方者である医師であれば致死的となりうることの認識は困難ではないとして，製薬会社の責任を否定した。

また，上げ下げロール網戸（上げ下げできるロール式の網戸）のループを形成する操作コードが6歳児の首に絡まって死亡するという事故に関する大阪高判令和6年3月14日法ニュース140号246頁は，操作コードを束ねるためのクリップが子どもの首を圧迫する事故について注意喚起するタグの付された状態で同梱されていたことでは不十分であり，指示・警告上の欠陥があるとした。

(2) 欠陥の立証責任

CASE 18-2

Aは，ファーストフード店Bで，ハンバーガー，フライドポテトとジュースを買ったが，ジュースをストローで飲み始めた直後にガラスのような破片が喉に突き刺さったように感じた。その後，Aは，血液の付着した物を嘔吐したため，病院で診察を受けた。しかし，異物は発見されず，飲みかけのジュースも捨てられた。Aは，ジュースに入っていた異物によって傷を負ったとして，Bに対し，製造物責任法に基づいて損害賠償を求める訴えを提起した。

（参考事例）名古屋地判平成11年6月30日判時1682号106頁［消費者法百選75事件］

（参照条文）製造物責任法3条

欠陥の存在に関する立証責任は，原告が負う。しかし，実際には，製品に関する情報や専門知識の観点から，被告となる製造業者等と比べて不利な立場に置かれることの多い原告が，製造物の欠陥に係る具体的な原因を特定して証明することは非常に困難である。このことに照らして，裁判例では，原告の立証責任を軽減するための工夫が見られる。

仙台高判平成22年4月22日判時2086号42頁（上告審である最決平成23年10月27日D1-Law.com 28272131は，被告の上告を棄却した）は，コタツの中でズボンのポケットに入れていた携帯電話が過熱し脚に熱傷を負った者が損害賠償を求めた事案について，製造物を通常の用法に従って使用していたにもかかわらず，身体や財産に被害を及ぼす異常が発生したことを立証することで欠陥の立証としては足り，具体的欠陥等を特定した上で，欠陥を生じた原因，欠陥の科学的機序（メカニズム）まで立証する責任を負わないと判示した。また，家庭用シュレッダーが使用中に破裂して右耳難聴の後遺症が生じた者が損害賠償を求めた事案に関する東京地判平成24年11月26日LEX/DB25497279では，原因については十分に解明されていないものの，カッターカバー内に細断くずが滞留し続けた事実自体がシュレッダーの欠陥と評価せざるを得ないと判断されている。

CASE **18-2** では，異物が発見されず，結局何であったのか不明だが，状況からして異物が混入していたという事実（ジュースの欠陥）自体が証明できれば，その正体が不明であることは結論に影響を与えない。

3 責任の効果――損害賠償

製造物責任法における責任の要件が満たされている場合の効果は，損害賠償である（製造物3条）。製造物責任法には，損害が製造物についてのみ生じたときには製造物責任法が適用されない（つまり，いわゆる「拡大損害」が必要となる）とする規定（同条ただし書）以外には，損害賠償の範囲に関する規定が置かれておらず，損害賠償の範囲については，一般法である民法を参照することになる（製造物6条）。

民法には，不法行為責任に基づく損害賠償の範囲に関する規定が置かれていないため，債務不履行における損害賠償の範囲に関する規定（民416条）が類推適用される。同条によると，損害賠償の範囲に含まれるのは，通常生ずべき損害である（同条1項）。特別の事情によって生じた損害は，予見可能性がある場合には，同じく損害賠償の範囲に含まれる（同条2項）。

民法上の損害賠償の範囲に事業上の損害が含まれることについては，特に争いがない。これに対し，製造物責任法に基づく損害賠償の範囲に事業上の損害を含むことについては，消費者保護法としての性格と相容れないことなどを理由として批判が加えられている。裁判例では，被告が製造した処理槽用ヒーターを組み込んだ無電解すずメッキ装置を顧客に納品したところ，ヒーターの製造上の欠陥を原因として爆発した事案（東京地判平成19年4月11日ウェストロー・ジャパン2007WLJPCA04118017），および，カーオーディオ製品に用いられたスイッチの欠陥を理由として，カーオーディオ製品の製造業者が損害賠償請求権を行使した事案（東京地判平成15年7月31日判時1842号84頁）において，事業損害について，製造物責任法に基づく賠償責任が認められた。

損害賠償請求以外の救済手段についても，民法が適用される。例えば，契約の解除（民541条以下）等である。損害が製造物についてのみ生じ，拡大損害がない場合にも，民法に基づいて損害賠償請求権や解除権等を行使できる。

4 免責事由

製造物責任法には，製造業者等が免責される場合として，次の二つが定められている。

⑴ 開発危険の抗弁

製造業者等が製造物を引き渡した時における科学または技術に関する知見によっては，製造物にその欠陥があることを認識することができなかったことを製造業者等が証明したときは，責任を負わない（**開発危険の抗弁**。製造物4条1号）。民法上の不法行為責任では，認識可能性（予見可能性）のない製造物の欠陥については，故意または過失を認めることはできない。これに対し，製造物責任法の欠陥責任（無過失責任）では，このような欠陥に関する責任を認めるかどうかは，立法政策の問題となるところ，これについて免責事由を設けるべきだとの判断がされたのである。開発危険の抗弁における「科学又は技術に関する知見」については，入手可能な最高水準の知見であるとされている（京都地判平成30年2月20日裁判所Web［消費者法百選85事件］）。

⑵ 部品・原材料に関する抗弁

製造物が他の製造物の部品または原材料として使用された場合において，その欠陥がもっぱら他の製造物の製造業者が行った設計に関する指示に従ったことにより生じ，かつ，その欠陥が生じたことにつき過失がないことを部品等の製造業者等が証明したときは，責任を負わない（**部品・原材料に関する抗弁**。製造物4条2号）。前提として，最終製品に組み込まれた部品や原材料が製造物責任法における製造物に該当する場合には，その欠陥については，その製造業者が，最終製品の製造業者と並んで消費者に対して責任を負う。この抗弁は，そのような場合において，部品等の製造業者が，最終製品の製造業者による設計指示に従ったときに関する免責事由を定めるものである。この免責事由においては，欠陥が生じたことにつき部品等の製造業者等に過失がないことが要件とされていることに注意が必要である。

5 期間の制限

CASE 18-3

Aは，B社製造のガス湯沸器を購入して使用していた。ところが，購入した時から11年後に，湯沸器の欠陥により一酸化炭素が発生して室内に充満し，Aは中毒により死亡した。

（参考事例）札幌地判平成10年7月28日判タ1040号247頁〔消費者法百選87事件〕
（参照条文）製造物責任法5条

製造物責任法には，製造業者等の責任に関する期間の制限（消滅時効）として，短期消滅時効と長期消滅時効の二つが設けられている。

(1) 短期消滅時効

短期消滅時効は，被害者またはその法定代理人が損害および賠償義務者を知った時から3年間行使しないときに，損害賠償請求権が時効によって消滅するというものである（製造物5条1項1号）。この規定における「3年間」は，人の生命または身体を侵害した場合における損害賠償請求権の消滅時効については，「5年間」になる（同条2項）。

(2) 長期消滅時効

長期消滅時効は，製造業者等が製造物を引き渡した時から10年を経過したときに，損害賠償請求権が時効によって消滅するというものである（製造物5条1項2号）。蓄積・潜伏被害については，特則が設けられている。つまり，前記10年の期間は，身体に蓄積した場合に人の健康を害することとなる物質による損害または一定の潜伏期間が経過した後に症状が現れる損害については，その損害が生じた時から起算すると定められているのである（同条3項）。製造物責任関連の，潜伏期間が長い損害の具体例としては，アスベスト（石綿）によるものが挙げられる。アスベストは現在では原則として製造が禁止されているものの，過去に防音材や断熱材等として使用されていた。その繊維は，肺癌などを起こす可能性があるが，健康被害が出るのはこれを吸ってから長い期間（健康被害の種類によっては35年前後）を経た後である。

(3) 不法行為法における消滅時効

民法における関連規定を見ると，次の通りとなっている。まず，不法行為による損害賠償の請求権は，被害者またはその法定代理人が損害および加害者を知った時から3年間行使しないときは，時効によって消滅する（民724条1号）。また，不法行為の時から20年間行使しないときも，同じく時効によって消滅する（同条2号）。なお，人の生命または身体を害する不法行為による損害賠償請求権については，724条1号の消滅時効期間は5年間となる（同724条の2）。

このように，民法と製造物責任法における消滅時効期間の体系は基本的に同様のものであるが，長期消滅時効については，民法では「不法行為の時から20年」となっているのに対し，製造物責任法では「製造物を引き渡した時から10年」となっている。無過失責任であることから，製造業者側にとって過度の負担とならないよう調整がされているのである。他方で，消費者による平均使用期間が10年を超える家電などでは，欠陥が顕在化するまでに長期間が経過する場合も少なくなく，このような期間設定を問題視する見解もある。CASE 18-3では，湯沸器を購入した時から11年が経過しているため，製造物責任法に基づく責任追及ができない。そのため，Aは，民法上の契約責任または不法行為責任の追及を試みることになる。なお，債権の消滅時効のうち，人の生命または身体の侵害による損害賠償請求権の消滅時効については，不法行為の場合と同様，権利を行使できる時から20年間となっている（民167条）。

Column ㉖ 製造物責任とAI

近時，日常生活の様々な場面で人工知能（AI）が大活躍している。映画や漫画では，AIが大暴走して人間を襲う未来の世界が描かれることも少なくない。一般的に，そのようなAIの大暴走は設計上不可能であると，少なくとも現時点では指摘されることが多い。他方で，自動運転技術におけるAIの活用などにより，AIによって生じる損害に関する法的責任の所在が，ますます身近な課題となっている。自動運転では，AIが運転機能の一部，または将来的には全部を担う場面が想定されているが，このようにAIが運転している最中の，AIの欠陥による事故について誰が，どのような形で責任を負うのかが問題となるのである。ほかにも，自律型ロボットやドローンに搭載されたAIの欠陥による人への加害行為，インターネット上のAIソフトによる名誉棄損や著作権侵害など，色々な場面が想定できる。

AIによる損害に関する法的責任の根拠は様々であるが，そのひとつとして重要な役割を果たすのが，製造物責任法である。本章で見たように，製造物責任法では，責任の客体となるのは「動産」であるが，AIはデータによって構成されるものであり，無体物であるため，一般的に，有体物であることを要する「動産」に含まれない。AIを搭載した記録媒体を動産として捉えて，AIが製造物に該当することを認めることもできるが，最新のAIの活用方法では記録媒体がなく，オンラインなどでAIが提供されることも多く，この対応の仕方には限界がある。また，ディープラーニング（深層学習）等が，AIの判断過程の透明性の確保を困難にしていることも，複雑な問題を生じさせる。

このような問題は，日本固有のものではなく，諸外国でも共通しており，そのための対策が検討されている。例えば，EUでは，新技術の発展に照らして，製造物責任指令を改正して製造物の定義の範囲を明確化することが提案されている。ほかにも，AIアプリケーションに起因する損害についての立証責任の軽減や転換，AIによる自律的な製造物の変更に関する責任の所在の明確化等のための立法がされた。

CHECK

① なぜ製造物責任法という特別法を制定する必要があったのか，考えてみよう。
② 製造物責任法では誰が，どのような物について責任を負うのか，具体例を挙げながら説明してみよう。
③ 製造物責任法における責任の要件と効果の概要をまとめてみよう。
④ どのような場合に，製造物責任法における責任を免れることが可能となるのか述べてみよう。
⑤ 製造物責任法における責任の期間制限について整理してみよう。

読書案内 Bookguide

消費者庁「製造物責任（PL）法の逐条解説」〈https://www.caa.go.jp/policies/policy/consumer_safety/other/product_liability_act_annotations/〉
中田邦博＝鹿野菜穂子編『基本講義消費者法〔第5版〕』（日本評論社，2022年）372～386頁
日本弁護士連合会消費者問題対策委員会編『実践PL法〔第2版〕』（有斐閣，2015年）
朝見行弘「裁判例にみる製造物責任法の展開と新たな課題」現代消費者法57号（2022年）24～31頁
＊弥永真生＝宍戸常寿編『ロボット・AIと法』（有斐閣，2018年）

消費者法学修ガイド——ウェブサイトを活用する

消費者法を学ぶうえで最低限必要と思われる基本的な文献は，各章末の「**読書案内**」で紹介している。もっとも，消費者法は，日々生じる新たな消費者トラブルに対応するために法改正のスピードも速いことから，その学修を深めていくためには，さらに多くの情報が必要となることも少なくない。そこで，消費者法を学ぶうえで必要な新しい情報にアクセスできるウェブサイトを紹介する。

1．消費者トラブルの現状を探る——消費生活相談に関する統計

現在の消費者トラブルの実態を把握するためには，以下のウェブサイトが参考となる。

□**消費者白書**〈https://www.caa.go.jp/policies/policy/consumer_research/white_paper/〉

消費者庁が，消費者事故等の情報の集約・分析や主な消費者政策の実施状況の紹介等を行うために，毎年6月にウェブサイト上で公表しているもの。

□**年度別の消費生活関連情報**〈https://www.kokusen.go.jp/nenpou/index.html〉

独立行政法人国民生活センターが，「全国消費生活情報ネットワークシステム」（PIO-NET《パイオネット》。同センターと全国の消費生活センター等をオンラインネットワークで結び消費生活に関する相談情報を蓄積するデータベース）等により収集・分析した情報をまとめて，年度ごとにウェブサイト上で公表しているもの。

□**相談事例**〈https://www.kokusen.go.jp/category/jirei.html〉

独立行政法人国民生活センターが，最近の相談事例や過去3年分の消費生活相談の件数をわかりやすくまとめて示した「各種相談の件数や傾向」，全国の消費生活センターに寄せられた消費生活相談をもとにした「消費生活相談データベース」，消費者庁と連携し各種機関から収集した事故情報や危険情報を検索できる「事故情報データバンク」などのリンク先をまとめたもの。

2．消費者トラブルの解決に必要な法令の検索

公刊されている小型の六法だけでは，消費者トラブルの解決に必要な法令をすべて確認することは難しい。その場合には，現在施行されている法令について各府省が確認した法令データを無料で提供する「e-Gov 法令検索」を使えば，ほとんどの法令を確認できる。なお，未施行の法令についても，改正内容が反映された条文が施行予定日ごとに提供されているので便利である。

□ **e-Gov 法令検索**〈https://laws.e-gov.go.jp/〉

3. 消費者契約法関連

消費者契約法（消契法）の実際の運用・適用にあたっては，消費者庁が公表している「逐条解説」が参考になる。書籍でも公刊されているが（消費者庁消費者制度課編『逐条解説 消費者契約法〔第5版〕』〔商事法務，2024年〕），最新の情報が反映されたものが消費者庁のウェブサイトに掲載されている。そのため，本書で消契法の「逐条解説」の内容を紹介する場合には，以下のウェブサイト版に依拠している。

□**逐条解説（令和5年9月）**〈https://www.caa.go.jp/policies/policy/consumer_system/consumer_contract_act/annotations/〉

4. 特定商取引法・割賦販売法関連

特定商取引に関する法律（特商法）は，条文の構造が複雑で理解が容易ではない。その概要を知るためには，消費者庁が，特商法で規制される取引の概要や法改正状況・行政処分等の運用状況等をまとめて公表している「特定商取引法ガイド」が便利である。ここには，特商法の最新版の「逐条解説」も掲載されている。なお，この「逐条解説」は書籍でも公刊されている（消費者庁取引対策課＝経済産業省商務・サービスグループ消費経済企画室編『令和3年版　特定商取引に関する法律の解説』〔商事法務，2024年〕）。

□**特定商取引法ガイド**〈https://www.no-trouble.caa.go.jp/〉
□**特定商取引に関する法律の解説（逐条解説）**〔令和5年6月1日時点版〕〈https://www.no-trouble.caa.go.jp/law/r4.html〉

割賦販売法（割販法）が規制対象とするクレジット取引の内容の紹介と割販法の改正の状況については，経済産業省のウェブサイトでまとめられている。

□**クレジット取引**〈https://www.meti.go.jp/policy/economy/consumer/credit/〉
□**割賦販売法**〈https://www.meti.go.jp/policy/economy/consumer/credit/11kappuhanbaihou.html〉

5. 景品表示法関連

不当景品類及び不当表示防止法（景品表示法）は，具体的な取引ではなく，一般消費者の利益を保護することを目的とした法律のため，全体像がなかなかイメージしにくい。消費者庁のウェブサイトには，わかりやすく解説したパンフレットなど，景品表示法の紹介が掲載されている。

□**景品表示法**〈https://www.caa.go.jp/policies/policy/representation/fair_labeling/〉

6. 消費者団体訴訟制度関連

消費者団体訴訟制度の運用状況については，消費者庁のポータルサイトにまとめられている。

□**COCoLis**（消費者団体制度）ポータルサイト〈https://cocolis.caa.go.jp〉

7. 消費者教育関連

消費者教育については，消費者庁のウェブサイト上の「消費者教育ポータルサイト」で，国や地方公共団体が作成した消費者教育用の教材や消費者教育の取組事例等を容易に検索することができる。

□**消費者教育ポータルサイト**〈https://www.kportal.caa.go.jp/〉

他にも消費者法に関する情報を無料で検索できるウェブサイトは，多数存在する。本書で学んだ消費者法の理解をさらに深めるために，ぜひ活用してほしい。

事項索引

特に関連する取引類型等がある場合には，〔　〕で付記した。

英数字

188（いやや！）番……19
ADR（Alternative Dispute Resolution）……59, 164
　業界型——……166
　行政型——……164
　司法型——……166
　独立型——……166
　民間型——……166
COCoLis（ココリス）……26
IT 書面一括法……183
No.1 表示……76
ODR（Online Dispute Resolution）……167
PIO-NET（パイオネット）……23, 164
PL 法……282
SDGs……29, 39
SF 商法……10
vulnerable consumer
　→特に保護を要する消費者

あ 行

安愚楽牧場事件……101
アクワイアラ……222
後追い立法……45
後払い現金化……249
アフィリエイト広告……13, 81
意思能力……87, 95
意思の完全性……104
意思の不存在（欠缺）……104
イシュア……222
一般連鎖販売業者……210
違約金条項……132
医療広告ガイドライン……79
インターネット・オークション……185
打消し表示……73
役　務……189
役務提供契約……61, 189
エシカル消費……29
エスクローサービス……186
越境消費者センター（CCJ）……165
送りつけ商法……13, 100
オプトアウト規制……175
オプトイン規制……176
オンラインモール……187

か 行

解　除……140
解除権……91
解除権放棄条項……131
開発危険の抗弁……291
解　約……268
概要書面〔特定継続的役務提供〕……195
拡大損害……290
学納金……132
確約手続……71
加　工……287
瑕疵ある意思表示……104
貸金業規制法……239
貸金業三法改革……237, 241
貸金業法……241
過失責任……282
過失相殺……96, 152
課徴金納付命令……70
割賦販売……225
　——の行政規制……230
割賦販売法（割販法）……221
　——施行規則……228
カネミ油症事件……9
過払い（金）……239, 241, 248
加盟店……222
過量契約……95
　——取消権……117
　——類型……116, 118

過量販売……58, 95, 116
——解除……117, 150, 234
間接強制……139
間接ネットワーク効果……184
勧　誘……56, 88
——規制……86
——規制〔連鎖販売〕……211
不当——……105, 118
勧誘者……210
期限の利益喪失特約……240
傷つきやすい消費者
→特に保護を要する消費者
既成事実化……115
機能性表示食品……79
既払金の返還……231
寄附の勧誘……96
ぎまん的顧客誘引……77
欺罔行為……107, 108, 109
キャッシュレス決済……63, 221
キャッチセールス……113
給与ファクタリング……249
強行規定……124
——違反……123
業種別行政的規制立法　→業法
共通義務……161
強　迫……87, 104, 110, 111, 118
業　法……44, 67, 95
業務提供誘引販売取引……97
金銭消費貸借契約……236, 242
金融商品……252
クリックミス……182
クーリング・オフ
……44, 57, 100, 113, 144, 176
クーリング・オフ〔割賦販売〕……234
クーリング・オフ〔特定継続的役務提供〕
……196, 197
クーリング・オフ〔連鎖販売〕……214
クレジットカード……63, 221
グレーゾーン金利……237, 239, 241
継続的役務……189
——提供型の取引……189
景品表示法（景表法）……55, 67
契　約
——内容規制……122
——の拘束力の否定……139
——履行の請求……139
契約自由の原則……3, 122, 237
契約書面……195
——の交付……146
契約責任……90, 283
契約不適合責任……271
欠　陥……288
決　済……220
決済代行業者……223
ケフィア事業振興会事件……102
原状回復義務……120, 141, 143, 148, 150
原状回復義務〔不動産取引〕……269
原状回復義務〔連鎖販売〕……214
原状回復をめぐるトラブルとガイドライン……270
現存利益……120
——の返還……150
原野商法……277
合意管轄……158
行為能力……87
広　告……55
広告規制〔通信販売〕
消極的——……175
積極的——……175, 179
広告規制〔特定継続的役務提供〕……193
広告規制〔連鎖販売〕……211
交渉力の格差……86
公序良俗……118, 123
更新拒絶……268
更新料条項……137
公正競争規約……80, 191
公正取引委員会……68
行動経済学……243, 262
抗弁の接続……231
抗弁の対抗……230

顧客の最善利益・誠実公正義務……263
国際ブランド……223
国民生活センター……22, 165, 248
個人再生（手続）……168, 247
誇大広告等の禁止〔通信販売〕……175
誤認類型……105, 118
個別信用購入あっせん……225
個別の訴訟の集団化……159
困惑類型……110, 118

さ 行

再勧誘の禁止……98, 261
債権者代位権……97
裁判外紛争解決手続……59, 164
催眠商法……10
債務者の任意性……239, 240
債務整理……243, 247, 248
財務内容開示義務〔特定継続的役務提供〕……195
詐　欺……87, 89, 90, 104, 105, 106, 108, 109, 118
先払い買取り現金化……250
錯　誤……87, 90, 104, 105, 106, 108, 182
差止請求制度……5, 59, 137, 160
サブスクリプション・サービス（サブスク）……202
サブリース……275
サラリーマン金融（サラ金）……245, 248
サリドマイド事件……9
サルベージ条項……130
敷　金……63, 269
敷引特約……136
事業者……52
　消費者的——……54
仕組債……255, 260
「自己決定—自己責任」の原則……252, 257, 261, 262
事故情報データバンクシステム……20
自己破産……247, 248
自主規制……191
持続可能な開発目標……29, 39
実質的説明義務……259
指定役務……192
指定告示にかかる不当表示……68, 74
私的自治の原則……86, 89, 104, 122, 243
私的整理……169
指導助言義務……263
氏名等表示義務……97
ジャパンライフ事件……101
集団的被害回復制度……5, 161
重要事項……108, 109, 264
　——該当性……106, 109
出資法……237
少額訴訟制度……156
上限金利規制……237
使用者責任……264
承　諾……181
消費者……52
　——の権利……38
　——の責任……38
　事業者的——……55
消費者安全調査委員会……42
消費者委員会……21
消費者基本計画……24, 39
消費者基本法……77
消費者教育推進会議……27
消費者教育推進計画……27
消費者教育推進地域協議会……27
消費者金融取引……220, 236
消費者契約……52
消費者市民社会……27
消費者信用取引……220, 236
消費者団体訴訟制度……5, 159
消費者団体訴訟等支援法人……26
消費者庁……19
消費者ホットライン……19
消費生活センター……164, 248
情報提供義務……87, 89, 90, 94, 254
　消費者契約法上の——……91
情報の非対称性……86, 90

消滅時効
短期―― ……292
長期―― ……292
使用利益……150
食品表示法……78
書面交付義務……100, 183
――の電子化……13, 100, 196
書面交付義務〔特定継続的役務提供〕
……195
書面交付義務〔連鎖販売〕……213
新未来創造戦略本部……21
信用供与者……220
信用購入あっせん……225
心理的負担……115
すき間事案……18
ステルスマーケティング広告
（ステマ広告）……13, 82
スモン事件……9
制限行為能力を理由とする解除権付与
条項……131
脆弱な消費者
→特に保護を要する消費者
製　造……287
製造業者（等）……285
誤認表示―― ……286
実質的―― ……286
表示―― ……286
製造物……287
製造物責任指令……283
製造物責任法……64, 282
製品安全４法……79
責任制限条項……128
説明義務〔金融商品・投資取引〕
……253, 254, 259, 264, 265
重要事項―― ……254, 259
説明義務〔宅地建物取引業法〕……273
重要事項の―― ……273
全国消費生活相談ネットワークシステム
……23, 164
選定当事者制度……159
相談連絡妨害……112
総量規制……242, 243
訴訟上の救助制度……157
訴訟費用の敗訴者負担の原則……157
措置命令……69
損害額の認定……158
損害賠償〔製造物責任〕……290
損害賠償額の予定（等）……132
解除に伴う―― ……133
金銭債務不履行の際の―― ……135
損害賠償請求（権）……90, 139, 151
損失補償請求……116

た　行

退去困難な場所への同行……112
退去妨害……111
代金減額請求……151
代替執行……139
ダークパターン……83, 180
ターゲティング広告……83
多重債務……237, 242, 247
立替払型の後払決済サービス……221
断定的判断の提供……105, 106, 109, 276
断定的判断の提供〔金融商品・投資取引〕
……255, 264, 265
遅延損害金……237, 240
チャージバック制度……232
中途解約権……44, 148
中途解約権〔特定継続的役務提供〕……198
中途解約権〔連鎖販売〕……215
直接強制……139
貯蓄から投資へ……252
通常損耗……136, 269
通信販売……60, 173, 174
次々販売……116
つけこみ型……113, 118
定期購入……12, 179
――契約……202
――商法……60
定型約款……91, 124, 181

——準備者……125
適格消費者団体……25, 26, 71, 160
適合性原則……87, 91, 92
狭義の——……94, 257
広義の——……94, 259
適合性原則〔金融商品・投資取引〕……256
デート商法……110, 114
電子商取引及び情報財取引等に関する準則……174, 182
電子消費者契約法……182
電子署名……184
電子署名法……183
電磁的方法による提供……100
電子メール広告……175
電話勧誘販売……97, 117
統括者……210
当事者照会……158
投資取引……93, 252
到　達……182
到達主義……147
透明化法……187
透明性の原則……92
独占禁止法（独禁法）……68
特定継続的役務提供……61, 100, 192
特定調停……169, 247
特定適格消費者団体……25, 26, 161
特定デジタルプラットフォームの透明性及び公正性の向上に関する法律
→透明化法
特定負担……205
特定利益……205
特に保護を要する消費者……5, 95
豊田商事事件……11, 101
取消し……90, 96, 140
取消権〔連鎖販売〕……215
取引DPF法……187
取引デジタルプラットフォームを利用する消費者の利益の保護に関する法律
→取引DPF法
努力義務……91, 92, 126, 187

な 行

二次被害……278
ニセ牛缶事件……9
二段の故意……106, 108, 109, 110
日本広告審査機構（JARO）……81
任意規定……124, 135, 176
任意整理……169, 247, 248
ネガティブオプション……100
ねずみ講……10, 207
ノークレーム・ノーリターン特約……178

は 行

バイアス……243
認知——……262
媒介者……235
媒介受託者……120
破産手続……168
発信主義……148, 214
販売信用取引……220
火消し立法……45
不安をあおる告知……113, 114
不意打ち……261
——勧誘……117
——条項規制……126
不公正な取引方法……33
不実告知……105, 109, 276
——等に基づく取消し〔割賦販売〕……235
不実告知〔特定継続的役務提供〕……195
不実証広告……75
不招請勧誘……99, 263
不招請勧誘〔金融商品・投資取引〕……260, 261
不退去……111
不当寄附勧誘防止法……14
不当景品類及び不当表示防止法
→景品表示法（景表法）
不当条項規制……57
不当表示規制……67, 68

部品・原材料に関する抗弁……………291
不法行為………254, 256, 257, 258, 263, 264
取引的——……………………………152
不法行為責任……………………90, 152, 282
プラットフォーム………………………184
デジタル——……………………174, 187
取引デジタル——……………………187
不利益事実不告知…‥57, 105, 107, 109, 276
文書提出命令…………………………158
平均的損害……………………………134
返品権…………………………………149
返品権〔通信販売〕…………………176, 178
返品費用………………………………177
包括信用購入あっせん…………63, 221, 225
登録少額——…………………………228
登録少額——業者……………………229
認定——………………………………228
認定——業者…………………………229
法定利率………………………………236
法的整理………………………………168
訪問購入…………………………62, 97, 98
訪問販売…………………58, 97, 113, 117
暴利行為……………………118, 123, 141
法律扶助による立替制度………………157
保　証…………………………………245
根——…………………………………246
連帯——…………………………245, 246

ま　行

マルチ商法…………………………10, 205
後出し——……………………………206
モノなし——…………………………206
マルチまがい商法（マルチ商法まがい）
……………………………………10, 209
マンスリークリア………………………226
みなし弁済規定…………………239, 241
民事調停………………………………166
無過失責任……………………………282
無限連鎖講……………………………207
無　効…………………………………140
名義貸しの立替払い……………………233
免責条項………………………………129
免責手続………………………………168
申込み…………………………………181
森永ヒ素ミルク事件………………………9

や　行

約定利率………………………………236
薬機法……………………………………79
ヤミ金（闇金融）…………241, 242, 244, 248
融資者責任……………………………276
有利誤認表示………………6, 34, 56, 68, 73
優良誤認表示…………………6, 34, 68, 72
輸入業者………………………………286
与信者…………………………………220
預託商法………………………………101

ら　行

利息制限法……………………………237
立証責任………………………………289
霊感商法……………………14, 110, 114, 119
連鎖販売取引…………………62, 97, 205
——の行政処分………………………217
——の差止請求………………………217
——の罰則……………………………217
ローン提携販売…………………………225

判例索引

最高裁判所・大審院

大判昭和9年5月1日民集13巻875頁［民法百選Ⅰ 15事件］……123
最判昭和36年4月20日民集15巻4号774頁……182
最大判昭和39年11月18日民集18巻9号1868頁……238
最大判昭和43年11月13日民集22巻12号2526頁……239
最判昭和62年10月8日民集41巻7号1445頁……144
最判平成2年2月20日判時1354号76頁……230
最判平成10年6月11日民集52巻4号1034頁［民法百選Ⅰ 25事件］……182
最判平成16年2月20日民集58巻2号380頁……240
最判平成16年2月20日民集58巻2号475頁……240
最判平成17年7月14日民集59巻6号1323頁［消費者法百選11事件］……96, 257
最判平成17年9月16日判時1912号8頁［民法百選Ⅱ〔第6版〕4事件］……90
最判平成17年12月16日判時1921号61頁［消費者法百選23事件］……267
最判平成18年1月13日民集60巻1号1頁［消費者法百選56①事件］……240, 241
最判平成18年11月27日民集60巻9号3437頁［消費者法百選44事件］……132, 201
最判平成19年4月3日民集61巻3号967頁［消費者法百選53事件］……198
最判平成19年7月6日民集61巻5号1769頁［消費者法百選69事件］……273
最判平成20年6月10日民集62巻6号1488頁［消費者法百選57事件］……153
最判平成23年3月24日民集65巻2号903頁［消費者法百選47①事件］……135
最判平成23年4月22日民集65巻3号1405頁［消費者法百選19①事件］……90
最判平成23年7月15日民集65巻5号2269頁［消費者法百選47②事件］……136, 137
最判平成23年7月21日判時2129号36頁……271, 273
最判平成23年10月25日民集65巻7号3114頁［消費者法百選38①事件］……231
最決平成23年10月27日 D1-Law.com28272131……289
最判平成24年3月16日民集66巻5号2216頁［消費者法百選48事件］……137
最判平成25年4月12日民集67巻4号899頁［消費者法百選80事件］……288
最判平成29年1月24日民集71巻1号1頁［消費者法百選14事件］……88
最判平成29年2月21日民集71巻2号99頁［消費者法百選59事件］……233
最判令和4年12月12日民集76巻7号1696頁……137, 160, 270
最決令和5年2月20日刑集77巻2号13頁……249
最判令和6年3月12日裁判所Web……159

高等裁判所

福岡高判平成6年8月31日判時1530号64頁［消費者法百選50①事件］……146
東京高判平成9年5月22日判時1607号55頁［金商法百選17事件］……255
大阪高判平成16年4月22日法ニュース60号156頁［消費者法百選33事件］……105

高松高判平成 20 年 1 月 29 日判時 2012 号 79 頁［消費者法百選 41 事件］……………………116
大阪高判平成 20 年 6 月 3 日金判 1300 号 45 頁［消費者法百選 62 事件］……………………257
名古屋高判平成 21 年 2 月 19 日判時 2047 号 122 頁［消費者法百選〔初版〕35 事件］………123
仙台高判平成 22 年 4 月 22 日判時 2086 号 42 頁……………………………………………………289
大阪高判平成 25 年 10 月 17 日法ニュース 98 号 283 頁［消費者法百選 46 事件］……………131
東京高判平成 26 年 1 月 29 日判時 2230 号 30 頁［消費者法百選 92 事件］……………………287
東京高判平成 29 年 11 月 29 日判時 2386 号 33 頁［消費者法百選 4 事件］………………………89
東京高判平成 30 年 11 月 28 日判時 2425 号 20 頁…………………………………………………127
東京高判令和元年 7 月 2 日法ニュース 121 号 220 頁……………………………………277, 278
東京高判令和 3 年 12 月 22 日判時 2526 号 14 頁…………………………………………………163
東京高判令和 5 年 1 月 17 日公刊物未登載……………………………………………………………286
大阪高判令和 6 年 3 月 14 日法ニュース 140 号 246 頁……………………………………………288

地方裁判所・簡易裁判所

長野地判昭和 52 年 3 月 30 日判時 849 号 33 頁……………………………………………………210
大阪地判昭和 62 年 3 月 30 日判時 1240 号 35 頁…………………………………………………279
大阪地判平成 6 年 3 月 29 日判時 1493 号 29 頁［消費者法百選〔初版〕80 事件］……………283
名古屋地判平成 6 年 9 月 26 日判時 1523 号 114 頁……………………………………277, 278
札幌地判平成 10 年 7 月 28 日判タ 1040 号 247 頁［消費者法百選 87 事件］…………………292
名古屋地判平成 11 年 6 月 30 日判時 1682 号 106 頁［消費者法百選 75 事件］………………289
東京地判平成 14 年 12 月 13 日判時 1805 号 14 頁［消費者法百選 76 事件］…………………287
東京地判平成 15 年 5 月 14 日金判 1174 号 18 頁［消費者法百選 60 事件］……………………258
東京地判平成 15 年 7 月 31 日判時 1842 号 84 頁…………………………………………………290
大阪地判平成 15 年 11 月 4 日判時 1844 号 97 頁［金商法百選 25 事件］………………………253
神戸簡判平成 17 年 2 月 16 日法ニュース 67 号 203 頁［消費者法百選 50 ②事件］…………144
東京地判平成 17 年 9 月 2 日判時 1922 号 105 頁…………………………………………………181
福岡地判平成 18 年 2 月 2 日判タ 1224 号 255 頁…………………………………………………107
東京地裁平成 19 年 4 月 11 日ウェストロー・ジャパン 2007WLJPCA04118017………………290
東京簡判平成 19 年 7 月 26 日裁判所 Web……………………………………………………………111
名古屋地判平成 20 年 3 月 28 日判時 2029 号 89 頁………………………………………………185
鹿児島地判平成 20 年 5 月 20 日判時 2015 号 116 頁［消費者法百選 89 事件］…………………64
東京地判平成 21 年 9 月 30 日判タ 1338 号 126 頁［消費者法百選 90 事件］…………………281
東京地判平成 22 年 11 月 25 日判時 2103 号 64 頁…………………………………………………279
名古屋地判平成 23 年 5 月 19 日法ニュース 89 号 138 頁［消費者法百選 36 事件］…………107
東京地判平成 23 年 11 月 17 日判時 2150 号 49 頁［消費者法百選 1 事件］………………………53
京都地判平成 24 年 3 月 28 日判時 2150 号 60 頁［消費者法百選 45 ②事件］…………………124
東京地判平成 24 年 11 月 26 日 LEX/DB25497279…………………………………………………289
東京地判平成 25 年 12 月 5 日判時 2215 号 103 頁［消費者法百選 74 事件］…………………286
東京地判平成 26 年 3 月 26 日法ニュース 101 号 338 頁［消費者法百選 39 事件］……………152

東京地判平成 28 年 6 月 17 日判タ 1436 号 201 頁……………………………………………………93
京都地判平成 30 年 2 月 20 日裁判所 Web［消費者法百選 85 事件］………………………………291
東京地判平成 30 年 6 月 22 日裁判所 Web………………………………………………………286, 287
名古屋地判平成 31 年 4 月 16 日判時 2426 号 47 頁……………………………………………………213
東京地判令和元年 7 月 16 日法ニュース 121 号 225 頁………………………………………………278
東京地判令和 2 年 3 月 6 日判時 2520 号 39 頁…………………………………………………………162
東京地判令和 3 年 5 月 14 日裁判所 Web…………………………………………………………………163
東京地判令和 3 年 9 月 17 日裁判所 Web…………………………………………………………………162
東京地判令和 4 年 4 月 15 日裁判所 Web…………………………………………………………………286

条文索引

貸金業法

2条
　1項……249
3条
　1項……244
11条
　1項……244
12条の8
　1項……241
　4項……241
13条
　1項……242
13条の2
　1項……242
　2項……242
16条
　3項……95
16条の2
　3項……246
　3項5号……246
17条……239
　1項……240
　3項……246
　4項……246
18条……239
　2項……240
21条
　1項9号……248
24条の6の3……241, 242
24条の6の4
　1項2号……241, 242
42条
　1項……242
43条……239～242
　1項……239
47条
　2号……244
48条
　1項3号の2……246
　1項4号……246

割賦販売法

1条……230
2条
　1項……225
　2項……225
　3項……225, 226
　4項……225
　6項……225
3条……225
11条……225
29条の2……225
30条……230
　1項……228
　2項……228
　3項……228
　3項ただし書……228
30条～35条の3……225
30条の2
　1項……230
　3項……230
30条の2の3
　1項……228
　2項……228
　4項……228, 230
　4項ただし書き……228
30条の2の4
　1項……229
30条の2の5
　1項かっこ書……229
30条の4……63, 230, 231
30条の5の2……230
30条の5の4……229
31条……230
35条の2の3……229
35条の3の2～35条の3の35……225
35条の3の9……234
35条の3の10……145, 232, 234
35条の3の10～35条の3の16……232, 233
35条の3の11……145, 232, 234
35条の3の12……150, 232, 234
35条の3の13……235
　1項……233
35条の3の13～35条の3の16……232, 233, 235
35条の3の19……230, 231
35条の3の20……234
35条の3の61……225
35条の16……226
35条の17……226
35条の17の8……230

施行規則
36条
1項2号……228
2項……228
3項……228
37条の2
2項……228
53条の3
2項1号……228
55条の2
2項1号……229
55条の3
1項……229
68条の6
1項1号……229
93条……234

金融サービスの提供及び利用環境の整備等に関する法律（金サ法）

2条
1項……263
4条……264
1項……253, 254, 259, 260, 264, 265
1項1号イ……254, 255
1項1号ロ……254, 260
1項1号ハ……254, 255
1項2号イ・ロ・ハ…254
1項3号イ・ロ・ハ…254
1項4号イ・ロ・ハ…254
1項5号イ・ロ・ハ…254
1項6号イ・ロ・ハ…254
1項7号……254
2項……40, 94, 95, 259, 260
3項……254
4項……254
5項……254
5条……255, 256, 264
6条……152, 254～256, 259, 260, 264
7条
1項……264
10条
2項1号……257
2項2号……261
3項……261
154条……261

金融商品取引法（金商法）

37条の3
1項……94, 253, 254, 259
2項……94, 259, 260
37条の6……145
38条
2号……255, 256
4号……261
5号……261
6号……261
40条
1号……257
51条……254, 256, 260, 261
施行令
16条の3……145
16条の4……261

借地借家法

16条……124
26条
1項……268
27条
1項……268
28条……268
32条……267

消費者安全法

2条
5項1号……43
5項2号……43
5項3号……43
6条……42
2項1号……42
2項2号……42
2項3号……42
2項4号……42

2項5号……42
3項……42
8条……43
9条……43
10条
1項……43
2項……43
10条の3……43
10条の4……43
11条の2……43
11条の3
1項……43
2項……43
12条……43
13条……44
14条……44
15条……44
16条……44
17条～22条……44
23条～31条……44
32条……44
33条……44
38条……44
39条……44
40条……44
4項……42
5項……42
43条……22
52条……42

消費者基本法

1条……4, 35, 155
2条
1項……27, 37, 38
2項……39
3項……39
4項……39
5項……39
3条……39
4条……39
5条
1項……40
1項3号……93, 95
2項……40
6条……40
7条……41
8条……41
9条……39
11条……40
12条……40
13条……40
14条……40
15条……40, 77
16条……40
17条……40
1項……27
2項……27
18条……40
19条……40
20条……40
21条……40
22条……40
23条……40
27条
2項1号……40
3項……40
28条……40

消費者教育の推進に関する法律

2条
2項……27
3条
2項……27
3項……27
10条
1項……27
2項……27
19条……27
20条……27

消費者契約法

1条……4, 36, 46, 53, 155
2条……53
1項……52～54
2項……53
3項……52
4項……71
3条……87
1項……40
1項1号……92
1項2号……91, 95, 189
1項3号……47, 91, 126
1項4号……84, 91, 202
4条……105, 118, 119, 195, 233, 265, 267
1項……102, 105, 109, 195

　1項1号………33, 88, 105, 106, 120, 121, 276
　1項2号……105, 107, 276
　1項～3項……………142
　1項～4項…………88, 143
　2項……………56, 57, 105, 107～109, 276
　2項本文かっこ書……108
　2項ただし書…………109
　3項……………56, 57, 110
　3項1号………………111
　3項1号～4号…………96
　3項2号………………111
　3項3号………………112
　3項4号……………6, 112
　3項5号イ・ロ…113, 114
　3項5号～8号………119
　3項6号………96, 114, 232
　3項7号……………6, 114
　3項8号……96, 114, 119, 152
　3項9号…………115, 116
　3項10号…………115, 116
　4項……58, 116～118, 142
　5項………………106, 109
　5項1号………………109
　5項2号………………109
　5項3号………………110
　6項……………………120
5条……………120, 233, 235
　1項……………………121
　4項8号………………152
6条の2………120, 143, 150
7条
　1項………………119, 143
8条………………57, 135, 141
　1項………………129, 131
　1項1号……129, 151, 178, 179
　1項2号……129, 130, 151, 178, 179
　1項3号…………129, 153
　1項4号……129, 130, 153
　2項………………129, 131
　2項1号………………129
　2項2号………………129
　3項………………129, 130
8条の2……57, 131, 141, 144
8条の3………131, 132, 141
　かっこ書………………132
9条……53, 133, 135, 141, 142
　1項……………………133
　1項1号……54, 124, 127, 132～134, 151, 200
　1項2号…………133, 135
　2項……………………134
10条……123, 127, 128, 135, 137, 138, 141, 201, 270
12条…………34, 58, 59, 88
　3項………………128, 137
12条の3……………128, 161
12条の4………………135
12条の5………………161
13条……………………160
40条
　1項……………………26
41条……………………160

消費者の財産的被害等の集団的な回復のための民事の裁判手続の特例に関する法律

9条……………………162
11条……………………162
26条……………………162
28条……………………162
31条……………………162
32条……………………162
71条……………………161
97条

製造物責任法

1条……………………282
2条………………281, 284
　1項………………284, 287
　2項…………………64, 288
　3項…………………64, 285
3条………64, 274, 281, 285, 288～290
　ただし書………………290
4条
　1号……………………291
　2号……………………291
5条……………………292
　1項1号………………292
　1項2号………………292
　2項……………………292
　3項……………………292
6条……………………290

宅地建物取引業法

3条……45
32条……45
35条……45
1項……273
37条……45
37条の2……45, 145
40条
1項……272
2項……272

賃貸住宅の管理業務等の適正化に関する法律

3条……276
13条……276
14条……276
16条……276
28条……276
29条……276
34条……276

特定商取引に関する法律

2条
1項……233
1項2号……113
2項……174
4項……176
3条……62, 97
3条の2……98
1項……98
4条……100, 146
1項5号……147
5条……100, 146
7条……99
1項5号……5
8条……99
8条の2……99
9条……58, 98, 144, 145, 267
1項ただし書かっこ書……147
2項……148
3項……148
4項……148
5項……148, 150
7項……148
8項……144, 176
9条の2……58, 98, 117, 150, 234
1項2号……117
9条の3……88, 98, 142, 215, 267
10条……98
11条……62, 175, 193
柱書ただし書……175
5号……177
6号……175
12条……175
12条の3……176
12条の6
1項……84, 179
2項……84, 179
13条の2……179
14条
1項……175, 179
1項2号……180
15条
1項……175, 179
15条の2……175
1項……179
15条の3……98, 149, 176
1項……149
1項ただし書……177
2項……149, 177
15条の4……84, 98, 179
16条……62, 97
17条……98
18条……100
19条……100
22条……99
23条……99
23条の2……99
24条……98, 145
24条の2……98, 117, 150
1項2号……117
24条の3……98, 142
25条……98
26条
5項1号……147
5項2号……147
5項3号……147
33条……61, 62
1項……205
33条～40条の3……205
33条の2……97, 212
34条
1項……212
2項……212
3項……212
4項……212
35条……211

36条……………………211
36条の3
　1項……………………212
　2項……………………212
　3項……………………212
　4項……………………212
37条……………………100
　1項……………………213
　2項……………………213
　3項……………………213
38条……………………217
39条の2………………217
40条…………99, 145, 213
　1項……………214, 215
　1項～3項……………215
　2項……………………214
　3項……………………215
　4項……………………215
40条の2
　1項…………99, 148, 215
　1項～5項……………215
　2項………………99, 216
　3項…………99, 149, 216
　4項………………99, 216
　6項……………………215
40条の3………99, 142, 215
　2項……………………215
41条……………61, 63, 192
42条………………100, 196
　1項……………………195
　1項～3項……………196
　2項……………195, 197
　4項……………………196
　5項……………………196
43条……………193, 194
44条……………………195
　1項7号………………195
45条
　1項……………………196
　2項……………………196
46条……………194 ～ 196
47条……………194 ～ 196
48条…………99, 145, 196
　1項……………………197
　2項……………………198
　4項……………………197
　6項……………………197
　7項……………………197
49条…………197, 198, 200
　1項…………99, 149, 198
　2項…………99, 149, 198
　2項1号………199, 200
　2項1号イ・ロ………199
　2項2号………………199
　3項………………99, 198
　4項……………………99
　5項……………………99
　6項……………………99
49条の2………99, 142, 195
51条……………………62
51条の2………………97
55条……………………100
58条………………99, 145
58条の2…………99, 142
58条の3………………99
58条の4………………62
58条の5………………97
58条の6
　1項……………………99
　2項……………………99
　3項……………………98
58条の7………………100
58条の8………………100
58条の12………………99
58条の13………………99
58条の13の2…………99
58条の14…………99, 145
58条の16………………99
58条の18………………88
58条の19…………71, 84
58条の21………………217
59条……………………101
59条の2………………101
70条
　1号……………………195
　2号…………84, 175, 179
71条
　1号……………………196
72条
　1項1号………175, 194
　1項2号………………175
　1項4号…………84, 179

施行令

17条……………………147
24条……………192, 193
25条……………192, 193
30条……………………199
31条……………………199
別表第4………193, 199
別表第4の1…………192
別表第4の5…………192

施行規則

2条
　2号……………………174
18条
　2号……………………5
　3号……………………95
23条……………………175
24条
　3号……………177, 179
26条……………………175
37条
　4号……………………194
42条
　1項……………………180
44条……………177, 179
78条
　2項……………………214

　3項……214
79条……213
80条……213
　2項……214
　3項……214
92条～96条……195
103条……193, 194
　1号……194
　2号……194
　3号……194
　4号……194
　5号……194
　6号……194
　7号……194
　8号……194
　9号……194
105条……196
　1項……26
98条……26

取引デジタルプラットフォームを利用する消費者の利益の保護に関する法律

2条
　1項……187
3条
　1項……187
　2項……187
4条
　1項……187
　3項……187
5条
　1項……188
6条～9条……188

破産法

34条……168
37条……168
74条……168
81条……169
248条……168
252条
　1項……247
　1項4号……247
　1項10号……247
255条……169

不正競争防止法

2条
　1項……76
　1項20号……76
3条……76
4条……76
21条
　3項1号……76
　3項5号……76

不当景品類及び不当表示防止法

2条
　1項……68
　4項……68
5条……55, 67, 68, 72, 73, 84
　1号……72, 186
　2号……56, 73
　3号……74, 83
7条……34
　1項……69
　1項柱書2文……70
　2項……75
　3項……70
8条……34
　1項本文……70
　1項ただし書……70
　3項……75
　5項……71
　6項……71
12条
　7項……70
26条～33条……71
30条……34
　1項1号……88
31条……80
34条
　1項……71
35条……71
36条……70
38条
　1項1号……70

2項1号……70
39条……70

民事訴訟法

11条……158
17条……158
30条……159
61条……157
82条……157
115条
1項2号……159
163条……158
220条……158
228条
4項……183
248条……158
368条……156

民　法

1条
2項……135, 254
3条……96
85条……287
86条……287
90条……44, 46, 118, 123, 140, 207, 210, 232, 277
91条……123, 124, 135, 140
93条
ただし書き……140
95条……46, 104, 105, 142, 265, 278
1項……272
1項1号……182
1項2号……105
2項……106
3項……182, 183
96条……46, 104～108, 142, 277
1項……109, 110
2項……120
3項……120
97条
1項……147, 180
119条……141
121条……120, 143, 215
121条の2……207, 210, 265
1項……120, 141, 143, 150, 215
2項……141
3項……142
124条……143
126条……119, 142
140条……146
166条
1項……144
167条……293
404条
1項……236
2項……236
412条の2
1項……140
414条
1項……139
415条……46, 57, 128, 151, 185, 271, 282
416条……134, 290
1項……290
2項……290
417条……151
419条……151
1項……237
420条
1項……133
3項……133
446条
1項……245
2項……47, 246
452条……245
453条……245
454条……245
459条……245
465条の2
2項……246
3項……246
465条の2～465条の5……47
465条の3……246
465条の4……246
465条の6
1項……246
465条の6～465条の10……47
466条……249
489条……238, 239
521条……3
522条……3
1項……180, 181
2項……45
540条
1項……143
2項……143
541条……46, 57, 143, 271, 290

542 条……………46, 57, 271
545 条
1 項…………………143, 150
2 項………………………143
3 項………………………143
548 条の 2
1 項…………………125, 126
1 項 1 号…………………125
1 項 2 号…………125, 126
2 項…………123, 124, 126
548 条の 2 ～ 548 条の 4
……………………………47
548 条の 3…………………126
1 項…………………………47
548 条の 4…………………127
1 項 1 号…………………127
1 項 2 号…………127, 128
2 項………………………127
3 項………………………128
559 条………………………272
562 条…………………46, 178
1 項………………………271
563 条……………46, 151, 178
1 項………………………271
2 項………………………271
564 条………46, 128, 151, 271
566 条………………………272
572 条…………………178, 179
587 条…………………236, 250
589 条
1 項………………………236
601 条………………………268
604 条
2 項………………………268
621 条……………47, 267, 269
かっこ書………63, 64, 136, 270
ただし書…………………269
622 条の 2…………………267
1 項…………………47, 269
2 項………………………269
623 条～ 666 条…………201
641 条………………………201
651 条………………………201
1 項………………………131
653 条
3 号………………………132
656 条………………………201
667 条…………………………53
705 条…………………238, 239
708 条………………………153
709 条……44, 46, 89, 93, 128, 152, 185, 210, 255, 256, 263, 264, 267, 271, 273, 276, 277, 282, 283
715 条…………………264, 277
1 項…………………93, 276
1 項ただし書…………264
719 条………………………277
1 項………………………278
722 条
2 項…………………96, 152
724 条
1 号…………………292, 293
2 号………………………293
724 条の 2…………………293

預託等取引に関する法律

2 条
1 項………………………102
3 条…………………………102
4 条…………………………102
7 条…………………………102
8 条…………………………102
9 条
1 項………………………102
14 条
2 項………………………102

その他の法令

医療機器等の品質，有効性及び安全性の確保等に関する法律
44 条…………………………………………79

医療法
6 条の 5……………………………………79
6 条の 8……………………………………79
87 条…………………………………………79

家庭用品品質表示法
1 条…………………………………………80

健康増進法
65 条
1 項………………………………………79

私的独占の禁止及び公正取引の確保に関する法律
2 条

8項……77
9項……33
9項1号～5号……77
9項6号……77
19条……77
20条……77

住宅の品質確保の促進等に関する法律
94条
1項……272
2項……272
95条
1項……272
2項……272

出資法
5条……249
2項……237, 241
3項……244

消費者庁及び消費者委員会設置法
3条
1項……19
6条
2項1号……21
2項2号……22
2項3号……22

消費生活用製品安全法
4条……80
13条……80

食品衛生法
20条……79

食品表示法
4条
1項……78
6条
1項……78
11条……78

成年後見制度の利用の促進に関する法律
11条
2号……132

電子消費者契約に関する民法の特例に関する法律
3条……182

電子署名及び認証業務に関する法律
2条
1項……184
3条……184

特定デジタルプラットフォームの透明性及び公正性の向上に関する法律
2条
1項……187

特定電子メールの送信の適正化等に関する法律
3条
1項……176
4条……176

独立行政法人国民生活センター法
3条……23
10条
6項……24
42条
1項……24
2項……24

内閣府設置法
4条……20
11条の2……20

日本国憲法
22条
1項……44

法人等による寄附の不当な勧誘の防止等に関する法律
3 条……96, 97, 141
4 条……96
5 条……96
7 条……96
10 条……97

保険業法
309 条……145

民事再生法
196 条……247
221 条……168
229 条
　2 項 1 号……247
　2 項 2 号……247

民事調停法
5 条……167
17 条……167
18 条……167

無限連鎖講の防止に関する法律
2 条……207
3 条……209
5 条……207, 210
6 条……207, 210
7 条……207, 210

利息制限法
1 条……124, 142
　1 項……237 ～ 239, 240
　2 項……238, 239, 241
4 条……124
　2 項……242
7 条
　1 項……242

労働基準法
24 条
　1 項……249

【有斐閣ストゥディア】

消費者法〔第2版〕

Consumer Law, 2nd ed.

2022年11月10日 初版第1刷発行
2024年11月20日 第2版第1刷発行

著　者　宮下修一・寺川永・松田貴文・
　　　　牧佐智代・カライスコス アントニオス
発行者　江草貞治
発行所　株式会社有斐閣
　　　　〒101-0051 東京都千代田区神田神保町2-17
　　　　https://www.yuhikaku.co.jp/
装　丁　キタダデザイン
印　刷　萩原印刷株式会社
製　本　大口製本印刷株式会社
装丁印刷　株式会社亨有堂印刷所

落丁・乱丁本はお取替えいたします。定価はカバーに表示してあります。
©2024, S. Miyashita, Y. Terakawa, T. Matsuda, S. Maki, A. Karaiskos.
Printed in Japan ISBN 978-4-641-15130-7

本書のコピー，スキャン，デジタル化等の無断複製は著作権法上での例外を除き禁じられています。本書を代行業者等の第三者に依頼してスキャンやデジタル化することは，たとえ個人や家庭内の利用でも著作権法違反です。

JCOPY 本書の無断複写(コピー)は，著作権法上での例外を除き，禁じられています。複写される場合は，そのつど事前に，(一社)出版者著作権管理機構(電話 03-5244-5088，FAX 03-5244-5089，e-mail:info@jcopy.or.jp)の許諾を得てください。